Brimos à mesa

FÓSFORO

DIOGO BERCITO

Brimos à mesa

Histórias da culinária árabe no Brasil

9 NOTA SOBRE A GRAFIA DOS NOMES

11 INTRODUÇÃO

20 Um tempero chamado saudade
46 Minha pátria é o quibe
105 O museu da coalhada seca
154 A transmutação do carneiro
197 A pior padaria que poderia existir
229 Epílogo

232 RECEITAS

245 GLOSSÁRIO

249 AGRADECIMENTOS

250 RELAÇÃO DE ENTREVISTADOS

251 ARQUIVOS CONSULTADOS

252 NOTAS

267 REFERÊNCIAS BIBLIOGRÁFICAS

274 ÍNDICE REMISSIVO

286 CRÉDITOS DO CADERNO DE IMAGENS

A quem quer que tenha inventado a esfiha

Nota sobre a grafia dos nomes

A língua árabe é grafada com um sistema de escrita diferente daquele que utilizamos no português. Uma das diferenças é o fato de que os árabes escrevem as consoantes das palavras e apenas algumas de suas vogais — as restantes ficam implícitas. Além disso, o árabe tem sons sem equivalente para nós. Como resultado, é comum encontrar mais de uma grafia em português para a mesma palavra árabe. Por exemplo, "esfiha", "esfirra" e "sfiha" se referem ao mesmo quitute. Procurei respeitar, neste livro, as grafias consagradas e populares, nem sempre as dicionarizadas.

Introdução

Este livro conta a história de como imigrantes árabes — sírios, libaneses, palestinos e egípcios, entre outros — trouxeram sua comida para o nosso país. É, nesse sentido, um trabalho sobre a história de sua imigração e inserção na sociedade brasileira, dando continuidade ao meu primeiro livro, *Brimos: imigração sírio-libanesa no Brasil e seu caminho até a política*, lançado em 2021.[1] O tema, agora, são os temperos, pratos e gestos da comunidade árabe-brasileira. É o que os pesquisadores estadunidenses têm chamado de *foodways*, palavra que abarca a antropologia, a história e a sociologia da comida.

Trata-se, assim, de um mergulho nas maneiras de fazer as coisas e, por isso, em modos de existir. Penso, nesse contexto, no trabalho de pesquisadores como Antonio Candido, que enxergava na alimentação "o centro de um dos mais vastos complexos culturais, abrangendo atos, normas, símbolos, representações".[2] Penso também no francês Michel de Certeau, para quem as práticas cotidianas podem revelar aspectos até então ocultos da cultura.[3] Não basta ler os documentos produzidos pelo Estado ou pelos indivíduos, seguindo a abordagem tradicional da historiografia — é preciso investigar também as facetas mundanas e materiais da formação das identidades. Portanto, este ensaio de história cultural inicia uma conversa que quero alimentar para ampliar nosso entendimento das aventuras e desventuras dos árabes que imigraram para o Brasil.

Já faz mais de um século e meio que, nos anos 1870, os primeiros falantes de árabe desembarcaram nos nossos litorais em busca de oportunidades. Trocando o P pelo B, chamavam uns aos outros de "brimos" de maneira afetuosa, como muitos fazem até hoje. Com o tempo, foram rompendo os fios que os uniam aos seus antepassados. As novas gerações já não falam a língua árabe — exceto o que pesquisadores chamam de "árabe de cozinha".[4] Ou seja, as únicas palavras do idioma que conhecem são os nomes dos ingredientes, utensílios e pratos de sua cultura. Em casa, chamam a berinjela de betinjan e a coalhada seca de labne. Quando a Câmara de Comércio Árabe-Brasileira realizou um censo da comunidade em 2020, 72% dos respondentes disseram que mantinham sua conexão com a terra natal por meio da comida, enquanto apenas 25% citaram a religião como fator de união.[5] A culinária é um cordão umbilical.

Partindo dessa premissa, este livro tem três ideias centrais, que estruturam os capítulos. A primeira é a de que a comida foi um importante eixo da construção de uma identidade árabe no Brasil. Não o único — havia também a língua, a música, a literatura, o esporte e a vida social —, mas, sem dúvida, o que se sobressaiu. A segunda é a de que os imigrantes árabes se esforçaram em conservar sua culinária o máximo possível. Queriam preservar uma das últimas pontes que os uniam à terra de seus ancestrais. Por fim, a terceira e última tese deste ensaio é a de que, a despeito de seus esforços, os árabes instalados no Brasil acabaram incorporando ingredientes e preparos locais às receitas originais. Pode-se até falar em culinária árabe, mas a bem da verdade o que comemos hoje é uma comida árabe-brasileira, única.

Essa última afirmação significa que a comida árabe não é exclusiva aos imigrantes e seus descendentes. Gente de fora, como eu e talvez você, está convidada a sentar à mesa e pensá-la junto à comunidade. A incorporação de populações árabes em todo o território nacional moldou a culinária brasileira do século 20. Quitutes como quibe e esfiha entraram no cardápio habitual dos brasileiros e dividem espaço com o pão de queijo e a coxinha nas vitrines dos botecos de cidades como São Paulo e Rio de Janeiro. Já são pratos nacionais para muitos de nós. Tanto que, segundo um levantamento de 2009, os brasileiros comem 7 milhões de esfihas — por dia.[6]

A imigração árabe para o Brasil está explicada em detalhes em outros livros e pesquisas. A obra seminal é *Sírios e libaneses*, que o sociólogo americano Clark Knowlton publicou em 1960.[7] O livro mais citado ainda hoje, *Patrícios*, foi publicado em 1997 pelo sociólogo brasileiro Oswaldo Truzzi.[8] Mas novas gerações de pesquisadores, nas quais me incluo, estão revendo e atualizando esses trabalhos, trazendo novas fontes para a conversa. No meu caso, durante o doutorado em história na Universidade Georgetown, nos Estados Unidos, incorporei fontes em língua árabe que ainda eram inéditas. Não vou, portanto, me alongar contando todas as peripécias dos sírios e libaneses desde os seus vilarejos no leste do Mediterrâneo até o interior do Brasil.

A proposta deste livro é explorar, em especial, a saborosa intersecção entre imigração árabe e comida, justamente porque ela é ainda pouco estudada no Brasil. Só na última década começaram a aparecer estudos sistemáticos da comida árabe-

-brasileira. Costumam ser trabalhos de antropologia e sociologia, com enfoques mais contemporâneos, explorando o papel da culinária na manutenção da memória dos árabes no Brasil[9] e na mediação de suas relações sociais.[10] Há também interesse por parte dos pesquisadores de hotelaria e turismo.[11] Mas faltava uma abordagem histórica, que este livro oferece.

Essa não é uma carência apenas brasileira, diga-se de passagem. Há poucos estudos acadêmicos sobre a história da culinária árabe de uma maneira geral, e os que existem exploram documentos medievais ou os hábitos das elites.[12] Com isso, fica de fora a comida contemporânea e corriqueira com que temos contato.

Como fiz no meu livro anterior, fui até as fontes primárias, sem as quais não existe história. Recorri a jornais, revistas e memórias que os imigrantes publicaram em árabe e em português no Brasil. Neles encontrei menções a pratos deliciosos e também anúncios de restaurantes, alguns deles feitos em versos rimados, apelando para a nostalgia dos leitores. Entrevistei também dezenas de imigrantes árabes e seus descendentes e, em muitos desses encontros, aproveitei para provar suas receitas. Nadia Abib Sahão, por exemplo, me recebeu em sua casa em Londrina com uma dúzia de maamul empilhados em uma pirâmide — é meu doce árabe predileto, feito de semolina e água de rosas e recheado com nozes ou tâmaras. Comi esfihas na casa de Hélène Ayoub e quibe cru no restaurante paulistano Arábia, à mesa com a chef Leila Kuczynski, entre tantas outras deliciosas visitas a membros da comunidade. Esse tipo de experiência me ensinou mais do que muitos livros.

Peço licença, de antemão, para usar a primeira pessoa em alguns trechos. Me parece justo para falar de comida, uma coisa visceral por definição. Tenho cada vez menos apreço pelas normas de formalidade e impessoalidade que nortearam gerações anteriores de acadêmicos. Peço perdão também, se necessário, pelo sem-fim de trocadilhos e metáforas culinárias que aparecem neste ensaio. É difícil evitar. Textos também precisam ter sabor.

Embora este não seja um livro de receitas, incluí algumas nas últimas páginas. Vêm de entrevistas, leituras e vivências na comunidade árabe. A ideia por trás desse acréscimo é trazer saberes de cozinheiros renomados e também dos anônimos. Adicionei também um pequeno glossário com informações sobre termos que o leitor pode não conhecer. Essas duas coisas — receitas e glossário — são jeitos de demonstrar o uso de ingredientes e os modos de preparo de pratos, que são artefatos culturais tanto quanto pinturas, romances ou canções.

Alguns de vocês podem ter crescido em uma família de origem árabe, ou conhecer bem essa cozinha, e vão sentir falta de pratos e restaurantes específicos. Recorro, em minha defesa, ao que o antropólogo Luís da Câmara Cascudo escreveu ao publicar uma das primeiras histórias da alimentação no Brasil, antecipando os comentários dos insatisfeitos: "Sei dos recenseadores de omissões, mais atentos ao que falta que verificadores do que existe. Conto com eles".[13]

As críticas são bem-vindas, mas este não é um guia de onde nem do que comer. Também não tenho a menor pretensão de indicar as maneiras corretas de, por exemplo, rechear um quibe ou enrolar um charutinho de uva. Muito menos quero cravar qual prato é mais autêntico ou mais saboroso (até porque será o da sua avó). Quando menciono um restaurante ou um prato em particular, é para dar exemplos e fundamentar as minhas teses, e não para ranqueá-los. Por isso mesmo o subtítulo fala em "histórias" da comida árabe no Brasil e não em uma "história" no singular.

Como já dito, a imigração árabe em massa para o Brasil começou nos anos 1870. A maior parte dos imigrantes vinha da região conhecida como Levante, em especial da Síria, do Líbano e da Palestina. Como esse território estava sob domínio otomano, acabaram sendo chamados de "turcos", algo que os incomodava. Foi só mais tarde, nos anos 1940, que os Estados independentes da Síria e do Líbano apareceram de forma oficial.

Hoje, chamamos esses imigrantes de sírios e libaneses para refletir esses países que ainda não existiam, mas com os quais eles hoje se identificam. Já o termo "árabes", que este livro usa bastante, se refere à língua que falavam em sua terra natal e à cultura que compartilhavam. Nos Estados Unidos e na Europa, pesquisadores costumam falar em comida "do Oriente Médio", o que também é impreciso e problemático. As ideias de "oriente" e de "médio" são circunstanciais e tomam a Europa como ponto de partida. Além disso, vivem ali diversos povos além dos árabes — entre eles, turcos, curdos e persas. Não há no dicionário uma palavra que possa abarcar tudo, porém. Ainda mais em uma região de história tão rica e tão diversa quanto essa.

Segundo a britânica Claudia Roden, a comida do Oriente Médio carrega "os triunfos e glórias, as derrotas, os amores e dores do passado". Nascida no Egito em uma família de origem judaica e mais tarde instalada no Reino Unido, Roden foi uma das pioneiras na divulgação dessa culinária na Europa e nos Estados Unidos. Escreveu alguns dos clássicos do ramo, como *A Book of Middle Eastern Food* [Um livro de comida médio-oriental], de 1968. Fez parte, também, da geração de outras formadoras da noção de uma cozinha contemporânea, ao lado da britânica Elizabeth David e da americana Julia Child.

Roden afirma que a comida médio-oriental é o resultado de eventos históricos e também das ações de indivíduos. Cita o exemplo da iguaria turca imam bayıldı, que significa "o imã desmaiou". Há duas explicações para o nome. A primeira é que ele desmaiou de prazer ao comer a berinjela preparada pela esposa, recheada com cebola e tomate; a segunda é que caiu no chão depois de saber o quanto ela tinha gastado no preparo.[14]

Essa culinária se alimenta do substrato histórico da região de seus povos. Inclui ingredientes e pratos dos tempos dos faraós egípcios — como é o caso das favas e lentilhas, que inclusive aparecem na Bíblia.[15] Incorpora, também, os hábitos dos impérios que se instalaram por ali. Dos persas da época do xá Cosroes II vem, parece, o hábito de rechear tâmaras com amêndoas.[16] A tradição islâmica sugere que o profeta Maomé gostava, em especial, de dois pratos: tharid (migalhas de pão em um caldo de carne e vegetais) e hays (uma mistura de tâmaras, manteiga e leite).[17]

No século 7, entusiasmados pela revelação do Islã, os árabes se dispersaram e conquistaram os territórios dos antigos Impérios Bizantino e Persa, chegando até o que são hoje a Espanha e a Índia. Nesse processo, levaram consigo suas receitas e aprenderam outras dos povos que assimilaram. Foi durante o califado Abássida, instalado em Bagdá no ano 750, que tiveram sua Era de Ouro. É desse período que vêm importantes avanços filosóficos, científicos e matemáticos — assim como culinários. Intelectuais, como o polímata iraquiano Masudi, que viveu nos séculos 9 e 10, escreveram poemas e tratados sobre a arte de comer bem, uma das preocupações da elite da época.[18] A tendência era cozinhar com os ingredientes mais raros, apresentados das maneiras mais exuberantes na mesa.

Os árabes se aproveitaram do fato de que viviam na encruzilhada de diversos impérios e venderam os produtos de uns para os outros. Transportaram azeite da Síria, tâmaras do Iraque, café da Arábia, especiarias da China e da Índia, mel da Rússia, queijo da Sicília e vinho do sul da França.[19] Foram eles, a propósito, que difundiram bens essenciais como arroz e açúcar. Não por acaso as duas palavras em português são de origem árabe: *al-ruz* e *al-sukar*. Uma parte importante do nosso vocabulário alimentício vem dessa língua: coisas como azeite (*al-zayt*), azeitona (*al-zaytun*), alface (*al-khas*) e por aí vai.

Os abássidas foram destronados em 1258 pela invasão mongol e substituídos por dinastias menores. Tribos turcas se organizaram e criaram, em 1299, o Império Otomano, cujo nome homenageia o fundador, Osman. Aos poucos, dominaram a região e rivalizaram com as potências europeias durante boa parte da Idade Moderna. Os turcos tinham entre seus hábitos o consumo de carne e iogurte, os quais misturaram às tradições dos muitos povos conquistados.[20] A culinária era também uma arte entre eles, e alguns de seus grão-vizires mais poderosos, como Mehmet Köprülü (1575-1661), começaram suas carreiras trabalhando na cozinha.[21] No século 16, o poeta turco Revani descreveu banquetes otomanos comparando linguiças a serpentes, grãos de arroz a pérolas e pratos coloridos de açafrão a beldades loiras.[22]

Os otomanos se uniram à Alemanha na Primeira Guerra Mundial em 1914. Com sua derrota em 1918, o império centenário de Osman se dissolveu, dando origem a diversos dos Estados que conhecemos hoje na região, como a Turquia, a Síria, o Líbano e o Iraque. Era também otomana a Palestina, onde imigrantes judeus criaram o Estado de Israel em 1948, e onde os palestinos ainda tentam construir o seu. No ínterim, o colonialismo consolidou a influência das cozinhas europeias no

Oriente Médio, em especial a francesa, que ainda tem lugar à mesa em recantos francófilos, como o Líbano.

É árduo definir em poucas linhas uma cozinha de história tão longa e variada. Seria o equivalente a falar em uma culinária europeia ou africana — ou seja, uma redução absurda. Isso não significa, porém, que a comida árabe é indefinível. Existem traços comuns. A gordura mais usada, ao menos na teoria, é a manteiga clarificada. Os temperos típicos são coentro, salsinha, orégano, tomilho, manjerona e endro.[23] Também são clássicos ingredientes como água de rosas, água de flor de laranjeira, melaço de romã e tamarindo (outra palavra árabe, aliás, que significa "tâmara da Índia").

Essas são algumas das coisas tangíveis. Só que a cozinha árabe, como as demais, têm seus aspectos indescritíveis. Os estudiosos penam para explicar, por exemplo, por que dois cozinheiros seguindo uma mesma receita chegam a resultados diferentes. No vernáculo árabe, a explicação é o *nafas*. A definição de dicionário é "alma" ou "respiração". Na cozinha, o termo denota a habilidade intrínseca de um cozinheiro. É sua experiência, sua intimidade com os ingredientes, seus temperos, seu carinho, seu jeito de servir. É uma coisa que você tem — ou não.[24]

Um tempero chamado saudade

Mussa Chacur ainda era adolescente quando foi recrutado pelo Exército otomano para servir na Primeira Guerra Mundial. Nascido em 1898, em Homs, na atual Síria, participou de um dos conflitos mais selvagens da história. Foi forçado a abrir trincheiras e derrubar florestas em meio a bombardeios e à febre tifoide. Os combates terminaram em 1918 com a derrota dos otomanos, que eram aliados dos alemães. No ano seguinte, Mussa decidiu imigrar para o Brasil. Sonhava com uma vida melhor, longe da memória do *seferberlik* — nome dado à mobilização otomana de súditos libaneses, sírios, palestinos e curdos na Grande Guerra.

Entre um ponto e outro no mapa, havia um mar de desafios, incluindo o financeiro. A viagem exigia preciosos recursos. As famílias acumulavam dinheiro por anos, em uma sofrida economia agrária, para enviar um ou dois de seus membros para o além-mar na expectativa de que enriquecessem e voltassem para a terra natal triunfantes. Mães e pais ficavam sem os filhos. Casais, divididos. Casas de pedra, vazias. Terras, sem arar.

Mussa embarcou em 1919. A viagem de Homs a São Paulo levava cerca de um mês. A maior parte dos passageiros ia na terceira classe, sem confortos. Os corredores cheiravam a vômito, contam. Tinham ainda que parar em algum porto europeu, geralmente Marselha, Gênova ou Liverpool, o que consumia mais tempo e dinheiro. Alguns ficavam pelo caminho.

Havia pouca coisa no barco a vapor capaz de alentar imigrantes como Mussa, enquanto esgarçavam seu tecido social e se lançavam a destinos desconhecidos. Um de seus bálsamos era a comida que levavam no navio. Décadas depois, em 1982, quando Mussa deu uma entrevista para um projeto de história oral, mencionou dois pratos degustados durante a viagem.[1]

O primeiro foi o chancliche, um queijo de vaca ou ovelha moldado no formato de uma bola um pouco maior do que a de pingue-pongue. Em seguida, é fermentado, desidratado, envelhecido e coberto de especiarias. Na hora de comer, é amassado com um garfo e regado de azeite. Transforma-se em uma pasta aromática.

O segundo prato que Mussa mencionou foi o halawi, também conhecido no Brasil como haleu ou halva. Esse nome — que quer dizer apenas "algo doce" — se referia, na Península Arábica do século 7, a uma mistura de tâmaras e leite.[2] A receita se espalhou junto com o Islã e, em cada canto do mundo islamizado, se transformou. Em alguns lugares, leva semolina, por exemplo. Mas a versão popular hoje na Síria e no Líbano, e importada para o Brasil por gente como Mussa, é feita de pasta de gergelim e açúcar. Vira um material duro que esfarela na boca e depois derrete.

É simbólico que um imigrante tenha se lembrado desse cardápio tanto tempo depois de sua chegada. A persistência da memória revela a importância da alimentação no processo de imigração, que foi traumático. Podemos imaginar como cada mordida lhe devolvia, em partes, a sensação da terra deixada para trás. O chancliche salgado, regado por um fio de azeite de oliva; os farelos do halawi caindo no colo, pelo convés. Era uma refeição saborosa para quem tinha comido pão mofado no serviço militar turco.[3] Era um jeito de estar em casa. Mussa não estava sozinho nessa jornada. Quando chegou em 1919, encontrou um bocado de conterrâneos no Brasil. Entre 1880 e 1914, entraram cerca de 107 mil pessoas do leste do Mediterrâneo[4] — e ainda devemos levar em conta que as estatísticas do período são bastante falhas. Por exemplo, para fins oficiais, as autoridades portuárias brasileiras só consideravam os viajantes de terceira classe como imigrantes, enquanto os que vinham de primeira classe entravam como turistas.

A imigração continuou intensa por mais uma década e foi arrefecendo, em especial depois dos anos 1930, quando o governo autoritário de Getúlio Vargas instituiu leis restritivas à entrada de alguns grupos estrangeiros. Ainda assim, cerca de 140 mil árabes imigraram para o Brasil de 1880 a 1969.[5] Somados seus descendentes, formam a maior comunidade árabe fora do Oriente Médio. O governo brasileiro fala em um número entre 7 e 10 milhões de pessoas, e uma pesquisa encomendada pela Câmara de Comércio Árabe-Brasileira estima em torno de 12 milhões. Tenho ressalvas quanto a esses números, que parecem inflacionados, mas é fato que os árabes são uma comunidade expressiva e influente sem a qual a história deste país seria bem diferente.

Diversos fatores fizeram com que esses povos deixassem suas terras — é impossível elencar um só. Apesar de ser um fenômeno social, a imigração é também resultado de decisões únicas. Muitos imigrantes e descendentes citam a perseguição étnica e religiosa otomana, por exemplo. É o caso de Taufik Kurban, um importante intelectual árabe radicado em São Paulo que em 1933 explicou a imigração como resultado das injustiças turcas. "Disseram adeus às suas esposas e aos seus filhos, despedindo-se com um último aceno de mão, antes de desaparecerem no horizonte, das suas queridas e gloriosas montanhas, com uma lágrima nos olhos e uma brasa no coração, abandonando tudo quanto lhes era querido e adorado, por causa dos turcos", escreveu no livro *Os syrios e libanezes no Brasil* (essas eram as grafias dos gentílicos naquela época). Fugiam, disse, "da prepotência dos turcos; da política dos turcos; da exploração fiscal dos turcos; da asfixia intelectual dos turcos; e da perseguição religiosa dos turcos".[6] Notem o quanto Kurban repetiu a acusação contra o Império Otomano. Isso fazia parte, naquela época, de um esforço coletivo entre os intelectuais de língua árabe, que tentavam construir uma identidade separada do passado otomano. Para isso, culpavam Istambul.

Ideias como essa apareciam bastante nos primeiros livros publicados pelos árabes no Brasil e em outros portos de destino. A grande maioria dos imigrantes árabes eram cristãos. Seguiam denominações orientais, identificando-se como maronitas, ortodoxos e melquitas, entre outros. Tinham decerto sofrido sob um império que privilegiava os súditos turcos e muçulmanos. Chegaram aqui, portanto, descrevendo-se como vítimas de uma perseguição étnica e religiosa. Os historiadores, porém, hoje tratam essas justificativas com bastante cuidado. Akram Fouad Khater e Alixa Naff — dois dos grandes estudiosos da imigração árabe para os Estados Unidos — falam em um "mito" persecutório inscrito nessa narrativa. Era uma maneira de os imigrantes justificarem sua chegada, enfatizando suas origens cristãs, com que esperavam angariar simpatia do público e das autoridades dos países de destino.[7]

Isso não quer dizer que não houve perseguição aos árabes e aos cristãos, é claro. Os imigrantes que chegaram a lugares como os Estados Unidos e o Brasil carregavam consigo a memória coletiva dos eventos traumáticos de 1860. Naquele ano, populações drusas — um grupo étnico-religioso minoritário do Levante — massacraram cristãos no Monte Líbano e em Damasco. Mais de 20 mil pessoas morreram. A França, que se autoproclamava protetora dos cristãos no Oriente Médio, entrou na história e forçou o Império Otomano a criar uma região autônoma na área do Monte Líbano, que em parte serviu mais tarde de justificativa para a criação de um Estado libanês.

As notícias dos massacres cruzaram mares e chegaram às Américas, onde sensibilizaram o público. Assim, quando os árabes aportaram nos Estados Unidos e no Brasil e falaram sobre a opressão turca, seus interlocutores entenderam o que eles estavam dizendo.

Ninguém afirma, então, que eles inventaram a perseguição. O que autores como Khater e Naff estão dizendo é que esse não era o principal, e muito menos único, fator decisivo para a imigração. Árabes deixavam suas vilas e cidades — lugares como Zahle, Rachaya, Marjayoun e Homs — em busca de melhores condições de vida, a motivação típica dos imigrantes da virada do século. Fugiam da fome e da pobreza. O mercado da seda, que sustentava a economia libanesa, tinha se desfiado nas últimas décadas do século 19, em parte como resultado da invenção do tecido sintético raiom, com que passou a concorrer. A situação piorou com a Primeira Guerra Mundial, durante a qual o Império Otomano recrudesceu seu controle e recrutou cristãos como Mussa para o Exército. Uma praga de gafanhotos terminou por carcomer suas esperanças — tanto que um terço da população do Monte Líbano imigrou de 1870 a 1920.[8] Já não havia perspectivas naquelas montanhas, à sombra dos cedros de seus ancestrais.

Mal havia comida, aliás. São comuns os relatos de quem não tinha como se alimentar naqueles anos, fato que também justificava as partidas. Não à toa havia toda uma categoria de xingamentos relacionados à fome. O jornalista Chucri Curi usa alguns deles no seu livro *Qisat Finianos* [A história de Finianos], um dos primeiros publicados em árabe nas Américas. Nascido em 1870 em Bikfaiya, no atual Líbano, Chucri imigrou para o Brasil em 1896.[9] Fundou alguns dos primeiros e mais importantes jornais árabes da comunidade, onde criticava o Império Otomano e elogiava os colonizadores franceses. *Qisat Finianos*, que saiu em 1902 em São Paulo, é seu texto mais influente. Chegou até a circular em Beirute alguns anos depois, em 1908.[10]

No livreto — é bem curto —, Curi conta a saga de um imigrante árabe. Depois de viver algum tempo em São Paulo, Finianos decide voltar para seu vilarejo nas montanhas libanesas. A ideia dá tão errado que ele acaba imigrando outra vez para o Brasil, onde narra suas desventuras ao amigo Abu al-Ajran. Um dos problemas de Finianos foi a dificuldade em encontrar uma noiva na terra ancestral. Apaixonou-se por uma mulher, mas a família dela rejeitou sua proposta. Sua tia, esquentadinha, foi na casa dos vizinhos pedir satisfação. Para isso, usou um arsenal de xingamentos do universo da escassez de comida. Disse que eles "foram mendigos toda a vida", "se deitam na cama três vezes por semana sem ter jantado", "cozinham com o calor do sol", "fazem rushta [uma sopa de lentilha] com tira de bota", "não comem nada a não ser pão de joio [um mato parecido com o trigo]" e "não sentem o cheiro da carne de um ano para o outro".[11] Por essas dá para ter uma ideia da importância da comida, e da sua falta, naquela cultura.

Em seu estudo sobre as transformações culturais vividas na Síria e no Líbano durante a Primeira Guerra, Leila Tarazi Fawaz diz que a carência era tamanha nos anos 1910 que coisas como óleo, trigo e café viraram artigos de luxo. O mais raro desses produtos de súbito luxuosos era o açúcar, cujo preço se tornou proibitivo como resultado dos bloqueios comerciais impostos pelos rivais dos otomanos.[12]

O imigrante Wadih Safady, de Zahle, conta em seu livro de memórias *Cenas e cenários dos caminhos de minha vida* que a palavra *juan* — "faminto", em árabe — "soava continuadamente dentro das nossas almas, vibrando constante em nossos tímpanos, dia e noite". Pedintes abarrotavam as ruas, implorando pelo amor de Deus por qualquer coisa para comer, até que já não tinham forças nem para mendigar. "A princípio, essas cenas comoveram até as lágrimas; depois, nos obrigaram a fechar nossas portas bem cedo, ao anoitecer, para não ouvirmos os ecos dos sofrimentos dos irmãos moribundos", continua.[13]

A fome aparece também nos diários de Míriam Bo Sauder, recuperados por sua neta Wilma Ary. Ela conta que sua família tratava cada pedacinho de pão como um tesouro. Exceto os bebês, que, como não entendiam o conceito de escassez, pediam mais.[14] É duro acompanhar os escritos de Bo Sauder. Em abril de 1916, ela escreveu: "Que luta por comida! Deus queira que esta guerra acabe logo! Todo mundo está com tanta fome! As crianças estão sempre chorando de fome! Vendi todas as roupas que os queridos amigos me deram para comprar pão".[15] Em maio: "Nós todos estamos ficando muito magros, mas temos que ter paciência".[16] Em junho: "Não há nada para o jantar e as crianças estão chorando".[17] Bo Sauder morreu de gripe espanhola em 1918, no Líbano. Parte da família se mudou anos depois para o Brasil.

Esse tipo de imagem acompanhou os imigrantes árabes e seus descendentes até a diáspora — e seguiram vívidas, o que ajuda a explicar a importância que deram à sua culinária. Comer muito e comer bem era vencer, todo dia, a memória da penúria.

Na virada do século 19 para o 20, o Brasil era tido como um país de oportunidades. Tanto que o título do livro que o imigrante Taufik Duoun publicou em 1944 é *A emigração sírio-libanesa às terras de promissão*. A economia do café prosperava.

A transição à República, ademais, tinha sido mais pacífica do que, por exemplo, no México. Era uma boa aposta. Isso sem contar que, até os anos 1930, a legislação migratória brasileira era mais permissiva do que a dos Estados Unidos, onde testes de alfabetização e de saúde barravam muitos árabes.

Teve gente que veio por engano, também. Circulam muitas histórias de famílias que compraram o bilhete de barco a vapor para a América almejando os Estados Unidos e desembarcaram em Santos acreditando ser Nova York. Muitos desses relatos são certamente exagerados, para não dizer fictícios. Imagine passar um mês em um navio na direção errada sem perceber! Mas a confusão existia, além de falcatruas. Em 1924, o jornal árabe *Mir'at al-gharb*, publicado em Nova York, fez até um alerta aos seus leitores: cuidado com os agentes de viagem que dizem aos imigrantes na Síria que eles podem viajar para o Brasil e, dali, cruzar a pé uma ponte de ferro em cinco minutos e chegar aos Estados Unidos.[18]

Essas eram algumas das principais razões pelas quais alguém deixava o Levante e se mudava para o Brasil. Mas, como dito, a decisão de imigrar era individual. Teve até quem escolheu ir do Líbano para o Brasil por causa de um sonho. É pelo menos o que disse Eduardo Jafet em uma entrevista em 1983, ao falar da vinda de seu pai, Benjamin. "Minha avó não queria que ele viesse, pois tinha ouvido falar em doenças como febre amarela e picadas de cobra", diz. "Aconselhou-o a ir para os Estados Unidos, mas papai não se intimidou, porque uma vez teve um sonho em que alguém lhe dizia: Vá para o Brasil, que é a terra do seu futuro".[19] Assim fez. Em São Paulo, os Jafet construíram indústrias e se firmaram como uma das famílias mais poderosas do começo do século 20. A previsão estava certa.

Árabes abriram restaurantes nos portos europeus de trânsito e nas cidades onde por fim se estabeleceram nas Américas.[20] Era toda uma economia voltada a fazer os imigrantes se sentirem em casa.

A comida era, afinal, um amortecedor para o brusco choque cultural. Muitos de nossos imigrantes árabes vinham de vilarejos ermos, deixando para trás casas de pedra, riachos e árvores de romã. Deparavam-se, na chegada, com lugares como São Paulo e Rio de Janeiro, tão diferentes daquilo que conheciam.

São Paulo, por exemplo, vivia uma transformação urbana épica. Em um período curto, o dinheiro do café tinha transformado um povoado inexpressivo em uma das cidades mais estonteantes do mundo. Em seu estudo clássico sobre os anos 1920, Nicolau Sevcenko define São Paulo como um cenário de contradições — uma mistura de brancos, negros, nativos e imigrantes vivendo entre o rural e o industrial, entre o tradicional e o moderno. As várzeas e as chácaras coexistiam com os prédios de concreto e as pontes de ferro.[21] Charretes cruzavam com os primeiros automóveis nas ruas estreitas. Nos mercados populares, negociava-se em português, espanhol, italiano e árabe. A cidade, nas palavras de Sevcenko, crescia de modo rápido e desordenado como cogumelos depois de um temporal.[22] A situação era parecida no Rio de Janeiro, que na época ainda era a capital do Brasil. O cenário carioca tinha, ainda por cima, toda a exuberância da natureza, algo que impressionava quem vinha das paisagens montanhosas e desérticas do Levante.

Entre tantos contrastes, um dos poucos alívios de um imigrante árabe era se deparar com os ingredientes e os pratos de sua terra natal. Wadih Safady, que trocou Zahle pelo Rio de Janeiro, explica isso em suas memórias. Narrando sua chegada à rua da Alfândega, onde sírios e libaneses se concentravam no começo do século 20, diz que imediatamente se sentiu em Beirute. "A fala era árabe com vozes altas e sotaque tipicamente libanês", conta. E não só isso. Wadih viu que os patrícios instalados no Rio comiam quitutes árabes, como o kaak bi-sumsum, uma rosca com sementes de gergelim. "Olhava e recordava, com profunda saudade, os entes queridos que deixara um mês atrás", narra.[23]

Nem tudo era água de rosas, é claro. A comida também causava estranhamento. Wadih conta, nesse sentido, a história traumática de uma refeição no Rio de Janeiro em 1922. "Entrei num bar acanhado de luz, com o dono astuto e grotesco, e pedi o único prato da casa, um bife e dois ovos, ou bife a cavalo, e acentuei 'de carne de vaca'. Acabei provando, à força, um miserável bife de porco, engodo que me valeu uma potente indigestão", escreve.[24] O consumo de carne suína é pouco comum no Oriente Médio, já que o porco é vetado pelos preceitos religiosos tanto dos muçulmanos quanto dos judeus. Daí o estranhamento — psicológico e estomacal — de Wadih, que por décadas se lembrou daquele prato. Não surpreende que tenha descrito o dono como um ser grotesco, capaz de ofender seu paladar.

Mas nem toda a surpresa com a culinária local era ruim. O poeta Assis Féres, filho de imigrantes libaneses, captura um fascínio positivo pela comida brasileira no seu poema épico "O mascate", de 1970, em que descreve as andanças de um caixeiro-viajante pelo interior do país. O texto de Assis registra em versos, em português: "E ante os pomos do abacate/ e a essas goiabas, e pitangas,/ jamais antes conhecidos/ por ele, e seus compatrícios,/ exclamou-nos, em seu idioma:/ *gharib, gharib; xu-gharib:/* que estranho, e quão fabuloso,/ sem dúvida, é este país".[25]

A palavra *gharib* quer dizer "estranho" em árabe, com o duplo sentido de algo ao mesmo tempo repulsivo e atraente, como no poema de Assis. Está semanticamente relacionada ao termo *ghurba*, muito usado pelos imigrantes árabes.

A *ghurba* é uma dessas coisas sem tradução. Grosso modo, é o sentimento de ser estrangeiro, no sentido de não pertencer, de estar fora de casa, de sentir falta da terra ancestral. É raro ouvir imigrantes árabes ou seus descendentes falarem de um ingrediente ou de um prato sem tom nostálgico. Em geral, mencionam cheiros (cebola e hortelã), gostos (a massa queimada debaixo de uma esfiha) e texturas (os grãos de trigo fazendo contraponto ao coentro, no tabule).

Esse contexto ajuda a explicar a anedota que Jorge Safady, um parente de Wadih, conta em *O Líbano no Brasil*. Esse livro é uma espécie de biografia comentada do músico levantino Nagib Hankach, que passou três décadas no Brasil, durante as quais gravou o clássico árabe-brasileiro "Hakini Al Telephone". Pergunte a qualquer ancião da comunidade, e é provável que cante trechos dessa canção, que diz em árabe: "Fale comigo ao telefone uma vez por dia, por Deus, uma vez por dia". Testemunhei essa cena em mais de uma ocasião, acompanhada de lágrimas e de lamentos como "que saudades do meu avô". Um dos meus entrevistados teve até que interromper a conversa e me levar à porta, sem conseguir mais falar.

Hankach chegou ao Brasil em 1922. Instalou-se primeiro em Cuiabá, onde seu pai buscava melhores condições de vida. Ambicioso, decidiu se mudar para São Paulo. Começou a trabalhar no comércio e a cantar nos eventos da comunidade. Mas, segundo Safady, Nagib sentia uma falta tremenda das frutas que comia na sua infância em Zahle, na boca do vale do Beqaa. Sonhava com maçãs, peras, uvas, pêssegos e ameixas.

Nessa parte a história fica engraçada. Um patrício um dia sugeriu que Nagib fosse a Goiás visitar seu tio Abdala Halabi. Disse que, ali, ele conseguiria comer as nostálgicas frutas. Nagib acreditou. A viagem, àquela época, era longa. O trem parava em Roncador e, para chegar a Goiás, era preciso seguir o resto do caminho em tropas, no lombo de cavalos ou burricos. A vontade de comer as delícias de Zahle o motivava. No almoço, porém, tio Abdala lhe ofereceu uma banana. No jantar, outro tipo de banana. Os dias passaram e Nagib seguiu provando diferentes variedades da fruta tropical, da qual não tinha a menor saudade, uma vez que nem a conhecia. Até que criou coragem e perguntou onde estavam as tais frutas de Zahle. Descobriu, por fim, que o patrício que havia sugerido a viagem para Goiás tinha lhe pregado uma peça, aproveitando-se de sua nostalgia.[26] Não foi daquela vez que conseguiu retornar, afetivamente, à terra natal.

Nagib ficou no Brasil até mais ou menos 1955 — a data exata é incerta, porque ele fez diversas viagens curtas ao Líbano nesse meio-tempo. Nunca descobri ao certo por que ele retornou de vez à terra natal. Jurj Saydah, um libanês que escreveu uma espécie de enciclopédia dos intelectuais árabes na diáspora, sugere que ele tinha saudades.[27] Faz sentido. Talvez saudade das maçãs, peras, uvas, pêssegos e ameixas.

Esse sentimento com relação às frutas é recorrente entre os árabes no Brasil, herdado até pelos descendentes que nunca estiveram nas terras de seus antepassados. É um fenômeno quase contraintuitivo. Gostamos de relembrar as palavras do viajante Pero Vaz de Caminha que, impressionado com o recém-encontrado Brasil, escreveu ao rei Manuel no ano de 1500 dizendo que neste chão "em se plantando, tudo dá". Quem, afinal, não gostaria das frutas e legumes que nascem em tão rico solo?

Muitos árabes não gostam. Passam a vida dizendo aos descendentes que, lá na terra natal, os frutos eram maiores e mais saborosos. Se você é de família árabe, sabe ao que me refiro. Há todo um arsenal de gestos, inclusive, que acompanham esse tipo de comparação. Certas coisas se medem nas falanges do dedo. Quando falam das azeitonas do Levante, por exemplo, mostram o indicador para dar ideia de suas dimensões. Arregalam os olhos e exclamam *hek!*, uma interjeição árabe que significa "assim, ó". Há também coisas que são explicadas com a mão toda, caso dos tomates, que os imigrantes dizem ser tão grandes como um punho fechado na Síria e no Líbano. *Hek!* Já para falar das uvas, deixam um espaço enorme entre as mãos, do tamanho de uma cabeça humana, para designar o exagero da natureza que, sugerem, de fato abençoou a Terra Santa. *Hek!*

Esse tema me recorda do poema "My Father and the Fig Tree" [Meu pai e a figueira], de Naomi Shihab Nye. Seu pai, o jornalista Aziz, imigrou da Palestina para Nova York em 1950. Passou suas primeiras décadas em solo gringo obcecado em encontrar figos como aqueles de sua terra natal, quase como se acreditasse que pudessem transportá-lo de volta por sobre o mar. Era indiferente a todas as outras frutas e, se visse uma cereja, por exemplo, dizia: "Quem dera fosse um figo". Não um figo comprado no mercado, explicava, mas um que nascesse da terra e que fosse tão pesado que envergasse os galhos até quase tocarem o solo. Um dia, telefonou para sua filha Naomi, contente, e contou que havia por fim plantado uma figueira em sua casa no Texas. Superava, em parte, a nostalgia.

O figo funcionava para Aziz, na interpretação da crítica literária Carol Bardenstein, como uma versão "portátil" e "comestível" do passado. Se você é capaz de segurar nas mãos um desses fragmentos do passado, sugere, então qualquer lugar — mesmo o Texas — pode se transformar na Palestina perdida.[28]

Outros tantos, porém, renderam-se aos deleites tropicais. Sonia Marrach abre um sorrisão quando se lembra do avô Tuffy falando sobre as bananas do Brasil. Era a fruta predileta dele, talvez porque a associasse aos seus primeiros anos no país. Vendedor de tapetes em Homs, na Síria, Tuffy imigrou para o

Brasil na virada do século 19 para o 20. Mascateou na cidade de São Paulo por cinco anos, andando pelas ruas, carregando seus produtos nas mãos e nas costas. Sentava-se nos degraus da Igreja da Consolação, perto do que é hoje a praça Roosevelt, e almoçava. A refeição era sempre a mesma: pão com banana. Ele comia com gosto.

Tuffy mais tarde se mudou para Rio Claro, no interior paulista, seguindo o progresso da linha do trem. Abriu uma loja com os primos e enriqueceu. Mas não abandonou, no processo, a predileção pela fruta. Sonia abre ainda mais o sorriso e imita o avô. Ela segura uma fruta imaginária com uma mão por baixo e, com a outra, remove as pétalas da casca com delicadeza. "Ele descascava a banana com amor e carinho e dizia: Aqui tem fartura! Aqui tem fartura!"

Saudade é um tempero fundamental à cozinha árabe-brasileira. Adicione esse ingrediente em qualquer prato mencionado neste livro, se quiser, para dar mais sabor. Não tem erro.

Saudade é o gosto que sinto no restaurante Arábia, em São Paulo, enquanto almoço com Leila Kuczynski, proprietária e chef. A entrevista se alonga por mais de três horas. Passam os aperitivos, os pratos principais, a sobremesa e rodadas sem-fim de café, tudo saboroso, e ela mal tem tempo de contar toda a sua história com a comida árabe.

Leila nasceu em Barretos, em 1954, numa família libanesa. Seu pai, Atta Youssef, vinha do vilarejo de Mdoukha, no vale do Beqaa. Eles eram tão libaneses, insiste ela, que sua chupeta foi um pedaço de rahat — um doce também conhecido no Brasil como goma árabe — que sua mãe, Graziel, enfiava na sua boca para ela chupar quando começava a chorar. "Conheci o gosto de almíscar no colo da minha mãe", diz.

Em 1957, quando Leila tinha em torno de três anos, a família voltou para o Líbano. Viveram por um tempo em Mdoukha com a família do pai. Foi um período formativo para Leila, que teve a oportunidade de conhecer a vida campesina em um lugarejo de poucas casas e nenhum luxo. Às vezes, dormia com a avó nos vinhedos da família para espantar as raposas que vinham à noite. Matava a fome com uva colhida do pé, vendo as estrelas entre as folhas da videira. Quando já tinha passado o tempo da colheita, os pais deixavam que ela pegasse o restolho — as uvas que tinham ficado para trás — e o secasse debaixo do sol para fazer passas. Às vezes, davam-lhe um ovo para levar no mercado e trocar por um chiclete. "Tenho lembranças extraordinárias e determinantes", conta. Memórias de comida que seguem nítidas sete décadas depois.

Sobre as noites passadas na videira, é difícil não evocar o poema "Aatini al-Nay" [Me dê a flauta], do imigrante Kahlil Gibran, que morou nos Estados Unidos. Foi musicado por Nagib Hankach — o engambelado pelas bananas — e mais tarde cantado pela diva libanesa Fayruz. O poeta pergunta, em árabe: "Você se sentou de tarde como eu entre as videiras com os cachos pendurados como lustres de ouro?".

A família voltou para o Brasil após aquela temporada na terra ancestral. Instalaram-se primeiro no Triângulo Mineiro e, em seguida, de novo em Barretos. Ali, Leila começou a sentir saudade da batata do Líbano. "No Brasil, a gente não tem batata", diz de forma categórica. O solo é ácido demais e o legume nasce aguado. Fica difícil, assim, reproduzir aqui pratos como a saudosa batata de sua avó paterna — amassada com um garfo e coberta com cebolas douradas, azeite, pimenta-do-reino e muito coentro. *Hek!*

Leila só se mudou para São Paulo em 1973, para estudar psicologia. Foi parar em uma pensão enorme. As refeições, servidas pela d. Maria, eram sempre uma mistura com que ela não se dava muito bem. "Eu ligava agoniada para a minha mãe", afirma. Por fim percebeu que o problema não era a comida da pensão, e sim que sentia falta das lentilhas e do grão-de-bico da mãe. "Foi quando me dei conta de que o que a gente comia em casa não era o comum de todas as famílias brasileiras", diz. Era outra coisa: comida árabe. Foi assim que, aos dezessete anos, por meio da comida, Leila entendeu melhor sua identidade.

Com isso em mente, fez uma sugestão para a dona da pensão. Disse que queria usar a cozinha para preparar um prato árabe. Tinha escolhido o malfuf, que no Brasil a gente também conhece pelo nome de charutinho de repolho. "Ela falou: é claro, pode usar a cozinha, mas precisa fazer para todas as pessoas", conta. Todas as 47. Leila telefonou para a mãe, cujos conselhos não foram muito precisos ("é, coloca um pouco disso e um pouco daquilo"). Mas deu certo. Bastante certo. Leila chegou a cozinhar até mais do que a quantidade necessária. Lamberam-se beiços.

Ela foi aprendendo a cozinhar assim, no improviso. Tinha a memória do produto final. Isto é, sabia o gosto, o cheiro e a textura que o prato tinha de ter. O que precisava descobrir era o caminho para chegar até lá. Às vezes, recorria ao que tinha visto de soslaio na cozinha, enquanto sua mãe cozinhava. Uma das coisas que Leila tinha feito bastante era abrir massa de esfiha, artifício usado por sua mãe Graziel para distraí-la.

No meio-tempo, Leila conheceu Sérgio Kuczynski, com quem se casou. Foi com ele que viveu as primeiras experiências profissionais na cozinha, assando, por exemplo, bolos naturais para vender nos empórios de São Paulo. Também ajudava a família a organizar almoços e jantares e a receber visitas. Eram atividades que ia conciliando com a carreira de psicóloga, mas não eram sua profissão. Foi só em 1987 que Leila e Sérgio resolveram se lançar no projeto ambicioso, quiçá maluco, de abrir um restaurante levantino em São Paulo. Deram-lhe o nome de Arábia, mas entre eles se referem ao lugar como Arabinha.

Leila, que estava grávida de sete meses da segunda filha, montou um extenso cardápio para o restaurante, que era, àquela altura, uma pequena rotisseria nos Jardins. Tinha apenas cinco mesas. Leila e Sérgio haviam previsto que o dia de inauguração seria tranquilo. Que levariam meses para conquistar uma clientela exigente, montar um menu repleto de opções. Quando levantaram suas portas de manhã, viram que os donos da tradicional delicatéssen Z Deli estavam abaixando a deles. O Z Deli estava fechando por luto na família Raw, dos proprietários. Naquela infelicidade, seus clientes acabaram atravessando a rua para comer no Arábia, que lotou. A situação se intensificou quando o monta-cargas quebrou, forçando Leila a subir e descer a escada caracol inúmeras vezes. A cozinha ficava no andar de cima. "Tinha que esgueirar a barriga de sete meses pelas curvas", conta.

No fim do expediente, Leila e Sérgio voltaram atônitos para casa. Era um predinho sem elevador. Leila olhou para aquelas escadas e falou: não vou subir. Não tinha uma célula no seu corpo que não doesse, diz. O marido, por fim, a convenceu a subir a escada sentada, de bunda. "Foi um dos piores dias da minha vida."

Chegando em casa, Sérgio abraçou Leila e disse que ia vender o Arabinha, tamanho era o cansaço do casal. Não venderam. Expandiram. Conversando com Leila, fica evidente sua paixão pelo que faz. Ela explica de onde vem tal ingrediente, fala de caravanas, de beduínos, de figos brancos colhidos no pé. O restaurante é seu templo. É um lugar mágico, onde contorna as saudades e faz o ponteiro do relógio girar para trás — retornando ao lugarejo de cores amarelas e verdes da família no Beqaa.

✱

O desejo de se refestelar com a comida de casa é recorrente entre imigrantes. Em um estudo sobre uma comunidade equatoriana na Espanha, a antropóloga Diana Mata-Codesal sugere que cozinhar é uma maneira de se manter intacto. A experiência de imigrar leva a uma ruptura do sujeito. Perdemos cheiros e sabores. Perdemos o fio da nossa história, até. Preparar comidas que associamos com nossa terra natal é, assim, um jeito de combater a fragmentação, recriando uma continuidade sensorial — como se nunca tivéssemos partido.[29]

O poder da comida reside em parte na sua relação íntima com a nossa ideia de "lar", escreve o antropólogo australiano de origem libanesa Ghassan Hage.[30] Quando nos deparamos com um ingrediente típico da nossa terra, sabemos o que fazer com ele, como servi-lo, como comê-lo. Antecipamos sabores e texturas. Conhecemos as práticas culturais atreladas a ele, como o gesto de descascar uma determinada fruta, que não se aprende lendo livros (nem assistindo a vídeos no YouTube).[31]

A alimentação é tão potente, sugere Hage em outro estudo, que permite até que uma pessoa habite dois lugares ao mesmo tempo. Ou seja, podemos dizer que, enquanto come sua coalhada seca, Leila está ao mesmo tempo em São Paulo e no vale do Beqaa.

Essa ideia me pareceu um pouco estapafúrdia quando me deparei com ela pela primeira vez, mas Hage foi me convencendo. Afinal, dizer "Leila está no Brasil" é também um jeito de falar — tão imaginativo quanto dizer "Leila está no Líbano". Se a gente pensar bem, a ideia de estar *no* Brasil depende da extrapolação imaginativa de considerar um quarteirão de São Paulo equivalente a todo o território nacional. Estar *no* Brasil significa, nesse contexto, compartilhar uma comunidade imaginada com o restante das pessoas no país. O Brasil, vale lembrar, não é um fenômeno do mundo natural, e sim social e político. Assim como o Líbano.

Quando Leila pensa no Líbano e se sente parte dele, compartilhando essa experiência com outras pessoas que imaginam essa mesma comunidade, ela não está de alguma maneira naquele país? Essa é uma provocação, é claro. Mas, com sua teoria, Hage nos ajuda a entender que — no campo sentimental — os imigrantes podem habitar mais de um lugar de modo simultâneo. Isso acontece, em especial, quando comem. O processo de adquirir ingredientes, preparar e servir um prato é central à construção social do espaço.[32] Ou seja, contribui para que um pedaço de chão se transforme em algo que tem sentido para a gente.

A comida árabe também pode ajudar os imigrantes a se reconectarem com os entes perdidos. Quando me reuni com o colunista social Amir Calil Dib, em Ribeirão Preto, fazia apenas onze meses que seu pai Akef Kalil El Dib tinha morrido, aos cem anos.

Akef nasceu em 1922 no vilarejo de Chadra, no norte do Líbano. Imigrou para o Brasil em 1949 para se reunir com seu irmão, Dib Kalil Dib, que tinha vindo décadas antes. Eles trabalharam juntos em Tambaú, no interior de São Paulo, depois se mudaram para Ribeirão Preto, onde tiveram por um tempo uma barraquinha de secos e molhados na frente do Mercado Municipal. O mercadão, inaugurado em 1900, tinha sido destruído por um incêndio em 1946 e só foi reaberto em 1958.

Amir conta que, aos poucos, os dois criaram um império atacadista. Chegaram até a vender arroz para a cervejaria Antarctica usar em seus processos de fermentação. Os tios também entraram no ramo. Longevo, Akef trabalhou como cerealista até os noventa anos, quando começou a desacelerar — o que, no seu caso, só significou fechar a barraquinha. Passou a ajudar o filho Amir em seus negócios. Akef não deixou de preparar sua especialidade, o chancliche: a mesma iguaria que Mussa Chacur trouxe consigo no barco a vapor.

Akef fazia tanta bagunça que sua mulher Mafalda o proibiu de usar a cozinha de casa. Ele se refugiava na casa do filho, onde deixava o queijo secar por dias antes de colocá-lo em um potinho de vidro para mofar. Cobria-o com especiarias, regava-o de azeite e amassava-o com o garfo, como pede a tradição. "Ai, *dakhilak*...", Amir suspira, usando uma expressão em árabe que significa algo como "ai, por favor!". Está claro que sente o gosto do queijo de seu saudoso pai enquanto fala comigo.

Depois da morte de Akef, Amir tentou comer a versão que encontrava nos mercados da cidade, já embalada em plástico. Não tinha nada a ver. "Eu falei para a minha mãe: quero comer o chancliche do papai." Mafalda, de origem síria, lhe ensinou a receita da família.

Amir reencontrou o pai no paladar.

Há inúmeros casos como o de Amir, em que a comida facilita o contato com quem já se foi. O fato de esse contato ser afetivo e sensorial — em vez de físico — não o diminui. Nossos antepassados, afinal, sobrevivem no que lembramos deles. O escritor francês Marcel Proust destrinchou essa verdade nos sete tomos de seu romance *Em busca do tempo perdido*, em que não por acaso, aliás, a comida tem um papel primordial. É ao morder uma madeleine molhada em uma xícara de chá que o narrador retorna à infância e decide investigar a natureza da memória. No volume *A prisioneira*, Proust escreve que "é da existência de nosso pensamento que depende por algum tempo ainda a sobrevivência deles, o reflexo das lâmpadas que se apagaram e o aroma das alamedas ensombradas de árvores que não florescerão mais".[33] De nosso pensamento e também de nosso paladar, digo eu.

Outra bela história é a da família Gibran.[34] Começa em 1951, com a imigração do casal Jabbour Farah Georges e Sadika Saoud. Vinham de Hawash, um pequeno vilarejo de terreno ondulado no noroeste da Síria. Seguiam o rastro da economia do café, o ouro verde que animava o interior paulista na primeira metade do século 20.

O plano de Jabbour e Sadika era trazer consigo seus quatro filhos: Nazira, Jamile, Sued e Elias. Acontece que a mais velha, Nazira, de dezessete anos, já estava prometida àquela altura. Quando soube que a noiva iria embora, seu pretendente — que estava servindo no Exército — caminhou da cidade de Homs até Hawash para trocar um dedo de prosa com os futuros sogros. Sua paixão era mensurável pela distância que andou a pé: cinquenta quilômetros. Convenceu Jabbour e Sadika a deixar Nazira para trás e imigrar só com três filhos. Assim, tomaram o avião para o Brasil. Foi uma das decisões mais difíceis de Sadika, que se despediu de Nazira aos prantos, no aeroporto, sem saber se jamais reencontraria a filha.

A família se assentou, de início, em Nova Horizonte, São Paulo. Essa cidade interiorana abrigava uma importante colônia árabe. Foram felizes, na medida do possível. Mas Nazira era uma ausência presente em casa. Jabbour, Sadika e seus três filhos pensavam com frequência no que teria sido da primogênita deixada na Síria. As notícias circulavam devagar naqueles tempos. As cartas levavam meses entre a escrita e a leitura.

Morava nesse intervalo uma angústia sem fim, retratada por Elias Farhat em *Dinheiro na estrada*. O romance é narrado por uma mãe que, vivendo no Líbano, escreve para os filhos no Brasil. Venceu o prêmio Jabuti de literatura em 1988 e, por razões inescrutáveis, desapareceu das livrarias. É, ao lado de *Dois irmãos* e *Lavoura arcaica*, o texto que melhor representa a experiência dos imigrantes árabes no Brasil — uma vivência marcada pela *ghurba*. As cartas não apenas demoravam, mas comportavam uma quantidade insatisfatória de informação, do ponto de vista de uma mãe longe de sua filha, caso de Sadika. "Quando chegava uma carta, minha mãe beijava as letras", lembra-se Jamile, irmã de Nazira que veio com os pais para o Brasil.

Sadika pôde enfim ir até a Síria ver a filha em 1972. Um de seus genros deu a passagem de avião, um bálsamo, como presente. Jabbour não foi junto e, como morreu em 1977, jamais reviu Nazira. A primogênita só veio ao Brasil em 1983, acompanhada de uma freira que estava a caminho de Catanduva e lhe fez companhia no trajeto, em que serviu também de tradutora. Ao contrário dos irmãos assentados no interior paulistano, Nazira não falava português.

As cartas já eram, naquele momento, uma coisa do passado. A família passou a trocar mensagens por fitas cassete, enviando gravações de um lado ao outro. Sadika ouvia as fitinhas vindas de Hawash, depois rebobinava e colocava para tocar de novo. A mensagem repetida perpetuava a filha em casa. Marcia e Elias, sobrinhos de Nazira, se lembram da emoção da avó Sadika, que chorava e conversava com a gravação como se a fita magnetizada pudesse ouvi-la. Nos anos 1990, a evolução da comunicação passou a permitir ligações telefônicas — curtas, pois eram caras — entre Sadika e Nazira.

Tamanha era a presença simbólica da primogênita, ainda que distante, que a sobrinha Marcia decidiu homenageá-la em uma parte do restaurante que abriu na cidade paulista de Araraquara. O restaurante se chama Marcia Gibran, mas ela deu o nome de Nazira à kombi com que faz as entregas. O nome está escrito em letras árabes na versão motorizada da tia que ficou para trás na Síria. Marcia serve receitas da família, incluindo um saboroso charutinho de repolho, como um jeito de perpetuar o legado de quem veio antes, de quem a gente tem saudade. A tia Nazira segue na Síria. Enquanto escrevo estas linhas, tem mais de noventa anos. Conversa quase todo dia com a irmã Jamile. Já não por cartas, fitas cassete ou via telefonista, e sim por chamadas de vídeo do WhatsApp. Teve sete filhos, dezoito netos e dezoito bisnetos. Por enquanto. A árvore genealógica da família segue se ramificando como um cedro. Firme, Nazira atravessa o tempo.

Tenho para mim que os restaurantes mais bem-sucedidos são aqueles que conseguem transformar a saudade em negócio. Bem-sucedidos, aqui, não no sentido econômico, mas no de um estabelecimento que satisfaz seus clientes — tanto na barriga quanto nos aspectos imateriais. É o caso do restaurante Al Manzul, de Cuiabá, que foi por anos tido como um dos melhores árabes do país. Foi tão importante que inspirou até a dissertação de mestrado da pesquisadora Maria Cristina Rodrigues Fernandes, de onde vem boa parte das informações a seguir.[35]

Salah Ayoub, que fundou o restaurante, nasceu em 1934 em um vilarejo chamado Niha. O nome significa "tranquilidade" em siríaco, um dialeto do aramaico. Dá uma ideia da paz dos arredores. Fica no vale do Beqaa, entre Beirute e Damasco, em uma região que outrora forneceu trigo para o Império Romano.[36] A família Ayoub trabalhava no cultivo de uvas e rosas, com as quais produzia aguardentes e aromatizantes.[37]

Depois da Segunda Guerra Mundial, entre uma crise econômica e a ambição de um futuro melhor, Salah imigrou para o Brasil. Chegou a São Paulo em 1951 e se hospedou com Michel, seu tio. Viajaram juntos para Cuiabá, onde Salah acabou ficando na casa de outro tio, este chamado Elias.[38] Foi Elias quem lhe ensinou as primeiras palavras do português e os macetes do comércio. Também alistou o rapaz para trabalhar com ele como representante comercial da empresa Chapéus Cury. Dirigiam uma caminhonete pelo interior do Mato Grosso vendendo o item.[39]

Havia, porém, uma ausência naquilo tudo. As estradas poeirentas do Centro-Oeste afastavam Salah das lembranças das montanhas e dos vales que tinha deixado para trás no Líbano. Assim, encontrou na comida uma maneira de afogar aquele sentimento doído.[40] Escavou lembranças na memória, imitou os gestos da mãe e começou a preparar os pratos de sua juventude. A caminhonete precisava de gasolina. Salah carecia do alento das recordações.

Ele e o tio abriram mais tarde uma confecção em Cuiabá, a que deram o nome familiar de Ayoub.[41] Com o dinheiro que juntou, Salah comprou uma chácara na região do rio Coxipó. O local talvez fosse uma reencenação da infância bucólica no Levante. O rapaz já tinha, àquela altura, alguma reputação entre os patrícios do Mato Grosso. Deu-se conta, conhecendo seus conterrâneos naquelas paragens, de que a saudade era um denominador comum, algo que fazia deles libaneses. Em 1978, fundaram o Clube Monte Líbano, que a princípio funcionava na própria chácara. Reuniam-se ali para angariar os fundos necessários à construção da sede. Vendiam ingressos para os jantares que as esposas preparavam como hábeis feiticeiras da memória. Daquele momento em diante, Salah foi diretor social, presidente do conselho deliberativo e vice-diretor financeiro do clube.[42] Enquanto se firmava no campo social, no entanto, seu negócio de confecção minguava. A inflação dos anos 1990, somada a uma série de roubos ao estabelecimento, fizeram com que a família decidisse abrir uma nova frente comercial: um restaurante.[43]

Salah e sua mulher, a mato-grossense Clariman de Lima, inauguraram em 1991 a primeira sede do Al Manzul. Ficava no lote da chácara, mas em outra casa.[44] Salah reproduzia ali as maneiras de comer — melhor dizendo, de comer juntos — que tinha aprendido em Niha. Mesas grandes, refeições fartas. Encantou de imediato a comunidade árabe local e também o público mais amplo do Mato Grosso. Logo vieram os prêmios, como os do *Guia Quatro Rodas* e da revista *Veja*, que elencaram o Al Manzul como um dos melhores árabes de Cuiabá, do Mato Grosso e, afinal, do país. O restaurante recebeu também loas internacionais.

Uma enchente do rio Coxipó inundou o local em 1995. Como a água tardava em baixar naquela parte do terreno, a família decidiu transferir o restaurante para dentro da própria casa.[45] Foi nessa época que Salah, contente com o negócio, que mitigava suas saudades, decidiu fechar a Loja Ayoub e se concentrar exclusivamente na comida.[46] O ambiente familiar ajudou a consolidar sua reputação, construída em cima da ideia de uma comida autêntica, como aquela que Salah comia no povoado natal, cercado de parentes e amigos. Até 2008, o acesso à chácara era feito por uma estradinha de terra, dando ainda mais charme à experiência, tida como uma escapadela da vida urbana — o *fugere urbem* de Cuiabá, digamos. A prefeitura mais tarde homenageou o mestre-cuca batizando a rua recém-asfaltada com seu nome.[47]

Em sua dissertação de mestrado sobre o Al Manzul, Fernandes sugere que essa mistura entre os espaços privados e públicos era também uma mescla das memórias individuais e sociais. Tudo se confundia, em gestos que recuperavam a tradição do interior libanês de se reunir para longas e populosas refeições.[48] Matavam-se, ali, as saudades de muita gente, de muitas tias Naziras deixadas para trás.

O Al Manzul funcionou, de certa maneira, como um mediador das recordações da comunidade árabe de Cuiabá. Foi também um modo de o restante da cidade experimentar novas vivências com a comida. Por essas razões, o restaurante se tornou um patrimônio cultural.[49]

Quando tive a ideia de escrever este livro, anos atrás, decidi que visitaria Cuiabá para comer no Al Manzul. Amigos tinham me falado sobre o curioso restaurante tido por muitos como o melhor árabe do país. Não me importo tanto com os superlativos. A melhor comida, como disse na introdução, é, na maior parte das vezes, a da nossa avó. Comemos com três bocas: a do corpo, a da imaginação e a da memória. Nunca vamos concordar a respeito de qual prato é mais saboroso.

O tempo, de todo modo, frustrou aqueles planos. Salah Ayoub morreu em dezembro de 2008. A viúva Clariman tocou o negócio por cerca de três anos e, depois de um breve hiato, entregou as panelas para o filho Jamil. O Al Manzul mudou de gestão e de endereço, mas, sem Salah, não funcionava como antes. No final de 2018, o restaurante publicou uma nota em suas redes sociais anunciando o encerramento definitivo de suas atividades. Não entraram em detalhes sobre o motivo.

O público lamentou a decisão. As dezenas de comentários no perfil do restaurante são de cortar o coração. Uma mulher disse, por exemplo, que tinha comido muitas vezes ali com sua mãe e que planejava um dia levar seu filho. Outro cliente incrédulo enumerou as ocasiões que tinha celebrado no Al Manzul: aniversário, casamento, encontros com amigos, jantares com família. Linhas emotivas se romperam com a notícia.

Restaurantes também deixam saudade.

Minha pátria é o quibe

O jornalista Audálio Dantas conta que, quando visitou a região central de São Paulo em 1957, sentiu como se estivesse entrando em outra cidade. Ele tinha deixado para trás a metrópole dos grandes prédios e das avenidas congestionadas e chegado ao emaranhado de ruelas que desaguavam na rua 25 de Março. Era como cruzar um umbral. Décadas depois, Dantas se firmaria como um dos repórteres mais importantes de sua geração, com uma atuação fundamental na luta contra a ditadura militar. Naqueles dias, porém, ainda era um jovem de 28 anos explorando a cidade para a qual tinha imigrado, vindo do interior de Alagoas, também carregando suas próprias saudades.

Dantas diz, na reportagem que publicou na *Folha da Manhã*, que se espantou com o movimento de pessoas pechinchando a céu aberto. Ao seu redor, viu letreiros berrantes nas paredes escuras dos sobrados indicando, em escrita árabe, o nome dos comércios do bairro.[1] Havia o bar Amizade, por exemplo, além da padaria Flor da Síria e de um restaurante sem nome onde eram servidos os pratos típicos do Levante. Dantas observou também os tabuleiros de kaak em torno dos quais os homens comiam seus lanches, de pé, durante o dia. "Não é preciso dizer

que os vendedores de quibe e esfiha fazem alto negócio por ali",
escreve. Esses quitutes já faziam parte do coração da urbe.
Tanto tempo depois de sua publicação, a reportagem de
Dantas ainda impressiona. É uma análise pioneira do funcionamento do bairro árabe de São Paulo. Já nos anos 1950, presciente, Dantas tinha percebido algo ainda pouco discutido pelos pesquisadores: a importância dos empórios, padarias, bares
e restaurantes étnicos. Essa estrutura física — e, digamos, comestível — foi central para a formação de uma comunidade
árabe no Brasil.

Chegando a São Paulo no final do século 19, imigrantes de fala
árabe se instalaram nos entornos da rua 25 de Março. Era uma
região de aluguel barato próxima a uma encruzilhada comercial e industrial, o tipo de lugar que imigrantes procuram em
uma cidade.[2] Os árabes, ao contrário dos italianos e dos japoneses, não receberam nenhum apoio oficial para imigrar para o
Brasil. Vieram por sua conta, arcando com os custos de transporte e de instalação, que não eram baixos. Tampouco foram
trabalhar de maneira sistemática nas fazendas do interior do
país. Isso explica, em parte, as especificidades de sua distribuição geográfica.

Nos entornos do Mercado Municipal, os árabes deslocaram
outros grupos, como os portugueses, e se especializaram no comércio. Aqueles que vendiam produtos pela cidade e por outras
partes do Brasil ficaram conhecidos como "mascates" ou "caixeiros-viajantes". Um deles costumava visitar o vilarejo de minha
avó, no interior do Paraná. Pela natureza do seu sorriso, foi apelidado no bairro como "gengivudo". Era ele quem trazia os tecidos que, mais tarde, viravam vestidos e rodopiavam nas festas
da roça. Isso não quer dizer que todos foram para o comércio ou

viraram mascates. Essa afirmação apagaria as experiências de muitos imigrantes que se dedicaram a outras coisas, inclusive a plantar café. Mas o comércio virou, sim, uma atividade simbólica na qual uma parcela considerável deles chegou a atuar.

Os levantinos que se instalaram no centro de São Paulo se concentraram, em especial, nos distritos da Sé e da Santa Ifigênia. Aglomeravam-se, ademais, em um pequeno trecho específico. Dos árabes assentados nos dois distritos, 74% viviam no que era conhecido como Triângulo: o desenho das ruas 25 de Março, Barão de Duprat e Paula Souza, que formavam o coração comercial da cidade.[3] A industrialização e urbanização foram vertiginosas. Em 1895, seis negócios registrados na região da 25 de Março eram propriedade de sírios ou libaneses. O número saltou para quinhentos em 1901, espalhando-se também por ruas próximas, como Ladeira Porto Geral, General Carneiro e Cavalheiro Basílio Jafet.[4]

Foi só mais tarde, por volta de 1920, que um grande fluxo de árabes deixou a 25 de Março. Foram primeiro para as ruas adjacentes. Depois, para bairros como o Ipiranga, onde a família Jafet tinha montado seu complexo industrial e para onde recrutava outros patrícios.[5] Acabaram também nos entornos do Paraíso. Foram se esparramando pela cidade e levaram consigo seus negócios, tanto que o mapa de sua distribuição por São Paulo coincide com a cartografia de seus empórios, padarias, bares e restaurantes.[6]

Foi no Paraíso, inclusive, que surgiram alguns dos restaurantes árabes mais conhecidos de São Paulo. Um dos pioneiros foi Jamil Jaber, que imigrou do Líbano em torno de 1950 e, em 1952, abriu o restaurante Jaber. Quem cresceu naquela região — meus pais inclusos — tem o endereço e as famosas esfihas na memória afetiva. O negócio deu tão certo que, de lá para cá, já nas mãos dos descendentes, abriu outras unidades na cidade. Teve até filiais em Orlando por um tempo. Apresentava-se como restaurante libanês, mas tinha um apelo especial para a comunidade brasileira radicada nos Estados Unidos, que sentia sua falta.

Outro paradisíaco restaurante árabe é o Tenda do Nilo. É mais recente, mas não por isso menos emblemático — o tempo passa diferente no universo da comida. Um dos charmes do Tenda do Nilo é seu tamanho diminuto. Sentam-se poucas pessoas entre as raras mesas de dentro ou na calçada. As irmãs Olinda e Xmune Isper, que chefiam o negócio, estão sempre ali. As duas imigraram do Líbano com a mãe em 1970, quando tinham nove e doze anos, respectivamente. Era a mãe, Barbara, que tinha o sonho de abrir um restaurante. Foi só em 1999, depois de sua morte, que as filhas o concretizaram. Celebram sua memória todos os dias, tanto cozinhando como servindo os clientes. São conhecidas por seus palpites espontâneos. Vagam por entre as mesas ensinando a maneira correta de fazer as coisas. Na última vez que estive lá, vi pelos cantos dos olhos Xmune explicando para um casal como tinham que usar o pão para pegar o homus.

Entre esses emblemáticos da cidade de São Paulo, o que mais frequentei foi o Halim. É também um dos restaurantes árabes com mais idas e vindas da nossa história recente. Sua origem remonta a Zahle, nas montanhas libanesas. Lá atrás, nos anos 1940, um menino chamado Abdul Halim Hussein Sultan bateu o pé e decidiu que não queria estudar. Queria era fazer pão. Colocou um forno à lenha e a diesel dentro de uma garagem e começou a assar a massa para as igrejas da região. Em pouco tempo, já sustentava a família.

Aos 24 anos, o padeiro de Zahle conheceu a jovem Najat, por quem se apaixonou. Ela tinha dezesseis. Com os doces que fazia, Halim convenceu o sogro a permitir o casamento. O primeiro filho do casal, Issam, nasceu em 1964 — é ele, também conhecido como Samy, quem me conta esta história.

Logo depois do nascimento de Samy, a família Sultan recebeu uma visita inesperada: um primo de Najat. Vinha do interior de São Paulo e falava da bonança das Américas. Convenceu Halim de que valia a pena tentar a sorte do outro lado do mar. Ali, disse, colhia-se ouro do chão. O problema era que Halim tinha prometido para o sogro, nas negociações do casamento, que não tiraria a esposa de Zahle.

A solução que encontrou foi fugir. Disse um dia para Najat que estava indo para Beirute e embarcou para o Brasil. Deixou com um primo o passaporte dela e as passagens para que se unisse a ele na diáspora. Não teve jeito. Najat seguiu para o Brasil, levando Samy. A família foi para São José do Rio Preto em 1965 e, dali, para Curitiba.

Halim primeiro escolheu Curitiba porque tinha um conhecido ali. O duro foi encontrá-lo. Saiu da estação e começou a perguntar para as pessoas ao seu redor: "Árabe?". Até que encontrou alguém que falasse o idioma para ajudá-lo. Uma vez estabelecido, vendeu a aliança, a mala e uma roupa de Najat e comprou um tacho. Foram anos difíceis e humildes assando pão. Samy diz que seu berço foi uma caixa de maçã. Pelo menos era importada, vinha da Argentina.

Depois de algumas enrascadas financeiras, Halim decidiu voltar para São José do Rio Preto, onde adquiriu um fogão antigo e começou a fazer doces. Abriu em 1971 a Doceria Libanesa. Ainda não estava colhendo o ouro prometido pelo primo, porém. Fez uma grande venda para uma loja de departamentos e levou um calote. Quebrado, vendeu os carros, pagou as dívidas e se mudou para São Paulo.

Instalou-se no Brás, onde abriu o restaurante Oriente House em 1974, na rua Miller. Foi mais ou menos nessa época que comprou um tocador de fita Betamax, que Samy descreve como um "tijolão". Era uma espécie de antecessor do VHS. Veio com uma coleção de filmes árabes, que a família se reunia para assistir. Samy diz que foi assim que aprendeu e treinou diversos dialetos árabes, para além do libanês. Seu pai, sensível, chorava diante da tela.

Alguns percalços ainda esperavam a família. O sucesso de Halim com o pão — uma de suas especialidades — foi interrompido brevemente por um problema no coração, que exigiu uma operação. Venderam o Oriente House e, em 1988, abriram um restaurante no Bom Retiro chamado Papai Halim. Era como o povo conhecia o mestre-cuca, àquela altura já uma figura conhecida entre a comunidade.

Nesse momento, Samy, que já estava se envolvendo nos negócios, sugeriu que eles levassem o restaurante para o bairro do Paraíso. Halim a princípio não quis. Bateu o pé, como tinha batido em Zahle, quando criança. Ainda pensava que o centro da cidade era o reduto dos árabes e não aceitava que estavam se mudando para outros bairros. Samy sugeriu que telefonasse para seu amigo Henry Maksoud, dono do hotel Maksoud Plaza, e perguntasse a opinião dele. O brimo, que comprava a comida de Halim, explicou que os netos e bisnetos dos primeiros imigrantes árabes moravam na região sugerida por Samy. Halim por fim se convenceu e abriu o homônimo no bairro do Paraíso — onde o estabelecimento segue até hoje, com o nome de Halim, tendo mudado apenas de número.

Samy conta que seu pai, carismático, tinha boa entrada entre os políticos da época. No fim dos anos 1970, chegou a cozinhar banquetes para João Figueiredo, o último presidente da ditadura militar. Consta que um dia preparou para Figueiredo uzi — carneiro recheado com arroz — e se impacientou ao vê-lo comer de talheres. "Com licença, posso explicar como a gente faz?", perguntou. Pegou com as mãos e deu o exemplo. Halim também fez amizades na colônia judaica de São Paulo, que o contratava para preparar os doces das celebrações de bar mitzvah. "Ele batia o ponto ali antes de ir para o Clube Hebraica", diz Samy, referindo-se ao banqueiro judeu libanês Joseph Safra.

Halim já tinha 87 anos quando eu escrevi este ensaio. Com Alzheimer, tinha se afastado da cozinha. Mas a família seguia no ramo. Sua neta Yasmin abriu recentemente o restaurante Yas, em Alphaville. Halim lhe deu valiosos conselhos, como o de nunca trocar os ingredientes com que a clientela já se acostumou.

Enquanto isso, a esposa Najat, de 79 anos, bate ponto no restaurante do Paraíso. Quem frequenta o Halim a conhece bem. É uma senhora de cabelos vermelhos que passa depressa entre as mesas. Anota pedidos, traz comida, retira pratos. "Ela trabalha como se estivesse começando agora."

Mesmo com a dispersão dos árabes pela cidade, a região central segue sendo um dos mais importantes redutos de sua culinária. Segundo um levantamento de Juliana Mouawad Khouri, os restaurantes e empórios árabes representam 25% de todo o segmento alimentício da rua 25 de Março.[7] Já no Brás, os árabes ocupam 33% do setor.[8]

Essa história paulistana vale para outras grandes cidades brasileiras. Há bairros árabes espalhados por todo o território nacional, ainda que em proporções menores. No Rio de Janeiro, seu ponto de convergência era a rua da Alfândega, onde os primeiro sírios e libaneses se estabeleceram já no fim do século 19. Antes deles, a rua tinha sido uma área de depósitos. O desenvolvimento do varejo a transformou, no início do século 20, em uma das regiões comerciais mais vibrantes da cidade.[9] Cariocas conhecem esses entornos como Saara, sigla para Sociedade de Amigos das Adjacências da Rua da Alfândega. Parece ser um trocadilho com o deserto do Saara, que fica no Norte da África. Dos catorze restaurantes registrados ali em 1926, ao menos quatro eram árabes.[10]

A composição demográfica do Saara mudou nas décadas mais recentes, com a chegada de imigrantes de Taiwan e da China continental, que trouxeram novos negócios. Os asiáticos são agora o terceiro grupo mais numeroso no Saara, superados somente pelos sírios e libaneses e pela comunidade judaica.[11] A fama de "bairro árabe" segue, porém. E, de fato, caminhando por ali, mesmo hoje em dia, é fácil se imaginar em um mercado de Damasco, Alepo ou Trípoli. Persistem a informalidade e o caos criativo que tanto cativam viajantes quando passam pelo Oriente Médio. É um labirinto de cheiros, cores e gritos, onde temos a sensação constante de que, na virada de uma curva, vamos encontrar a melhor esfiha da nossa vida.

Já em Belo Horizonte, os imigrantes médio-orientais se concentraram ao redor da rua dos Caetés, na região central. O logradouro remonta ao final do século 19, quando o engenheiro Aarão Reis projetou a capital mineira, uma das primeiras cidades planejadas do país. A rua dos Caetés se tornou um importante ponto para o comércio porque ligava a praça Rio Branco à Rui Barbosa. Tantos árabes abriram as portas por ali que a região ficou conhecida por algum tempo como "rua dos turcos". Os patrícios foram, porém, fechando seus negócios, e a rua perdeu quase toda essa memória levantina. Sobraram poucos daqueles estabelecimentos. Entre eles, a icônica loja de chapéus Casa Cabana, criada em 1952 pelo imigrante libanês Elias Ishac Joukhadar, do vilarejo de Karahbache.

Tamanha foi a amnésia social que os belo-horizontinos mal se dão conta, hoje, de que a Casa Cabana é de origem libanesa. O processo de desenvolvimento urbano ali foi bastante diferente do de São Paulo, no sentido de que os comerciantes árabes não investiram tanto capital simbólico na manutenção dessa identidade pública. Uma das hipóteses desse apagamento, aventada pelo pesquisador Bruno Anastácio Leandro Virgino, é de que as campanhas de nacionalização promovidas por Getúlio Vargas nos anos 1930 e 1940 acabaram tolhendo as manifestações dos estrangeiros no tecido da cidade mineira.[12]

Os sírios e libaneses não criaram esse mesmo tipo de bairro étnico nas pequenas cidades em que se estabeleceram no interior do Brasil. Por estarem em menor número, em termos relativos, não deram conta de construir clubes sociais e igrejas orientais, nem de abrir tantos empórios e restaurantes. Ainda assim, conseguiram, em muitos casos, manter uma identidade árabe bem delineada, o que é bastante curioso do ponto de vista sociológico.

A comida teve, outra vez, um papel importante nesse processo. A história da família Alasmar confirma a ideia. Vieram de Hasbaya, no Líbano, no começo do século 20 e se estabeleceram no interior de São Paulo. Foram primeiro para Itapuí, depois para Bariri e Jaú. Acabaram se instalando, por fim, em Barra Bonita, às margens do rio Tietê, atraídos pela construção da eclusa. Foi inclusive flutuando no rio, dentro de um barco, que conversei com os primos Marco Antonio, Ana Lia e Marion.

O avô deles, Salim Alasmar, começou abrindo a icônica Pensão do Salim, em que recebia viajantes — como os engenheiros da eclusa — e os alimentava. O cardápio era brasileiro, apesar do nome. Não havia árabes o suficiente na região para que Salim pudesse sobreviver vendendo apenas quibe e esfiha. Depois veio a Churrascaria Bambu, toda construída com essa madeira, de que os primos se lembram com carinho. Ficava à beira do rio, onde naquela época só existia mato. Um único barco navegava por ali, o chamado *Crepúsculo Romântico*, que funcionava como uma espécie de ônibus entre as duas margens. O povo sentava nas beiradas do restaurante para pescar. Enquanto isso, Salim servia carnes em cortes brasileiros, nada tipicamente levantino. Virou uma espécie de ponto turístico na bonita barra. Funcionou de 1957 a 2000.

Mas não é porque Salim não vendia quibe e esfiha que seu restaurante não contribuiu de alguma maneira para a produção e manutenção de uma identidade árabe na região. O local funcionou, em determinados momentos, como um clube árabe de ocasião. Carlos, filho de Salim, promoveu por um tempo festas temáticas conhecidas como "noites árabes". Trazia dançarinas do ventre e, aí sim, servia comida árabe para os clientes.

Em casa, ademais, a família Alasmar costumava comer os pratos típicos da terra de Salim. Às vezes, improvisavam com o que tinham, naquelas paragens tão distantes da capital do estado. Para fazer pão, por exemplo, viravam uma panela do avesso e usavam a parte de baixo, imitando os fornos convexos usados no Levante. Aproveitavam a gordura da carne do restaurante, enquanto isso, para fazer seu próprio sabão. Era durante essas refeições e esses afazeres domésticos que o clã conversava sobre sua história e suas origens. Isso porque, no dia a dia, Salim e Carlos não eram muito de falar. Quando estavam à mesa, porém, desembuchavam. "Sentava todo mundo, e a gente ia perguntando as coisas", diz Ana Lia. "A comida era a forma da nossa família de se comunicar."

Embora em menor quantidade e concentração, imigrantes árabes abriram alguns restaurantes pelo interior do país, distantes das grandes metrópoles. Diversos deles aparecem no recheio deste livro, como o já citado Al Manzul. Mas é importante notar que, mesmo quando suas cidadezinhas não tinham restaurantes árabes, muitos imigrantes e descendentes seguiam conectados de maneira visceral às comunidades mais populosas e mais povoadas. Às vezes até viajavam à cidade de São Paulo para buscar os ingredientes — coisas como melaço de romã, tahine ou pão sírio — com que cozinhavam em casa.

A constituição de bairros árabes em grandes cidades brasileiras, como as regiões da 25 de Março e da rua da Alfândega, preocupava o governo e os intelectuais na primeira metade do século 20. Estudiosos da imigração — em geral, sociólogos — tratavam dessas aglomerações de estrangeiros como um problema. Esse tipo de abordagem era resultado do processo histórico da construção do Brasil, que se seguiu à longa e dolorosa experiência da escravidão. As autoridades brasileiras tinham adotado ideologias racistas que consideravam a presença de populações africanas como um fator de degeneração. O incentivo oficial à imigração de alguns europeus era, nesse sentido, uma aposta no embranquecimento do país.[13] A meta era misturar populações locais e imigrantes para diluir a influência negra.

Se o objetivo era a mescla, fica mais claro por que os sociólogos usavam conceitos como o de "assimilação" quando tratavam de imigrantes. Imigrante bom era imigrante assimilado, em outras palavras. E assimilado, nesse caso, significava imerso na cultura e na raça branca (até desaparecer dentro dela).

Esse é o tom de um dos estudos clássicos do período, *Enquistamentos étnicos*, que Oscar Egídio de Araújo publicou em 1940. Técnico de estatística do Departamento de Cultura, Araújo escreveu um influente artigo sobre a concentração de determinadas etnias em partes de São Paulo.[14] No texto, afirma que havia dois tipos de imigrantes na capital paulista. Os primeiros eram os desejados, que vinham de "raças eugenicamente fortes e de elevado grau de civilização". Os demais, indesejados, representavam para ele "etnias de cultura pouco desenvolvida".[15] Para Araújo, regiões como a 25 de Março eram "enclaves", "enquistamentos". Os termos são pejorativos, tratando a concentração de imigrantes como uma coisa externa à cidade e, por isso, ruim.

Essa é uma das razões pelas quais aquele texto de Dantas na *Folha da Manhã* impressiona tanto. Diferente do de Araújo, seu olhar é generoso e acolhedor. No seu texto, por exemplo, Dantas destaca um restaurante. Não dá o nome do estabelecimento, apenas o de seu dono, Dikrom Askarian, "um homenzinho sorridente e de vastos bigodes". O local ficava na parte superior de um velho prédio no beco Santa Cecília. Tinha um salão quadrado de paredes sujas e uma dúzia de mesas sem toalha. A sala era dividida por um balcão tosco. Por trás dele, aparecia Askarian, sempre sorrindo e andando de um lado para o outro. Askarian era como um personagem de ficção, Dantas diz. Já os clientes eram velhos sírios atraídos pelos quitutes do bar, como pepinos em conserva e "uns bonitos tomates cortados sobre o pires com sal, para tirar gosto de cachaça". Jogavam gamão, apostando uma rodada de tomate em salmoura.[16] O jornalista não critica a cena. Pelo contrário, parece se deleitar com ela.

Já Araújo, em seu estudo, sugeriu que o governo pesquisasse cada grupo para descobrir seu potencial de se assimilar à sociedade brasileira. Deu ênfase a duas populações que, naquela época, ainda viviam em "enquistamentos", ou seja, em bairros étnicos: os árabes e os japoneses. Sua conclusão foi que, por ainda viverem em lugares como a 25 de Março, os árabes não tinham se transformado em brasileiros de verdade, o que quer que isso significasse. Isso valia também, segundo Araújo, para os árabes nascidos no Brasil. "Há muitos brasileiros natos que podem ser considerados sírio-libaneses de fato", escreveu.[17] Para ele, o que importava para determinar quem era brasileiro e quem jamais poderia ser não era o local de nascimento, e sim a cultura.

Araújo usou os hábitos culinários dos árabes da 25 de Março para tentar provar que, mesmo nascidos no Brasil, eles não eram brasileiros de fato. "Os cardápios dos restaurantes são característicos: quibe cru, quibe com coalhada, quibe ao forno, folha de uva recheada, kafta assada e outros petiscos sírios bem conhecidos", diz. Descreve o centro de São Paulo como um "ambiente curioso, onde o amendoim torrado cede lugar à semente de abóbora, e o quibe, sob todas as formas, sobrepuja o típico feijão com arroz brasileiro".[18] O jornalista e historiador Ernani Silva Bruno também prestou atenção aos hábitos culinários de árabes e japoneses em seu clássico *História e tradições da cidade de São Paulo*, de 1954, afirmando que esses grupos imigrantes conservavam seus pratos e modos de preparo tradicionais.[19] Os olhos dos pesquisadores se fixavam sempre naquilo que lhes parecia imutável, querendo que mudasse.

Felizmente, os pesquisadores foram desenvolvendo visões mais sofisticadas. Boris Fausto, por exemplo, em um texto dos anos 1990 se refere aos bairros étnicos de São Paulo como "microssociedades". É uma boa alternativa, ao menos isenta do racismo científico que informava tantos dos intelectuais que o precederam. Fausto ressalta não os defeitos dessas microssociedades, mas as suas qualidades. Mostra que, para um imigrante árabe que tinha acabado de chegar à cidade, por exemplo, um lugar como a 25 de Março representava um fator de segurança e intimidade.[20]

Estavam perto uns dos outros, vivendo e trabalhando no bairro: suas lojinhas ficavam no térreo dos sobrados, e as residências, no segundo andar. Participavam de organizações sociais, como o Club Homs, fundado em São Paulo em 1920. Jogavam gamão, declamavam poesia, cantavam (e brigavam). Publicavam dezenas de jornais e revistas em árabe, nos quais discutiam a política da terra natal. Eram coisas que, além de comer e beber, davam os contornos do que significava ser árabe no Brasil. Produziram um espaço urbano ao qual deram um significado e atrelaram sua identidade.[21]

Escrevendo sobre a rua da Alfândega, o pesquisador Paulo Gabriel Hilu da Rocha Pinto diz que essas formas de sociabilidade permitiam a construção do que ele chama de "denominadores comuns" da etnicidade árabe. Ou seja, aquilo que um imigrante de um vilarejo tem em comum com alguém que veio de outro. Esse processo acontecia por meio do compartilhamento de elementos culturais como a língua, a estrutura familiar, as formas de lazer e, é claro, as tradições culinárias.[22]

Pode parecer esquisito falar da "construção" do que significava ser árabe, mas só porque nos acostumamos a pensar nos árabes como se essa fosse uma identidade natural e imutável. A ideia do que é ser árabe, no entanto, se consolidou apenas durante a virada do século 19 para o 20. Lembre-se de que esses imigrantes eram, a princípio, cidadãos otomanos. Mais do que isso, costumavam pensar em si mesmos de acordo com múltiplos e fragmentados marcadores culturais. Identificavam-se, por exemplo, com o lugarejo de origem, o que explica a aparição de organizações sociais com nome de lugares: Club Homs, Zahle Clube, Clube Alepo e por aí vai. Evocavam, também, as religiões que seguiam, aglomerando-se em torno de instituições maronitas, ortodoxas, melquitas, islâmicas etc.

Foram as suas maneiras de socializar — entre elas, o compartilhamento da comida — que ajudaram esses imigrantes a construir a ideia de que sua união estava na identidade árabe, à qual, por fim, aderiram em sua maior parte.

Alguns imigrantes traziam ingredientes e temperos consigo nos navios, a pedido dos familiares com quem iam se reencontrar no Brasil. Essa não era, no entanto, uma estratégia viável para alimentar toda uma comunidade em crescimento. Dezenas de milhares de árabes já estavam instalados no nosso país nos anos 1910. Foi nesse contexto que os levantinos de tino comercial apurado aproveitaram para abrir seus empórios, verdadeiras pedras angulares na construção da identidade árabe no Brasil. Escreviam nas vitrines com as letras curvilíneas de sua língua, fazendo as ruas brasileiras parecerem, ainda que de soslaio e por um segundo apenas, as ruas de vilarejos na Síria, no Líbano e na Palestina. Exibiam suas mercadorias em barricas e prateleiras, mesclando produtos como pimenta-do--reino, noz-moscada e zátar, e borrifavam o ar com sabores fragrantes.

O zátar é uma mistura de temperos típica da culinária árabe. Sua base é o *Origanum syriacum*, variedade selvagem e médio--oriental do tomilho. Vai também semente de gergelim tostada, sumagre e sal. No conjunto, o sabor é fresco, mas potente. Tanto que a cozinheira Adélia Salem Gabriel certa vez escreveu em um influente livro de receitas — voltarei a ele — que o "zátar é puro fosfato" e por isso "deve ser usado com moderação".[23] O risco é que o seu sabor domine o prato. Um risco que acabamos correndo de bom grado. Zátar vai bem em cima de uma salada de tomate, pepino e queijo feta. Serve para besuntar um frango antes de ir ao forno. Também funciona em cima da esfiha, misturado com azeite. Nos transporta para um campo de tomilho em uma escarpa na Palestina, com as costas no chão.

Há poucos registros visuais dos primeiros empórios árabes do Brasil, onde os imigrantes e seus descendentes vendiam zátar e outros produtos. Existem algumas fotos granuladas, em preto e branco, mostrando vendedores de bigode orgulhosos diante de suas mercadorias. Mas, por sorte, os historiadores não dependem só da visão. Têm seus truques para recriar o passado. O Arquivo Histórico Municipal de São Paulo abriga, por exemplo, os livros de registros comerciais da cidade. O tomo do distrito 2 de 1917 lista cada um dos empreendimentos que operavam no centro. Na rua 25 de Março, é claro, abundavam os nomes árabes. Calil Najar tinha um botequim de segunda ordem no número 2. João Zarzur vendia alimentos gerais no 50. Elias Tabach também trabalhava com comida no vizinho 52. Jorge Pedro e Habib Jabour ofereciam doces e frutas no 56. Abrahão Buaheb operava uma padaria no 72.[24] Outros tantos brimos prosperavam nos entornos.

O Empório Syrio, que ainda existe, é talvez o mais icônico desses empreendimentos. Seu nome parece reivindicar todo um mercado. Diversos dos meus entrevistados nesses últimos anos mencionaram visitas à loja para comprar ingredientes. Em especial quem morava fora da capital paulista encontrava no Empório Syrio uma das únicas maneiras de praticar sua identidade culinária. Uma senhora de quase cem anos, por exemplo, lembrou-se das longas viagens que fazia em meados do século 20 com o pai, do nordeste do Paraná até São Paulo, para comprar semolina. Eram mais de quinhentos quilômetros para estocar a despensa da família com o duro grão.

O empório foi fundado pelo imigrante Wadih Cury, vindo de Zahle. Ele chegou ao Brasil por volta de 1920 e, a princípio, trabalhou em feiras ao redor da rua 25 de Março. Chegou a ter uma barraquinha de frutas, diz seu neto, Ricardo Cury. Até que Wadih se deu conta de que os imigrantes — não só os árabes — dependiam de produtos importados para reproduzir os sabores da terra natal. "Tínhamos uma imigração monstruosa e uma falta de produtos para alimentar esse pessoal", conta. Wadih abriu seu empório em 1924 na rua José Bonifácio e começou a importar frutas, especiarias, fumo de narguilé e vinho. Trazia até chá inglês para os funcionários estrangeiros que estavam assentando os trilhos do trem. Ricardo sugere que o primeiro navio trazendo chiclete para o Brasil veio a pedido do seu avô. Enquanto descreve Wadih como um visionário, Ricardo compartilha notas fiscais dos anos 1920, escritas a lápis, que ele — hoje à frente do negócio — até mandou enquadrar. É um valioso documento do que se vendia e se comprava por ali. Os recibos nos contam, por exemplo, que em 31 de dezembro de 1928 um certo Abraão comprou zátar, sumagre, lentilha, grão--de-bico, trigo, tahine e gergelim. O que não informam: que receita Abraão pretendia cozinhar com aqueles ingredientes, cujo cheiro o papel, por infelicidade, não comunica.

Ainda no campo dos documentos, existe uma foto de Wadih sentado na frente do empório, em cima do capô de um Ford 1939 que a família mantém até hoje.[25] A imagem não está datada; deve ser dos anos 1940. Registra aquele momento de pujança no bairro dos árabes de São Paulo. Acima de Wadih, um letreiro anuncia o popular chocolate Falchi, produzido por imigrantes italianos, que também recorriam às lojas dos sírios.

Árabes e italianos muitas vezes viviam nos mesmos cortiços, mascateavam nas mesmas ruas e, para o desgosto de seus pais, casavam uns com os outros. Minha família, como tantas outras, é prova dessas intimidades. Meu avô Renato, filho de italianos pobres da Calábria, tinha tão bom trânsito entre os árabes que escolheu um sírio para ser padrinho de batismo do meu pai. Daí a coincidência com que tempero este capítulo: o padrinho era Maurício Cury, filho de Wadih. Foi assim que meu pai acabou circulando pelas prateleiras do Empório Syrio, quando criança, naquela mistura de secos e molhados, de árabes e italianos, de zátar e manjericão que condimentou a história do estado de São Paulo.

A intersecção entre esses dois grupos imigrantes daria outro livro. Surpreendi-me, rodando São Paulo, com o número de histórias de famílias árabe-italianas. Sua existência contradiz o senso comum de que os levantinos se casavam apenas entre si. São frequentes, é claro, os matrimônios dentro da comunidade. Inclusive entre primos-irmãos. Mas são inúmeros também os exemplos de união entre quem veio do leste e do norte do Mediterrâneo. Essa "misturinha", como define minha amiga sírio-italiana Heloísa Abreu Dib Julien, está refletida na mesa, em que o quibe divide espaço com a macarronada, construindo uma identidade única — brasileira.

Apesar disso, essa convivência nem sempre é pacífica. Telma Bauab, que vive em Jaú, no interior de São Paulo, é neta de libaneses por parte de pai e de italianos por parte de mãe. Sorveu, portanto, as duas tradições. Sua avó Ema Curi, porém, resistia e torcia o nariz. "Ela dizia que só comida árabe é que era boa. O resto era uma porcaria", conta. Em especial, Ema criticava a pasta italiana, dizendo que "macarrão não sustenta". Enquanto isso, seguia preparando quibe cru, assado e frito, e também esfiha, charutinho de uva, coalhada, homus e bolachinha de gergelim.

Entre os produtos que o enigmático Abraão comprou em 1928 no Empório Syrio — nos conta o recibo — aparece uma encomenda de trigo. Esse grão está no centro de muitas culturas, e a árabe não é uma exceção. Tanto que um dos poemas do icônico imigrante libanês Rachid Salim Curi tem como título "Grão de trigo". O poeta diz:

Queres um nobre exemplo, meu amigo?
Pois vê o que te dá o grão de trigo,

Que mostra um generoso sentimento
Para este teu espírito avarento.

Dez espigas douradas deu-te o grão!
Que um grão apenas dês a teu irmão!

E o grão imaginou, feliz, um dia,
Que no pão de um faminto habitaria!

Dançando, num alegre torvelinho,
Lá se foi para a morte no moinho!

E o sulco que divide ao meio o grão
Assim te diz: metade ao teu irmão! [26]

Curi nasceu em 1887 no remoto vilarejo de Berbara, no que mais tarde virou o Líbano. Seu trabalho tinha certa nostalgia pelo mundo das montanhas levantinas, entendido como um lugar mais simples e, portanto, mais valioso. Ele ficou conhecido, por isso, como al-Shair al-Karaui, que em árabe quer dizer "o poeta rural", no sentido bucólico. Já seu irmão César Chafiq virou al-Shair al-Madani, "o poeta urbano". Eles eram dois dos grandes escritores árabes radicados no Brasil.

Os versos de Karaui nos recordam da importância — e da generosidade — do trigo. Dele e de seu produto exemplar, o pão. Não é coincidência que, no árabe dialetal egípcio, a palavra para "pão" é *aysh*, que também significa "vida". Tampouco é por acaso que diversas revoltas populares na região começaram como protestos contra o aumento do preço do produto, como as chamadas Revoltas do Pão de 1977 no Egito. Esse alimento é, para muita gente, o aspecto mais básico de sua dignidade, o mínimo necessário a *aysh*. Não seria diferente na diáspora, onde os árabes seguiram produzindo e consumindo seus pães típicos. Nas primeiras décadas, recorriam a padarias e fornos coletivos na região da 25 de Março, aos quais se podia levar a massa pronta e pagar pelo calor. É uma prática ainda comum em algumas partes do Levante.

O que a gente chama de "pão sírio", no Brasil, é o khubz, um pão achatado e redondo feito com farinha, fermento, azeite e sal. É ideal para comer com pastas tipo homus e babaganuche. Nesses casos, um pedaço de pão faz as vezes de talher. O movimento da mão imita o símbolo do infinito, de modo a recolher bastante pasta. Ninguém vai se opor, também, a quem quiser comer o pão sírio só com um fio de azeite e uma pitada de zátar.

Outro pão é o saj, cuja fama é mais recente no Brasil. O saj parece o pão sírio, mas não costuma levar fermento, o que faz com que não cresça muito. Além disso, é preparado em uma chapa quente convexa, o que ajuda a esticar a massa.

Tamanha é a força simbólica do pão que, quando converso com Jamil Kronfly, de 92 anos, ele faz questão de me falar sobre o forno de sua família no interior de São Paulo.

Essa história começa nos anos 1920, quando seus pais Kablan Nawfal Kronfly e Adélia Bunduki imigraram da Síria. Viveram um tempo na Colômbia e na Argentina até que, na década seguinte, se assentaram no Brasil. Os tios maternos de Jamil — chamados Taufic e Fuad — enriqueceram no comércio e compraram uma chácara a uns vinte quilômetros de São Paulo, na estrada que ia para Itapecerica da Serra. Família e amigos iam depois do expediente para aquele recanto passar os fins de semana. As fotos que povoam os álbuns de Jamil mostram sírios em torno de mesas fartas e rodas de música. Um dos parentes, chamado Musallam, tocava o alaúde com notas vibrantes que devem ter doído, de noite, nos imigrantes tão longe da Síria.

A família batizou o lugar de al-Mimás, que é o nome de uma região em Homs, na Síria. Também por nostalgia da terra natal, criavam carneiros. Era o que estavam acostumados a comer. Jamil conta que seu tio Salim matava carneiros no sábado e os levava para as mulheres limparem na cozinha. Serviam no dia seguinte para o povo todo.

Teve uma vez que Jamil comeu galinha, em vez de carneiro: quando caiu dentro de um poço na infância e se machucou um bocado. Para tratar sua febre, as mulheres prepararam paneladas de caldo. Era tudo o que lhe serviam no café da manhã, no almoço e na janta: uma sopa amarela com gordura boiando na superfície. Acabou pegando ranço do prato de tanto repeti-lo — ao ponto que conta o episódio com evidente asco, quase um século depois.

Quando fala do forno, porém, sorri. Era um tipo de forno conhecido em árabe como *tanur*. Consistia num cilindro de barro da altura de uma criança, diz. Tinha uma abertura em cima, pela qual sua mãe Adélia e sua tia Balômia colocavam a lenha, como tinham aprendido na Síria.

Quando Adélia e Balômia punham fogo na lenha, o *tanur* virava um vulcão, nas palavras de Jamil. Elas se protegiam do calor cobrindo o rosto com panos — só os olhos ficavam expostos. Molhavam as mãos e as enfiavam dentro do forno, grudando a massa nas paredes de barro. Aí ficavam ao redor, observando. Quando os pães começavam a se soltar, voltavam a pôr as mãos na fornalha. "Me lembro das mãos delas vermelhas, queimadas de fogo", diz.

No Oriente Médio, o trigo não vira apenas pão. Vira também uma coisa chamada bulgur ou burghul. É um preparado de grãos integrais que foram fervidos, secos e triturados em pedaços maiores do que os da farinha. No supermercado, aparece também sob os nomes triguilho ou trigo para quibe.

É um alimento bastante comum no Oriente Médio, às vezes servido como acompanhamento e desempenhando, portanto, o papel que o arroz tem na cultura brasileira mais ampla. Em geral, basta deixar o bulgur amolecer na água antes de comer. Ele pode ser usado também, como um dos nomes indica, para fazer quibe. Outra coisa que leva bulgur é o tabule — é o que dá sua textura específica.

A presença do bulgur na mesa dos imigrantes das primeiras décadas era um tema importante. Naqueles tempos, os árabes dependiam de amigos viajantes ou, de maneira mais sistemática, de importadores. A família Safady, uma das primeiras a chegar ao Brasil, importava bulgur do Líbano até pelo menos 1914 e o distribuía entre os empórios. Foi só depois da Primeira Guerra Mundial, em 1918, que muitos desses produtos típicos da cozinha árabe começaram a vir de outras procedências, como da Argentina (trigo e derivados) e também da costa sul europeia (o azeite e sua mãezinha, a azeitona).[27]

Não está claro quando os árabes assentados no Brasil começaram a produzir o bulgur nos seus próprios moinhos. A pesquisadora Claude Fahd Hajjar sugere, em um estudo pioneiro, que isso aconteceu apenas nos anos 1960.[28] Mas deve ter acontecido bem antes. Existe, por exemplo, um recibo de 1928, do próprio Empório Syrio, que alardeia no cabeçalho em árabe que a família Cury tinha o "maior moinho de bulgur no Brasil". Há também diversos anúncios na imprensa árabe-brasileira mencionando moinhos, como na propaganda de 1933 de uma loja da rua Barão de Duprat, em São Paulo, que vendia "o melhor tipo de bulgur".[29] Não só havia oferta desse ingrediente já naqueles anos, como decerto havia boa demanda, justificando tantos anúncios.

E não foi só o bulgur que passou a ser produzido no Brasil, segundo Hajjar. Surgiram também fábricas de rahat (goma árabe) e mlabas (amêndoas confeitadas). Começa-se também a torrar grão-de-bico e sementes de abóbora nas torrefações de amendoim.[30] A identidade árabe foi assim permeando a brasileira, adentrando inclusive suas cadeias produtivas.

O trigo e seus derivados eram tão importantes na sociedade árabe-brasileira que mais de uma vez motivaram bate-bocas e quebra-quebras na região da rua 25 de Março.

Em 1947, por exemplo, um tal de Miguel Esperidião foi até a padaria Astor, de um libanês de origem armênia. Para sua surpresa, o padeiro Guarabet Amiralian disse que não tinha assado pão naquele dia. Isso se repetiu outras vezes. Furioso, Miguel foi prestar queixa na polícia.

O inspetor Nilo Faria Helmeister foi até lá investigar a situação. Perguntou por que Guarabet e seu funcionário Antônio Mussa não estavam fazendo seu pão de cada dia. Eles disseram que não tinham farinha no estoque, ao que o inspetor pediu que abrissem uma sala que estava trancada. Depois de muita relutância, Guarabet o deixou fiscalizar o espaço suspeito. Naquele quartinho, Nilo encontrou dezesseis sacos de farinha de trigo e catorze sacos de farinha de centeio. O investigador concluiu, assim, que o padeiro estava vendendo pão no mercado clandestino, em um momento em que o produto era racionado e, portanto, mais valioso.

As investigações foram adiante, até que o delegado responsável deixou seu cargo e a história perdeu o fôlego. Quando as autoridades tentaram reabrir o caso em 1949, sabe-se lá por que cargas d'água, ficou decidido que o crime — se de fato havia crime — já tinha prescrito. Assim, nunca vamos saber se o armênio estava se recusando mesmo a assar pãezinhos.[31]

Coisas do passado? Nem tanto. Esses dias, uma disputa parecida foi parar na Justiça. A história começou quando o restaurante paulistano Saj acusou o Almanara de roubar sua receita de pão. Segundo um advogado ouvido pela *Folha de S.Paulo*, o Almanara pagou setecentos reais para um cozinheiro do Saj ensinar a receita para o restaurante rival. O pão é, afinal, um dos diferenciais do Saj, tanto que aparece no seu nome. O processo corria, no momento da elaboração deste livro, na 1ª Vara Empresarial e de Conflitos Relacionados à Arbitragem do Tribunal de Justiça de São Paulo. O Almanara nega a espionagem industrial e afirma, ademais, que uma receita milenar como a do pão não tem patente.[32]

Histórias como a da padaria Astor e da rixa entre o Saj e o Almanara são contadas, aos fragmentos, pelos documentos que sobrevivem à passagem do tempo. Outra fonte preciosa para recriar esse mundo perdido são os guias comerciais, com referências aos estabelecimentos que existiam no começo do século 20.

Um desses catálogos mais antigos é o *Dr. Abdou's Travels in America*, de 1907, em que um médico egípcio narra sua passagem pelo continente americano. O doutor Nagib T. Abdou inclui na sua narrativa detalhes sobre negócios árabes em lugares como os Estados Unidos, a Colômbia e a Jamaica.

A história começa em 1888 no porto de Beirute. O doutor Nagib embarca ali com seu pai. Desce em Cartagena, na Colômbia, país em que passa um ano. Chega até a conhecer o presidente. Depois, segue para Caracas, na Venezuela. O trem viajava mais devagar do que um burrico, segundo consta no catálogo. Ele encontra tribos indígenas na Amazônia — que, com tons racistas, descreve como selvagens — e a cruza, por fim, até chegar ao Brasil. Dali, continua a viagem pelo restante das Américas.[33]

Boa parte do livro é dedicada à América do Norte. Em parte, porque havia mais fontes disponíveis sobre os Estados Unidos. O doutor Nagib explica que teve dificuldades em compilar informações sobre o Brasil, onde os árabes estavam espalhados demais, em um território muito extenso.[34] Assim, aparecem poucos empórios no seu catálogo. De São Paulo, cita apenas a loja de Tawfiq Qasma e seus irmãos, de Homs, à rua 25 de Março, 187.[35] Já no Rio, menciona só o comerciante Salim Baz, à rua da Alfândega, 377.[36]

Aparecem também alguns restaurantes árabes, o que impressiona nesse período inicial da imigração. É uma evidência de que esses estabelecimentos já existiam desde a virada do século 19 para o 20 no Brasil. Abdou cita o nome de três empresários do ramo em São Paulo: Bechara Bechilli, José Lotaif e João Mukdesi, sem dar o nome nem o endereço dos restaurantes.[37] Quanto ao Rio, o viajante egípcio listou apenas um lugar, propriedade de um tal Jorge Nassif, também sem detalhes.[38]

Não devia haver muitos outros restaurantes árabes — foi só décadas depois que alguns dos clássicos da cena gastronômica de São Paulo e do Rio de Janeiro apareceram. Mas o diretório do doutor Nagib não pode ser tomado como uma relação definitiva de todos os estabelecimentos árabes que funcionavam no Brasil naquela época. Há ao menos um buraco óbvio no trabalho do egípcio: faltou somar à lista o Oriente & Ocidente, um dos restaurantes árabes mais tradicionais da primeira metade do século no Rio de Janeiro.

A história do Oriente & Ocidente começa em 1900 com a imigração de Elias Cauerk em um barco a vapor. Vinha da cidade de Alepo, que hoje fica na Síria. Daí seu apelido — Hallabi —, que em árabe quer dizer "alepino".

Elias mal chegara ao Rio de Janeiro e já no ano seguinte abriu seu restaurante. Ao procurar um local para o estabelecimento, escolheu a rua da Alfândega, um pioneiro no que se tornaria aquela microssociedade faminta por comida árabe. O fato de que levou tão pouco tempo para tomar a iniciativa reflete sua experiência prévia no ramo. Elias já tinha um restaurante em Alepo e trouxe até alguns de seus utensílios consigo na travessia.

A família de Cauerk sugere que o Oriente & Ocidente foi o primeiro restaurante árabe registrado em cartório no Rio de Janeiro. Pode mesmo ser o caso, mas é arriscado afirmá-lo de modo taxativo. Era, de todo modo, um dos únicos. Isso talvez explique por que o estabelecimento virou uma espécie de consulado informal, que é como seu neto, o chef Samir Cauerk Moysés, o descreve. O restaurante inclusive passou a ser conhecido pelo apelido do dono. Tantas pessoas circulavam pelo Hallabi que Elias nem tinha vontade de deixar o local. Vivia no andar de cima e, de um mezanino, observava o salão e os comensais. A família diz que Elias só saiu do sobrado duas vezes na vida depois da inauguração do restaurante em 1901. A primeira foi para o enterro de um grande amigo. A segunda foi para seu próprio enterro, em 1940. Pode ser um exagero, mas indica a importância que o estabelecimento tinha para esse curioso personagem, hoje pouco recordado.

Quando morreu, Elias foi celebrado não só por causa da mão de cozinheiro — seu *nafas* —, mas também devido à sua admirável generosidade. Samir tem um recorte em árabe enquadrado na sua casa que atesta essa fama. É uma espécie de homenagem. O nome do jornal e a data se perderam.

Segundo o jornal, Elias distribuía comida no fim do dia para centenas de pessoas pobres no centro da cidade. Era um gesto tão extravagante que um dia um amigo lhe disse que ele acabaria indo à falência se não parasse com aquela loucura de alimentar pessoas em situação de rua. Elias respondeu que só estava fazendo o que era certo, já que eram todos — ele e os pedintes — "irmãos na humanidade". O jornal diz que tamanha era a sua fama que se formavam filas do lado de fora do restaurante, à espera das doações.

O mais fascinante desse recorte, porém, é a ilustração que acompanha o texto. Elias aparece tranquilo, no centro da imagem, fumando narguilé. Em um círculo ao seu redor está uma multidão de homens pobres, que lhe estendem cumbucas vazias. São raros os desenhos desse tipo na imprensa árabe da época, e a existência da ilustração indica a importância de Elias para o imaginário daquela comunidade.

O fundo da imagem também nos interessa, porque mistura elementos libaneses, brasileiros e egípcios. Estão ali um cedro, o Pão de Açúcar e uma pirâmide. Os dois primeiros são fáceis de decifrar. Informam, afinal, a origem de Elias e o país tropical ao qual imigrou. O terceiro é um pouco mais esquisito, já que não há informações sobre uma possível passagem desse cozinheiro pelo Egito a caminho do Brasil. Talvez tenha sido liberdade poética do desenhista para sinalizar uma certa ideia generalizada de Oriente.

Depois da morte de Elias em 1940, seus irmãos mantiveram o Oriente & Ocidente aberto por quase duas décadas. O restaurante fechou em 1959, para desgosto da clientela, em parte porque os descendentes não tinham o mesmo tino de Elias para a cozinha ou para os negócios. Encerrou-se, ali, a aventura gastronômica do alepino. Por um tempo.

Em alguns jornais da época, aparecem anúncios de um restaurante chamado Hallabi na rua da Alfândega, 265, que tudo indica ser o de Elias. Por exemplo, uma propaganda de 1924 no *Al-ittihad al-arabi* diz o seguinte: "É o único restaurante que faz você esquecer as suas saudades e transporta até o seu estômago algo parecido com o que a sua mãe cozinhava para você, em termos de pureza e de sabor". O texto apela para a *ghurba* dos imigrantes, que é justamente a palavra usada. "Você tem a sensação de estar em um restaurante em Beirute, Damasco ou Constantinopla".[39] Um argumento convincente.

As propagandas de restaurantes árabes eram comuns na imprensa da comunidade. Em 1955, por exemplo, publicou-se um anúncio do Restaurante do Centro — propriedade de Fares Warden Rahid El-Musri, em São Paulo — detalhando seu cardápio. A especialidade era o fatteh, um prato levantino feito com lascas de pão tostado e misturado com coalhada seca e snubar (em italiano, *pinoli*).

O Restaurante do Centro também servia arroz-doce, uma sobremesa que aparece no mundo inteiro com algumas variações. No Líbano, é chamada de riz bi-halib, que é descrita em árabe de um jeito bem direto: "arroz com leite". Além do laticínio, a versão levantina leva água de rosas e mástique, uma resina típica da ilha grega de Chios, secretada no formato de lágrimas pela árvore do lentisco. A rosa e a goma do preparo libanês dão uma profundidade maior ao prato, diferente da versão brasileira, que às vezes é temperada com canela e raspas de limão.

Outro quitute propagandeado pelo Restaurante do Centro, tão basal às culturas médio-orientais, é o salepo. Trata-se de uma bebida típica feita com a farinha do tubérculo de uma orquídea.[40] Uma daquelas coisas que têm uma história tão saborosa que a gente vai abrindo parênteses e fazendo digressões.

Os antigos romanos já usavam farinha de orquídea para preparar drinques, entre eles o satyrion, que era tido como afrodisíaco. O nome salepo, posterior, vem do árabe *khusa al-thalab*, que quer dizer — de um jeito bem pouco apetitoso — "testículo de raposa". É como eles chamavam uma espécie de orquídea devido ao modo que a flor pende do galho. Não é preciso dar mais detalhes. Durante o Império Otomano, o salepo ganhou popularidade, em especial nos territórios de cultura árabe, como os atuais Síria e Líbano. Era tido como uma boa maneira de engordar mulheres, no padrão de beleza da época, para conseguirem um bom casamento.[41] A bebida chegou um tempo depois, já no século 17, ao Reino Unido. Ingleses a chamavam de saloop e a usavam como substituto mais barato do café e do chá.

O costume foi se perdendo na Grã-Bretanha. Nos territórios que formavam o antigo Império Otomano, porém, a bebida segue forte. Tanto que, nos últimos anos, cientistas começaram a soar os alarmes. A colheita de orquídeas para preparar essa bebida cremosa é tão intensa e extensa em partes da Turquia e do Irã que vem ameaçando algumas espécies de extinção.[42]

A versão servida no restaurante paulista, nos anos 1950, devia ser parecida com a que encontramos ainda hoje em cidades do Oriente Médio. O pó da orquídea é dissolvido em leite e servido quente no inverno. Fica com uma consistência pastosa, como a de um mingau. A semelhança, aliás, não é coincidência. O pó de orquídea é um amido, como a maisena, que usamos para engrossar sobremesas.

De volta às propagandas, elas eram tão corriqueiras na imprensa árabe-brasileira que apareciam em formatos criativos também. Por exemplo, Abdo Salam Kahil anunciou sua Confeitaria Pagé na edição de fevereiro de 1955 da revista *Al-Burkan*, publicada em São Paulo. A propaganda está no formato de um poema popular em árabe dialetal. Em tradução livre, fica assim:

Espalharam sobre o Abdo Salam esta novidade
que o doce de sua confeitaria é o que você quer de verdade
fomos até lá para conferir e nos deparamos com fileiras
de gente alinhada, organizada
fomos até lá para conferir e nos deparamos com fileiras
de clientes... ah, se seus olhos tivessem visto
o povo mastigando, o povo lambendo a palma da mão
o povo urrando: caramba, que delícia![43]

Esse anúncio é uma das coisas mais gostosas e inesperadas que encontrei nos arquivos da imigração árabe no Brasil. Inesperada, mas não incoerente. O formato do poema fazia bastante sentido no contexto da publicação. Editada por Abrão Attie e impressa pela editora Comercial Safady, *Al-Burkan* se descrevia como uma revista de *zajal* com cunho "social, crítico, literário e apolítico".[44] O *zajal* é um tipo de poema popular árabe geralmente escrito em registro coloquial e pensado para ser declamado, mais do que lido em silêncio e solidão. Daí o formato do anúncio de Abdo, que propagandeava sua confeitaria em versos. Não em qualquer tipo de verso, aliás, mas no esquema árabe da *qasida*, com uma divisão típica dos versos em duas partes, chamadas *bayt* (casa), e um esquema de rima próprio.

A revista *Al-Burkan* era toda inusitada. A reivindicação de não falar de política era rara em um universo em que muitas das outras publicações se dedicavam aos acontecimentos políticos não só do Brasil como também do Levante. O fato de ser publicada quase na íntegra em árabe era também incomum nos anos 1950, quando o número de falantes dessa língua já estava diminuindo. Isso porque as primeiras gerações de imigrantes fizeram questão de não ensinar o idioma para os filhos, em parte para garantir que falassem português e, assim, pudessem se entrosar melhor no país — mas também porque o governo autoritário de Getúlio Vargas proibiu, nos anos 1930 e 1940, as escolas e publicações em língua estrangeira.

Havia anúncios sem rima também na *Al-Burkan*, mas a maior parte era em verso mesmo. Na edição de março de 1955, por exemplo, aparece uma propaganda poética da Confeitaria Omar, na Ladeira Porto Geral. Mais uma vez em tradução livre, a peça diz:

Caso desapareçam a baklava, a burma e os demais
luxuosos doces dos árabes

na confeitaria do Abu Salah você ainda encontra todos eles
seu aroma é delicioso, e seu gosto, uma extasiante melodia
baklava, burma, maamul
goma árabe, basma e kunafa
visite o Abu Salah e coma
e lhe diga assim: Deus o abençoe!
Recheados de amêndoas descascadas, a gordura extra-virgem dá liga
feitos com técnica, com tradição
sua aparência enche os olhos
e o coração mais do que adora a limpeza [do local][45]

A menção à higiene do restaurante pode ser inusitada para nós que lemos esses anúncios tantas décadas depois, mas era uma preocupação dos clientes que circulavam pelos restaurantes naqueles tempos. Tanto que a palavra aparece também em uma edição de fevereiro de 1924 do *Al-ittihad al-arabi*. Um anúncio do Al-Mataam al-Arabi — direto ao ponto, o nome quer dizer simplesmente "o restaurante árabe" — prometia uma comida que satisfazia os olhos com sua "limpeza" e apaziguava a alma com "a gentileza de seu dono", chamado Mustafa al-Dalatti. O estabelecimento ficava na rua Buenos Aires, no Rio de Janeiro. "Visite-o, ó cidadão, sempre que você for ao Rio", apelava a propaganda.[46]

Sobraram poucos restaurantes daqueles tempos, o que é uma pena. Tudo o que podemos fazer hoje é encontrar seus rastros na documentação da época e tentar imaginar seus cheiros e gostos. É um trabalho de arqueologia dos sentidos.

Também podemos trabalhar para preservar a memória dos restaurantes tradicionais que seguem abertos. Entre eles, a Brasserie Victória, um dos árabes mais antigos de São Paulo que seguem na ativa. Quando pergunto aos anciãos árabes onde eles comem, muitos mencionam esse restaurante por nome. É um emblema.

Victória Feres, a fundadora da brasserie, nasceu em Arjis, no atual Líbano, em 1896. Seu pai imigrou para o Brasil no dia seguinte ao parto, deixando a mulher e a filha para trás. Foi só catorze anos depois, em 1909, que a família Feres se reuniu em São Paulo. Mas Victória, que se casou ainda adolescente, não parava quieta. Passou períodos nos Estados Unidos e no seu Líbano natal antes de se fixar de vez no Brasil.

Foi durante os nove anos que passou em Pittsburgh, nos Estados Unidos, que ela aprendeu a cozinhar. Àquela altura, não sabia nem fritar ovo. Seu professor foi um jovem libanês chamado Mansur. Mansur cozinhava para os Sursock, uma das famílias mais ricas de Beirute. Meteu-se em uma briga com um muçulmano, matou-o e teve que fugir para os Estados Unidos, onde sua história esbarrou na de Victória. "Olha, eu cozinho com capricho, mas não é tanto quanto ele", ela disse em um depoimento em 1982, aos 86 anos. "Charuto de folha de repolho, quando a gente comia da mão dele, tinha outro sabor, outra qualidade", contou. Mansur se negou a ensinar Victória, mas ela ficava em torno dele, observando, aprendendo...[47]

Em 1922, Victória voltou de vez para São Paulo. Na cidade da garoa, ela sofreu. O marido gastava demais e trabalhava de menos. Por fim, ele foi embora para o Líbano, deixando-a sozinha com os filhos. Agravando a situação, a mãe de Victória morreu e seu pai perdeu tudo o que tinha.

Naquele momento, entrou em cena Jorge Idi, um de seus melhores amigos. Victória e Jorge eram tão próximos que batizaram os filhos um do outro. Jorge comprou a casa do pai de Victória na 25 de Março para ajudar a família. Depois, vendo as agruras da amiga, que gastava a sola do sapato para economizar com o bonde, o compadre sugeriu: "Por que você não abre um negócio?". Victória disse que não tinha dinheiro, mas Jorge insistiu. Ele comprou a casa de Hage Acam, um muçulmano confeiteiro, em 1948. Em 1951, eles abriram, como sócios, a Brasserie Victória naquele endereço.[48]

Não foi um começo fácil. Victória cozinhava sozinha, com ajuda dos rebentos. Dunga, o caçula de braço forte, passava a carne na máquina. Outro filho fazia a massa. A filha Brasilina comprou uma geladeira para ajudar, com o salário que recebia na General Electric.[49] "Lutei muito, o fogo comeu meus olhos", Victória lamentou.[50]

Enquanto as labaredas consumiam sua visão, os paulistas devoravam sua comida. Foi com o trabalho na brasserie que Victória conseguiu sustentar a família. Acumulou, no ínterim, receitas para 350 pratos árabes, alguns dos quais nem sequer chegou a servir no restaurante.[51] Se tivesse servido, é provável que os vendesse. "Todos me conhecem, fiz bonito, sempre gostaram de minha comida, sempre tive fregueses bons", afirmou na entrevista de 1982. "Vendia o que queria. Se esquentava água, vendia. Diziam: 'Que delícia!'."[52]

Ela abriu uma filial no Itaim em 1982. Em 1987, fechou a matriz na 25 de Março. Até sua morte, em 1991, ainda ia quase todo dia até a brasserie.

É difícil explicar a longevidade de um restaurante. Os comensais escolhem aonde ir com base em fatores complexos como qualidade, preço, localização e atendimento. No caso da Brasserie Victória, um de seus grandes atrativos sempre foi a tradição. Victória, afinal, costumava dizer que tinha sido a responsável por popularizar o quibe e a esfiha no Brasil. Era uma reivindicação e tanto, dado que esses dois pratos simbolizam talvez melhor do que tudo a comunidade árabe do Brasil.

Há um registro dessa história no livro *Memórias da imigração*, que reúne valiosos depoimentos de imigrantes sírio-libaneses no Brasil. Victória perguntou a uma das entrevistadoras: "Você sabe que quem soltou quibe aqui na praça fui eu?". E continuou: "Quem soltou esfiha na praça fui eu. Ninguém vendia isso".[53]

O assunto estaria bem resolvido caso ela fosse a única pessoa a dizer isso.

O imigrante Emílio Bonduki, de Homs, deu uma entrevista para aquele mesmo livro. As entrevistadoras lhe perguntavam sobre as interações entre árabes cristãos e muçulmanos, quando de repente Emílio as interrompeu e decidiu mudar a direção da conversa. "Faço questão de contar a história da esfiha, mais do que qualquer outra." Explicou que tinha planos de escrever um artigo sobre esse assunto para o finado jornal árabe *Brasil-Líbano*, que já nem existia mais nos anos 1980. "Prefiro que seja registrado aqui, melhor ainda", disse, prefaciando.

Segundo o relato de Emílio, o quibe e a esfiha só ficaram populares no Brasil em meados dos anos 1940. Até aí, a versão dele coincide com a de Victória. Ele, no entanto, credita o milagre ao professor Nasser Chatilla, que dava aulas de árabe em São Paulo.

Um dia, Nasser fez uma fornada de cinquenta quibes e cinquenta esfihas. Pegou metade do carregamento e deu a outra para a esposa. Foi até a esquina da rua Quintino Bocaiuva com a José Bonifácio, no centro, onde havia um bar. O dono, um armênio, vendia coxinhas e empadas. Nasser sugeriu que incluísse os quitutes árabes no cardápio. "Aqui ninguém come quibe", o armênio respondeu, pasmo. O professor fez uma proposta. Deixou dez unidades de quibe e dez de esfiha. "Se você vender, me paga, se não vender, me devolve", disse.

O armênio, sempre segundo a narrativa de Emílio, topou a aposta. Pegou um papel, escreveu as palavras "quibe e esfiha" e deixou na vitrine. Enquanto isso, Nasser seguiu caminhando pela rua Quintino Bocaiuva, distribuindo salgados para quem mais aceitasse fazer o teste comercial. Quando voltou no dia seguinte, o professor viu que o produto tinha saída. Alguns dos bares tinham vendido a metade, outros tinham vendido tudo. Seguiu com a estratégia e foi, com o tempo, espalhando os salgados árabes pelo centro de São Paulo. "No fim, ele não dava conta da quantidade, porque quem experimenta quibe e esfiha não vai comer mais cachorro-quente e nem outra coisa", Emílio explicou. Não cabe a mim discordar.

A história é saborosa como uma esfiha de carne. O próprio Emílio sugeriu uma moral durante seu depoimento às historiadoras: quem popularizou os quitutes que são hoje símbolo da culinária árabe no Brasil foi um professor que mal tinha o que comer. "Contei para os meus parentes na Síria o que está acontecendo no centro de São Paulo. Centenas de letreiros luminosos, tudo quibe e esfiha", disse.[54]

"Tudo quibe e esfiha." Deveria ser essa a frase na bandeira brasileira, em vez de "ordem e progresso". É fascinante como esses dois pratos levantinos conquistaram um terreno afetivo na nossa culinária ao lado de salgados tradicionais. Estão presentes em alguns dos momentos mais brasileiros possíveis, como quando alguém se debruça sobre o balcão de um boteco pé-sujo no centro de uma cidade grande, pede um quibe e uma esfiha, espreme um pouco de limão e os saboreia.

As esfihas motivaram outra disputa no Brasil, além daquela em torno de sua invenção. Neste caso, foi uma briga linguística. Existe há décadas uma discussão a respeito de como escrever o nome do prato, que vem do árabe *safiha*.

O árabe, que é uma língua semítica como o hebraico, funciona de um jeito diferente do português. As palavras são geralmente redutíveis a raízes consonantais. Por exemplo, a raiz D-R-S denota a ideia de adquirir e transmitir conhecimento. Assim, *darrasa* significa "ele ensinou", *al-mudaris* é "o professor", *al-dirasa* é "o estudo" e *al-madrasa* é "a escola". A raiz S-F-H passa a ideia de achatar. A safiha é, assim, uma massa esticada, aplainada. Na vida real, as pessoas às vezes engolem a primeira vogal de algumas palavras, e o prato acabou se consolidando como "sfiha" no Brasil.

Na hora de escrever a palavra, surge um problema. O árabe tem seu próprio sistema de escrita, com que representa seus sons, que nem sempre têm equivalente no alfabeto latino com o qual escrevemos o português. É o caso do H de "sfiha", que é mais forte e sonoro do que o nosso — dá uma coceirinha na garganta na hora de falar. Não existe uma letra latina para esse som. Vem daí a sugestão de dicionários, como o *Michaelis* e o *Houaiss*, de escrever a palavra em português como "esfirra". É uma maneira de recriar o som aspirado do árabe. Para mim, porém, essa escolha acaba criando uma armadilha, porque alguns leitores podem pronunciar como um "R" dobrado (como Paulo Maluf fazia com a letra), o que não tem nada a ver com a palavra original.

Uma solução ainda pior do que a do *Michaelis* é a de Adélia Salem Gabriel, em seu livro *Cozinha árabe*, de 1953, que aparece mais adiante neste ensaio. Adélia escreve "esfia", eliminando de vez o H. O manual dela tem até um preâmbulo explicando a escolha. O texto é assinado pelo gramático Napoleão Mendes de Almeida. O autor elogia a decisão de Adélia de "sacrificar o nome árabe original, em toda sua pureza prosódica". Afinal, exigir que alguém pronuncie o H aspirado do árabe é, para esse estudioso, "pretender o ridículo" e "afugentar do vocábulo os brasileiros e impedir dele a introdução no povo e nos dicionários". Ele diz: "Escrevamos e pronunciemos 'esfia', simplesmente 'esfia', que veremos amanhã o engraxatezinho pedir com a maior naturalidade ao botequineiro de modesto subúrbio o petisco que tanto irão todos os brasileiros apreciar, frequentemente fazer e facilmente recomendar".[55]

Com todo o respeito, caro Almeida, me recuso. Neste livro, e onde eu puder, vou seguir grafando "esfiha" mesmo.

E ouso dizer que meu maior problema com a esfiha — com H! — nem é esse. A palavra, no Brasil, acabou englobando alguns quitutes que têm outros nomes no Oriente Médio. A esfiha típica, digamos, é a da cidade libanesa de Baalbek. É uma massa coberta com carne moída e regada de limão. Já a que a gente chama de "esfiha fechada", no Brasil, tem um outro nome no Líbano: fatayer.

Há também outras coisas parecidas que, no Líbano, têm outro nome. O lahme bi-ajin, por exemplo, tem uma massa finíssima e crocante. O manqushe, por outro lado, é mais grosso e costuma ter apenas zátar em cima. Mas não estou aqui para impor regras a ninguém. Que a gente continue a chamar tudo de esfiha, nem ligo. Só é importante conhecer essas diferenças para não fazer feio, um dia, quando viajar à terra dos cedros.

E ainda tem a história de como se escreve "quibe". Nesse caso, o Brasil até que deu sorte. A palavra em árabe é *kibba*, cujo significado é "formar uma bola". A adaptação, nesse caso, foi usar o QU para representar o som de K. Em partes da América Latina, porém, o prato acabou virando "quipe", bem diferente da palavra original. Até porque a língua árabe não tem o som de P. Mas, é claro, na cozinha a comunicação ocorre pelo estômago, e não pelo ouvido, e todo mundo se entende.

Quibe é um tipo de comida feito a partir da mistura de carne e bulgur. Nos livros de receita, costuma aparecer como uma categoria à parte. O de Adélia Salem Gabriel, por exemplo, tem seções como "arroz", "legumes", "massas", "peixes" e "quibes".

Existe o quibe cru, por exemplo, e o frito, que conhecemos bem no Brasil, com as pontas afuniladas. Fazemos também a versão de bandeja, que vai ao forno. Mas o livro de Adélia tem outras receitas que não entraram na moda ou já caíram em desuso nos restaurantes, como o quibe na coalhada, o quibe de peixe e o quibe quaresmal — vegetariano, para as sextas-feiras da Paixão.

O quibe talvez seja o prato mais importante da cozinha levantina. Poderíamos ter capítulos e mais capítulos sobre ele. Há um sem-fim de histórias a seu respeito. Dizem, por exemplo, que textos da Suméria e da Assíria — impérios da Antiguidade que se desenvolveram onde, grosso modo, fica hoje o Iraque — mencionam algo parecido com o quibe na corte do monarca Assurnasirpal II (884 a.C.-859 a.C.).[56]

Nesse mundo médio-oriental, ligar um fato contemporâneo aos tempos da antiga Mesopotâmia significa dar-lhe grandes significados. Linhagens reais à parte, mesmo a versão contemporânea do quibe é cercada de mistérios. O preparo tradicional, no pilão de madeira ou metal, é um ritual e tanto. O som da macetada tem simbolismos. E ter um dedo longo é um sinal de bênção para as mulheres que moldam a massa, no Levante. Dizer que fulana tem mão boa para quibe é um baita elogio.[57]

No que diz respeito à sua popularização, não sabemos se foi Victória ou Nasser quem o divulgou no Brasil. Fato é, no entanto, que em 1949 esse quitute já era bem conhecido em São Paulo. Naquele ano, a *Folha da Noite* publicou uma reportagem do jornalista Fernando Fortarel sobre a comunidade árabe com o título "Depois de uma geração, o árabe já é tão brasileiro como os de quatrocentos anos". O subtítulo dizia: "Em São Paulo, cidade-cadinho, vivem cerca de 100 mil descendentes de sírios e libaneses — homens e mulheres de olhos negros e supercílios cerrados, que formam ombro a ombro com os brasileiros, na batalha do trabalho — quibe e araque — albornoz, só nas areias da Palestina". O resto do texto está ilegível na versão digitalizada nos acervos da *Folha de S.Paulo*, que substituiu a finada *Folha da Noite*.[58]

Salta aos olhos, de imediato, o uso de estereótipos orientalistas para descrever os árabes. O pensador palestino Edward Said define o orientalismo como um conjunto de lugares-comuns sobre o Oriente, que aparece sempre como uma região genérica, de traços superficiais e atemporais. Essa ideia está em seu livro seminal, *Orientalismo*, de 1978.[59] É orientalista, por exemplo, pensar no Oriente Médio como uma região desértica povoada por odaliscas sensuais e califas lascivos. É orientalista também falar apenas em tapetes voadores, Aladim e camelos. É orientalista, ainda, o tipo de representação feita por novelas como *O clone* (2001), em que toda discussão parecia ser resolvida com uma apresentação de dança do ventre e um gritinho de "muito ouro!". O mundo de cultura árabe é muito mais diverso do que essas representações achatadas, simplificadas.

O texto de Fortarel é um excelente exemplo de abordagem orientalista. Árabes, para ele, têm olhos negros. Menciona o albornoz, que é um manto branco típico do Norte da África, para falar de pessoas que vieram da Síria e do Líbano. Põe também o nome da Palestina no balaio, citando suas areias, que Fortarel provavelmente imaginava como as do Saara, também no Norte da África. Na sua cabeça, todas essas imagens eram sinônimos de um Oriente Médio genérico e amorfo, em que vale tudo.

Em defesa de Fortarel, a mensagem da manchete é ao menos positiva. Sugere que, no espaço de uma só geração, os árabes conseguiram se integrar à sociedade brasileira e dividiram com o restante da população o fardo do trabalho. O texto saiu no final dos anos 1940 e refletia a mentalidade do período getulista, em que o trabalho era uma medida da qualidade das pessoas.

O mais interessante da reportagem, porém, é o fato de que Fortarel trouxe à tona o quibe e o araque dos árabes. E isso sem explicá-los, o que indica que eram conhecidos o suficiente pelos seus leitores em São Paulo, numa época em que não se podia fazer consultas no Google nem perguntar para o ChatGPT.

Muitos brasileiros conheciam e ainda conhecem o araque, nem que seja só pelo nome. Típica do Levante, essa bebida alcoólica aparece na nossa expressão "de araque", que descreve uma coisa clandestina, falsa, de má qualidade. Apesar de não saber como é que o araque dos árabes acabou com essa fama tão negativa, suspeito que tenha sido devido à sua potência e à embriaguez que causa, quando consumido em grandes quantidades. O araque tem entre 50% e 60% de teor alcoólico. A cachaça, para comparação, está entre 38% e 48%. Ou seja, se a cachaça é a "água que passarinho não bebe", então o araque nem o camelo consegue sorver.

A semelhança entre araque e cachaça não é acidental. Ambos são feitos por meio de um processo parecido. A cachaça é a destilação do suco fermentado da cana, enquanto o araque é a destilação do suco fermentado da uva com a adição da semente de anis. A destilação, ademais, é feita pelo mesmo instrumento: o alambique. Essa palavra, por sua vez, veio do grego *ambikon* e chegou ao português — adivinhem! — por meio do árabe: *al-anbiq*. Coisas da história.

Há mais uma intersecção curiosa entre as duas bebidas. Em português, a gente chama a cachaça de "pinga" porque, no processo de destilação, o produto final sai gota a gota. A palavra árabe *arak* transmite uma ideia parecida. Entre outras coisas, ela significa "suar", "transpirar". Passa essa ideia de gotinhas se condensando no alambique, em uma alquimia espantosa.

O araque não é uma bebida para todos, e não só por sua potência. O sabor de anis é um gosto adquirido — parecido com o de bebidas como o pastis francês, o sambuca italiano e o ouzo grego. Parece também com a jujuba que ninguém queria, naqueles pacotinhos que a gente comprava nos anos 1990. Eu mesmo, que hoje sou um entusiasta do araque, penei para me acostumar com o gosto.

Lembro-me bem de quando provei araque pela primeira vez. Estava fazendo um mochilão pela Síria, um ano antes da guerra civil de 2011. Parei nas ruínas da antiga cidade de Palmira, em pleno deserto, a meio caminho do Iraque. Caminhando pelo vilarejo, entrei na casa de uma família, que me ofereceu almoço. A refeição veio acompanhada de uma garrafa de plástico cheia de um líquido misterioso, que depois entendi ser araque. Fiquei sem graça de recusar e fui tomando. Tive também de comer um pepino, legume que me enoja. Voltei para o albergue trançando as pernas e dormi pelo resto da tarde.

É uma das recordações mais bonitas que tenho da juventude.

Hoje sei que, para evitar a embriaguez, a melhor maneira de consumir o araque é ir misturando-o com água. O ato de misturar um líquido ao outro é parte da experiência, inclusive. Em contato, eles se transformam aos poucos em uma substância branca e opaca parecida com leite. É como um truque de mágica. A ciência explica a reação química, estragando um pouco do mistério: o óleo essencial do anis, chamado anetol, é solúvel no álcool, mas não na água.

Tudo isso talvez surpreenda o leitor que, informado por estereótipos orientalistas, pense que não existe álcool no Oriente Médio. Afinal, o Islã em tese proíbe o consumo da bebida. Mas essa história é bem mais complicada. Bebidas como a cerveja e o vinho apareceram nessa região na Antiguidade e foram consumidas ao longo da história, tanto por comunidades cristãs quanto pelos muçulmanos. Nem tudo o que está nos textos sagrados é seguido ao pé da letra, no dia a dia.

Sabemos disso porque, entre outros documentos, as civilizações árabes nos deixaram uma rica tradição poética sobre o álcool. Havia um gênero específico dedicado ao vinho, inclusive, chamado *khamriyyat*. Um dos maiores poetas em língua árabe, Abu Nuwas, que viveu em Bagdá entre os séculos 8 e 9, era conhecido por seus versos etílicos. Escreveu, por exemplo: "Pobre e maldito é o tempo em que sóbrio fico/ mas quando trôpego pelo vinho torno-me rico/ não escondas por temor o nome do bem-amado/ o prazer verdadeiro nunca deve ser ocultado".[60]

As ciências sociais nos dão pistas de como acontece o processo de construção de identidades étnicas, no qual as expressões culturais têm um papel importante. O sociólogo francês Pierre Bourdieu, por exemplo, diz que a identidade de um grupo social é definida e reforçada pela diferença.[61] Ou seja, a identidade árabe depende não só de suas propriedades intrínsecas, mas também de que posição esse grupo de imigrantes ocupa no sistema brasileiro mais amplo. Em especial, pesa aquilo que os diferem das outras pessoas. No caso da alimentação, o diferencial está no *que* os árabes comem, *como*, *onde* e *quando*.

Apesar de não ser esse o enfoque de Bourdieu, é fascinante ver como ele se interessava pela comida. Na introdução da sua obra clássica *A distinção: crítica social do julgamento*, ele afirma que não podemos entender de maneira completa as práticas culturais de um grupo social sem pensar na elaboração do seu "gosto" através da história. Não só o gosto por objetos refinados, mas também por determinados modos de comer.[62] Isso aparece refletido na estrutura das classes sociais — por exemplo, na prática das classes mais baixas de comer alimentos mais calóricos e econômicos, e na das mais altas de preferir o luxo, com formas estilizadas que se afastam da função básica da nutrição.[63]

Outro autor importante para esta digressão é o antropólogo norueguês Fredrik Barth, autor de um texto seminal sobre grupos étnicos e suas "fronteiras". Barth decidiu organizar um volume acadêmico sobre o assunto quando se deu conta da persistência de grupos étnicos apesar de sua mobilidade e contato com outros grupos no século 20. Grupos étnicos — no que nos diz respeito, os árabes no Brasil — persistem *a despeito* da sua integração à sociedade hospedeira.[64] E sua sobrevivência como tal depende da manutenção das fronteiras entre eles e o restante da sociedade. Os tijolos desse muro étnico são as práticas culturais, as coisas que só "nós" fazemos, "eles" não.[65]

Não foram só os árabes que usaram a comida para se distinguir no Brasil, traçando as barreiras de sua comunidade. Seus anfitriões fizeram o mesmo. Os demais brasileiros enxergaram na culinária árabe uma fronteira entre "eles" e "nós". Dizemos, afinal, que somos o que comemos. Os árabes eram diferentes, assim, porque comiam pratos considerados exóticos, como coalhada seca, homus e tabule. A comida virou, em muitos casos, uma metonímia — a troca da parte pelo todo. Um prato passou a representar toda uma comunidade.

O resultado dessa operação linguística nunca era de todo positivo. Fortarel, afinal, escreveu que os árabes eram tão brasileiros quanto aqueles que tinham chegado antes, mas também os exotizou, a partir de sua culinária e de suas vestimentas. A formulação sugere que, para Fortarel, eles eram na verdade *quase* brasileiros.

Estudei no meu livro anterior como os árabes galgaram os escalões da política brasileira, chegando até os cargos de ministro (caso de Fernando Haddad), governador (Paulo Maluf) e até mesmo presidente (Michel Temer). Quando eram criticados na imprensa, muitas vezes o estereótipo do político corrupto aparecia articulado em torno de metáforas culinárias.[66]

Veja, por exemplo, o texto que o economista Gustavo Ioschpe publicou na *Folha de S.Paulo*, em 1999, sobre o então governador paulista Maluf. Escreveu: "O prêmio Habib's vai pro doutor (doutor do quê, hein?) Baulo Baluf. Depois de um ano desses, em que a encomenda do prefeito virou pita azeda e a disputa que era pra ser tabule virou quibe cru, só resta ao ilustre cidadão abrir uma cadeia (sem trocadilhos) de comida árabe e licenciar suas mandingas pra que todos os oponentes tenham câncer".[67]

O texto de Ioschpe não envelheceu bem, e quero acreditar que não seria publicado hoje, mas serve de evidência histórica para este livro. Está recheado de menções a pratos árabes usadas para enfatizar as origens levantinas de Maluf — que, diga-se de passagem, nasceu em São Paulo de um pai libanês e não era, portanto, um estrangeiro, e sim um brasileiro, para todos os efeitos. A referência ao pão pita, que conhecemos como "pão sírio", era uma troça ao prefeito Celso Pita, que tinha sido eleito com o apoio de Maluf. O prêmio Habib's é, claro, um aceno à rede de fast food. A palavra "cadeia" é autoexplicativa.

Não seria justo crucificar exclusivamente Ioschpe por usar a comida como um marcador de diferença em relação aos árabes. Essa tática era comum na imprensa brasileira, inclusive entre os patrícios. José Simão, que tem origem libanesa, escreveu também em 1999 na *Folha de S.Paulo* que a sigla do partido de Maluf, PPB, significava "Propina Pros Brimos" em vez de Partido Progressista Brasileiro. Na mesma coluna, Simão brincou com o nome do deputado Hanna Garib, dizendo que a cidade tinha ficado sem "grana garib", ou seja, sem dinheiro.[68] O ano de 1999 foi, aliás, bastante produtivo para esse tipo de brincadeira. Um mês depois, Simão voltou ao ataque, dizendo que a legislatura de São Paulo tinha tido um "turco-circuito" (em vez de curto-circuito) com a substituição de Hanna Garib pelo patrício Wadih Helu em um dos assentos. Simão escreveu:

"Como diz um leitor amigo meu: 'Trocaram quibe por esfiha? Parece rodízio do Habib's!'".[69] No ano seguinte, Arnaldo Jabor — outro brimo — publicou mais um desses textos infames. "Eu me fascino pela máfia dos comedores de 'babaganuche', amicíssimos, fidelíssimos entre si, com gergelim escorrendo-lhes pelo queixo", escreveu, relacionando a corrupção a um prato árabe.[70]

Essas figuras de linguagem apareciam até em textos cômicos sobre a política internacional. Na capa de uma edição do *Almanaque Casseta Popular* de 1990, uma manchete anunciava: "Brasil esfiha relações com Iraque: vai faltar quibe".[71] O contexto? A Guerra do Golfo, que deixou mais de 100 mil mortos, deslocou 5 milhões de pessoas e destruiu o Iraque. Sempre tem quem diga que essas brincadeiras são inofensivas. Algumas até têm graça: o trocadilho "turco-circuito" é meio genial. Mas é difícil não enxergar um padrão discriminatório que deixa claro que os árabes são diferentes, assim como sua comida exótica, que tem nomes complicados. Pressupõe-se um muro entre os grupos.

O biógrafo de Maluf conta que o dono do *Estado de S. Paulo* chegou a dizer, na época da candidatura do brimo, que a cidade não poderia ser governada por alguém que comia quibe.[72] Maluf comia bastante esse prato, diga-se de passagem. Quando fez campanha para a Presidência em 1984, convidou uma série de artistas para almoçar com ele em Brasília. Abelardo Barbosa, vulgo Chacrinha, conversou com a imprensa na saída do encontro. Bem-humorado, explicou ao jornal curitibano *Correio de Notícias* que votava em Maluf porque comia quibe com ele havia vinte anos na casa de Antônio Salim Curiati, outro político de origem libanesa.[73] A tradição parece ter persistido, inclusive. Em 2004, Curiati chegou a levar uma travessa de quibe para Maluf na prisão.[74]

Maluf, mais que qualquer outro político árabe-brasileiro, foi capaz de usar a origem levantina a seu favor. Mobilizou pessoas de diferentes ideologias em torno de si, mais pela ancestralidade em comum do que por uma visão de mundo compartilhada. Quando era governador de São Paulo, sua administração chegou a receber a alcunha de "califado", em referência ao sistema político medieval árabe chefiado por um califa. Em 1979, cinco de seus 22 secretários de Estado eram patrícios.[75]

Fazendo a pesquisa para este livro, voltei a me surpreender com a onipresença de Maluf na memória dos imigrantes e seus descendentes, inclusive no campo da culinária. Maluf aparece, por exemplo, nas histórias que Telma conta sobre seu pai, Waldemar Bauab, filho de libaneses. Waldemar foi prefeito de Jaú duas vezes — de 1973 a 1976 e de 1993 a 1996. No primeiro desses mandatos, ainda durante a ditadura militar, Maluf visitou o interior de São Paulo. A avó de Telma, Ema Curi, assou um carneiro para celebrar a ocasião. Maluf comeu com gosto. "Toda vez que via meu pai ele perguntava: e o carneiro da dona Ema, Waldemar?", Telma lembra. Maluf era conhecido por sua memória prodigiosa, um de seus trunfos.

A família Gibran, de Araraquara, tem também uma saborosa história malufiana. Elias se lembra do dia em que o político visitou Novo Horizonte, também no oeste paulista. Sua avó Sadika Saoud pegou suas coisas e foi até lá. Ela era malufista, como o resto do clã. Levou uma fornada de doces árabes consigo e, quando viu Maluf, dedicou-lhe um repente — uma canção popular improvisada. Era uma maneira diferente de atrelar a comida à origem, sem a negatividade com que essa conexão aparecia nos jornais brasileiros da época.

Não era só a imprensa que usava metáforas culinárias para discriminar os árabes. Essa estratégia era corrente na sociedade brasileira. Os pioneiros da imigração contam que o fato de comerem carne crua — isto é, o delicioso quibe cru — alimentava a ideia estapafúrdia de que fossem canibais. Tais hábitos, vistos como primitivos, acabavam servindo de evidência de que os árabes não se encaixavam no ideal de nação que os brasileiros queriam construir: moderna e civilizada.[76]

Como de costume em um país tão erotizado, os brasileiros conseguiram até sexualizar essa diferença culinária. Os leitores da minha geração devem se lembrar de uma das frases icônicas da banda É o Tchan. A canção "Ralando o Tchan", de um álbum mítico que vendeu mais de 2 milhões de cópias e ainda toca no Carnaval, descreve uma odalisca seduzindo um califa. Os cantores Beto Jamaica e Compadre Washington têm, entretanto, um alerta para a brima: "Olha o quibe!". A brincadeira é o formato fálico do quitute, parece. Uma exceção? Quem dera. A revista pornográfica *Sexo em Casa* estampou a seguinte manchete em sua capa, em uma edição sem data: "Minha irmã só pensa em brincar de quibe-esconde".[77]

Tem também o caso do site humorístico Kibe Loco, criado em 2002 pelo carioca Antonio Tabet, de ascendência libanesa. Foi um dos blogs mais populares daqueles anos e, mais tarde, uma das sementes do programa de comédia Porta dos Fundos. A origem árabe aparecia, mais uma vez, como uma coisa supostamente engraçada e sexual. O logo do Kibe Loco era a silhueta de uma mesquita, desenhada de um modo um tanto fálico.

Mas nem toda generalização em cima da comida árabe era negativa. Penso aqui na canção "Quibe cru", com que o Trio Mocotó encerra seu disco *Samba rock*, de 2001. Com letra de Fritz Escovão e Nereu Gargalo, a faixa repete o nome do prato levantino em um tom alegre e despreocupado: "quibe cruuu, quibe cru!". Diz, no ínterim, que:

No Brasil, aqui na América do Sul
A galera também sabe preparar o quibe cru

O país do futebol, do samba, do Carnaval
Em matéria de quibe também é sensacional
Liderança aqui, sucesso no estrangeiro
Todo mundo quer provar o quibe cru brasileiro

Antigo colaborador de Jorge Ben, o Trio Mocotó apareceu nos anos 1960 em uma boate paulistana e ajudou a criar o gênero do samba-rock, que bebe de referências culturais locais. Nereu Gargalo rachou o bico quando lhe telefonei de repente, em pleno 2024, para perguntar de onde tinha vindo a ideia da música. Ele já tinha oitenta anos. Contou que costumava ir a um restaurante árabe no bairro paulistano de Santana — já não se lembra do nome. Era amigo do dono, que falava bem o português. Nereu começou a brincar com o nome dos pratos. Nos shows da banda, perguntava ao público quem gostava de comer quibe cru. A pergunta era capciosa. "Eu falava: ahhh, você gosta de quibe cru!", Nereu conta. Desta vez, porém, a piada funcionava melhor. Talvez por não ter a intenção de ofender.

A princípio, o trio não pensava em incluir a faixa no disco de 2001. Era uma piada interna. Mas acabou entrando, e a brincadeira pegou. Nereu diz que até hoje as pessoas pedem que ele toque "Quibe cru" nas apresentações da banda, que segue na ativa. Afirma, também, que Rita Lee era obcecada pela canção, que chegou a cantar ao vivo. A rainha do rock vivia perguntando de onde tinha vindo a ideia.

Há outros exemplos de abordagens respeitosas no espaço público. Uma crônica publicada na *Folha da Noite* em 1942, por exemplo, defende as tradições dos sírios e libaneses — que descreve, inclusive, como superiores aos costumes dos brasileiros.[78]

A autora elogia, por exemplo, os conselhos do profeta Maomé, que fundou o Islã no século 7. Maomé criticava a gula e, seguindo seus ensinamentos, os muçulmanos do Levante evitavam a obesidade e as enfermidades do coração. O profeta também pedia que lavassem os vegetais sete vezes antes de comer, segundo a crônica. Se os brasileiros tivessem similar hábito, "quantos vermes deixariam de corroer os nossos intestinos e de partilhar conosco do nosso magro bolo digestivo!". O texto também louva o suposto costume árabe de soltar pum depois de comer, dizendo que a prática, "chocante mesmo entre nós, é modernamente aconselhada" por cientistas para prevenir a prisão de ventre. A autora elogia até o hábito de comer carne de carneiro — uma carne tão saudável, afirma, que é melhor mesmo ser digerida crua. "A cozinha síria, variadíssima e gostosa, deve ser julgada na pessoa do sírio, geralmente de constituição forte e de longevidade invejável."[79] Esse texto, tão inesperado em sua representação positiva da comida árabe, termina com algumas receitas: quibe, sopa de leite coalhado, charutinho de repolho e molho de grão-de-bico.

O enfoque no preconceito sofrido pelos árabes devido à sua culinária não conta toda a história. Essa abordagem achata aquilo que foi um encontro muito mais complexo entre esses imigrantes e o restante da sociedade brasileira. Sim, é verdade que a comida foi usada para discriminar os árabes no Brasil. Por outro lado, os próprios árabes utilizaram estereótipos a seu favor. Viraram a mesa.

Donos de restaurantes diagnosticaram o orientalismo dos brasileiros, que misturavam todas as coisas ditas orientais na cabeça e tinham certas expectativas de como os árabes deveriam se comportar. Em resposta, alguns árabes começaram a pôr símbolos orientais nos seus restaurantes, mesmo que não tivessem qualquer relação com a terra de origem. Sírios e libaneses fundavam restaurantes com nomes como Mister Sheik e

Arabesco. Também pregavam nas paredes fotografias de coisas genéricas como pirâmides — que ficam em outro país, no Egito. Ofereciam até espetáculos de dança do ventre, que não tinham muito a ver com a cultura dos seus vilarejos ancestrais. Um fenômeno parecido aconteceu em outros cantos da diáspora árabe. Nos Estados Unidos, por exemplo, onde os árabes são discriminados e frequentemente representados como terroristas, os imigrantes e seus descendentes utilizaram a estratégia de auto-orientalismo — isto é, o uso pensado de estereótipos sobre si mesmos — para transformar sua identidade em um bem comercializável. A estratégia faz sentido, e é bem sagaz em uma sociedade liberal que compra e vende a diferença entre as pessoas.[80] Imigrantes árabes começaram a usar imagens das *Mil e uma noites* como um modo de contestar as representações desfavoráveis de sua cultura.[81] Queriam, de certo modo, relembrar as pessoas de que a cultura árabe fez contribuições riquíssimas ao mundo.

O testemunho de 1983 de Emílio Bonduki ilustra bem essa estratégia. É o mesmo Emílio que discutiu as origens da esfiha. Naquela entrevista, contou que tinha trazido consigo no navio um alaúde, instrumento de cordas típico da música árabe, e tocava em uma trupe folclórica árabe no Brasil. Seu público, porém, não era a própria comunidade árabe, e sim o que ele chama de "os brasileiros". Sobretudo em clubes de elite como o Rotary ou o Lions. "Qualquer jantar árabe, levo o meu conjunto com quatro, cinco odaliscas. Eles adoram, ficam loucos! Arranjam restaurantes com comidas árabes, tudo, tudo", disse. Chegou a levar doze dançarinas para Ribeirão Preto, no interior de São Paulo. Nenhuma era de origem árabe. Elas dançavam também nos restaurantes árabes da avenida Ibirapuera, explica. Tudo era espetáculo, em outras palavras — um espetáculo que Bonduki sabia vender.[82]

A estratégia de orientalizar a si mesmo aparece também nos livros de receitas árabes. O de Amirah Sharif, *Cozinha árabe: 30 receitas de sedução*, é o exemplo mais claro. É uma evidência, ainda por cima, do fenômeno de sexualização da comida árabe, como na canção do É o Tchan.

O livro de Sharif alterna receitas com contos das *Mil e uma noites* e conselhos de sedução. Enquanto ensina a fazer quibe cru, por exemplo, instrui a leitora a mesclar a carne com o trigo em uma noite de lua crescente. Na hora de servir, a mulher — é quem Sharif imagina cozinhando, por definição — tem que vestir uma insinuante calcinha vermelha. Escreve: "ao levar o prato à mesa, concentre seu pensamento no parceiro e visualize todos os detalhes dessa pessoa. Imagine você junto a ele, de mãos dadas, felizes, muito felizes. Depois, imagine uma longa e ardente noite de amor". A única coisa que falta imaginar é o sabor do prato, que acaba segurando a vela nesse cenário.

Vale mencionar também os estereótipos que alguns árabes criaram com relação aos hábitos culinários dos brasileiros. Todos têm os seus preconceitos. É comum ouvir relatos de que o sabor de alguns legumes e frutas deixavam a desejar por aqui, em comparação com os do Oriente Médio. Basta lembrar de como Leila, do Arábia, fala das batatas brasileiras. 'Abd Allah Yurki Hallaq chegou a sugerir em um livro sobre os alepinos na diáspora que os brasileiros tinham medo de comer tomate até a chegada dos árabes, que o popularizaram. Assim como dizer que os sírios eram canibais porque comiam quibe cru, a ideia é absurda, até porque o tomate vem da América do Sul e só foi introduzido no Velho Mundo a partir do século 16. Mas a afirmação de Hallaq nos lembra de que as disputas culturais se travavam, de modo intenso, na cozinha.[83]

1. Fachada do restaurante Almanara no centro de São Paulo, na época de sua inauguração, em 1950.

2. Chá das Cinco no Palacete dos Cedros, que era a principal residência da família Jafet. Era nesses encontros que a elite árabe se reunia em São Paulo — muitas vezes, em torno da mesa.

3. O imigrante libanês Halim Sultan vendendo pães nas ruas de Curitiba nos anos 1960. Ele mais tarde se mudou para São Paulo e abriu o restaurante Halim na região do Paraíso.

4. Panayotis Daris, Katerina Daris e Theodoros Panayotis Daris, dos Doces Istambul. A foto foi tirada em um empório no centro de São Paulo.

5. Esta imagem de 1987 retrata os primórdios do restaurante Arábia, de Leila Kuczynski. Começou assim, com cinco mesinhas. Foi só cinco anos depois que Leila e seu marido ampliaram o estabelecimento.

6. Carimbo de madeira do século 19 que Norma Curi herdou de sua bisavó. É com ele que ela marca o qurban, pão que prepara na Páscoa ortodoxa no interior paulista.

7. Narguilé que foi de Elias Cauerk, que abriu em 1901 no Rio de Janeiro um dos primeiros restaurantes árabes do Brasil. Seu neto, Samir Cauerk Moysés, deu continuidade ao legado da família com o restaurante Folha de Uva, em São Paulo. O narguilé costuma aparecer nas reuniões da comunidade, em torno da mesa.

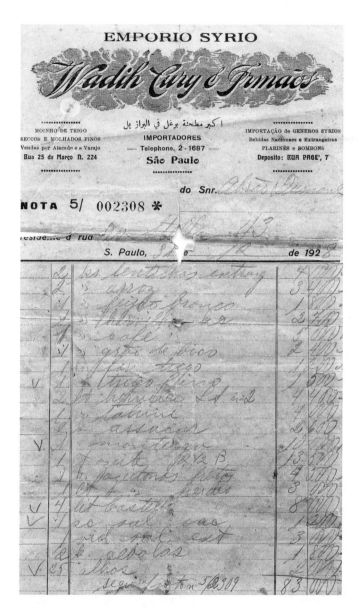

8. Recibo de 1928 do Empório Syrio, um dos empórios pioneiros do centro de São Paulo. Entre os itens estão clássicos árabes, como grão--de-bico e tahine, mesclados a coisas brasileiras como arroz e feijão.

9. Reportagem em homenagem a Elias Cauerk publicada em um jornal da comunidade árabe. Não há registro do nome da publicação ou da data. Chama a atenção o desenho, que mostra Elias alimentando a população carente do centro do Rio de Janeiro.

10. Charge da revista *al-Fanus*, publicada em árabe no Rio de Janeiro. A imagem, de 1937, mostra o presidente libanês Émile Édde cozinhando. Na panela, está escrito "Ministério do Exterior". O texto alerta Édde contra os esfomeados que queriam o cargo de chanceler a todo custo. Imagens do universo da culinária serviam muitas vezes para criticar a política.

Emporio Syrio

RUA 25 DE MARÇO 268 TEL. 2-1687 SAO PAULO
RUA JOSÉ BONIFACIO N. 5 TEL. 2-1687
FABRICA: RUA FELIPPE CAMARÃO. 29 TEL. 9-9202

Wadih Cury & Irmãos

محل السمانة الشهير

(المعروف باسم) شارع ٢٥ دي مارسو رقم ٢٦٨ تليفون ١٦٨٧-٢ – ٢
(اسود يو جوزي بو) شارع جوزه بونيفاسيو رقم ٥ تليفون ١٦٨٧-٢ – ٢
(لاصحابه) شارع فيليب كاميرو رقم ٢٩ – لبريكة تليفون ٩٢٠٢-٩ – ٩

وديع خوري واخوانه

11. Anúncio do Empório Syrio no jornal árabe *Esphinge*, publicado em São Paulo em 1933. Àquela altura, contava com sua própria produção.

ATHIÉ JORGE COURY

corretor oficial de café

Encarrega-se da venda de cafés disponiveis depositados em Armazens Gerais, dando as melhores contas de venda.

Escr.: Rua do Comércio, 25 - 1.º andar - sala 7
Fones: 2-4725 e 2-3434 — Caixa Postal, 921
Resd.: Av. Washington Luis n.º 527 - fone, 4-1746
Endereço Telegrafico *"ATHIÉ"*
Santos

RESTAURANTE CAIRO

de MAHMOUD EL-HADJI

RUA SANTO ANDRÉ, 205 — SAO PAULO

اكل الطيب والمشكور   من اعلى طبقه معلود
بمعلم القاهره الشهير   لصاحه السيد محمود
جرب يا صاحب بنطور   وبشارط انك بتود
ما بنطلع الا مسرور   طيبة اكل ولطف وجود
موسى زغيب

12. Eram comuns os anúncios de corretores de café, como este na revista árabe *Etapas* de 1955. Athiê Jorge Cury era também presidente do time de futebol do Santos.

13. Anúncio de 1956 do restaurante Cairo na revista *Al-Burkan*, publicada em São Paulo. A *Al-Burkan* era dedicada aos poemas árabes no estilo *zajal*. Por isso, algumas das propagandas saíam em versos rimados, como é o caso desta.

---

14. Anúncio da Confeitaria Oriental na revista *A Bengala Amarela*, em 1920, publicada no Rio de Janeiro. Muitas outras confeitarias anunciavam seus doces naquela época. Aqui, o texto destaca o tahine e o halawi de gergelim.

15, 16 e 17. Judith Jacob, filha de imigrantes libaneses. Aparece na foto preparando pão. Usava os restos da massa para fazer taleme, uma espécie de esfiha que leva fubá. Judith ajudou a popularizar esse prato, que só existe hoje em Bariri, no interior paulista.

O museu da coalhada seca

Hafez Mograbi e Maria Luiza Farina passaram a lua de mel em Homs, em 1976. Era a terra do pai dele, o poeta Michel Mograbi, um dos intelectuais sírios que imigraram para o Brasil. Enquanto visitava a família, o casal notou uma coisa esquisita: as pessoas riam quando Hafez falava em árabe. Bastava ele abrir a boca e vinham as gargalhadas. Maria Luiza acabou perguntando qual era a graça. "Ele fala um árabe que a gente não fala mais, um árabe arcaico", os parentes explicaram. Coisas sutis. Hafez pronunciava o *"qaf"* — um som de Q mais no fundo da garganta — de um jeito diferente do deles. Usava também gírias do arco-da-velha. Isso porque tinha aprendido a língua com seu pai, Michel. Era o árabe dos anos 1910, quando a Síria ainda fazia parte do Império Otomano. "Eu falava um árabe pesadão, como um livro do Alexandre Herculano", Hafez diz, referindo-se ao escritor português do século 19, autor de clássicos do romantismo tipo *O pároco da aldeia*.

Essa é uma história recorrente entre os árabes e seus descendentes no Brasil. Eles conservaram aqui a língua dos seus antepassados — enquanto, na terra natal, as coisas foram mudando rápido. Isso não aconteceu só com os árabes, diga-se de passagem. O caso da colônia alemã no sul do Brasil é memorável nesse sentido. Essas comunidades preservaram uma mistura única de dialetos conhecida como *"riograndenser hunsrückisch"*, que é objeto de uma rica produção acadêmica.[1]

Quando os parentes de Hafez vinham de Homs para visitá-lo em São Paulo, havia também um estranhamento. Dessa vez, em outra esfera cultural: a cozinha. As mulheres sírias assistiam, impressionadas, como a família de Hafez preparava alguns pratos de um modo quase artesanal. "Você tem um trabalho enorme, a gente não faz mais assim na Síria", diziam, por exemplo, sobre a maneira de fazer quibe. "Me lembro de falarem isso: você está perdendo tempo, na Síria já é mais moderno", Maria Luiza conta. Ela é hoje presidente da Associação Beneficente Sírio-Libanesa.

Os árabes do Brasil se surpreendem, e até se incomodam, quando descobrem que seus familiares na terra natal adotaram novas maneiras de preparar a comida. Muitos dos imigrantes e seus descendentes gostam de fazer do jeito antigo. No caso do quibe, misturam a carne crua e o bulgur com a mão, dentro da travessa. Tem aquela coisa de sentir a textura nos dedos, provar o gosto com a pele. Já na Síria e no Líbano, muitos colocam a carne e o trigo direto no processador, acelerando o processo e removendo, assim, esse contato da comida com o corpo.

É difícil não tomar o lado dos nossos árabes e julgar a modernização da técnica. Parece um atalho. "As mulheres da terra natal trabalham menos do que as daqui", um dos meus entrevistados me disse (prefiro não revelar o nome para não azedar suas relações familiares). O processador, além disso, muda a consistência do quibe cru, que fica mais homogêneo do que quando é preparado à mão. Mas, apesar dos nossos julgamentos, precisamos nos lembrar de que essas preferências têm a ver com a vontade de parar o tempo. Não existem modos melhores ou piores de fazer um prato. As culturas se transformam, e está tudo bem.

Nesses cenários, nossos restaurantes árabes são às vezes como um livro de Alexandre Herculano ou um museu. Não digo isso para diminuí-los ou para sugerir que não houve inovações por aqui, pelo contrário. O fato de a comida árabe feita no Brasil guardar tantos traços de sua preparação de décadas atrás é algo valioso para um historiador. Surpreende, inclusive, que pesquisadores do Oriente Médio e de outras diásporas árabes não se interessem mais pelo que é cozinhado por estas bandas.

Quando o engenheiro Samir Cauerk Moysés decidiu abrir o restaurante Folha de Uva, em São Paulo, em 1989, quis retomar as tradições que seu avô tinha trazido consigo em 1900. Seu avô, no caso, era o chef Elias Cauerk, vulgo Hallabi, que distribuía comida para a população em situação de rua no Rio de Janeiro. O Folha de Uva é, assim, uma continuação do icônico Oriente & Ocidente. "Faço como ele fazia, e como se fazia mil anos atrás", afirma. "Nem concebo fazer alguma modificação nos pratos."

Samir conta que ainda se lembra de ver a mãe apoiando latas de manteiga — pareciam latas de tinta naquela época — na boca do fogão, no fogo baixo, para clarificar. Ela ia tirando a espuma que se formava na superfície. Diz que ainda hoje segue esse processo mais artesanal. "É um respeito à tradição árabe, que é no mínimo milenar. É um respeito ao meu avô e um respeito aos mais recentes", diz. Samir repete bastante a palavra "respeito", que indica como esse cozinheiro encontra maneiras, por meio da cozinha, de demonstrar sua admiração por aqueles que vieram antes dele, como o seu avô Elias, o alepino.

Samir prefere as maneiras mais lentas e complicadas de fazer comida. Suas primas no Líbano usam grão-de-bico enlatado para fazer homus, por exemplo. Ele, não: "Não me permito". Compra o grão cru, deixa na água para amolecer e cozinha. Repete os gestos que viu as mulheres da família fazerem desde criança. É como um encantamento, um feitiço que lhe permite reviver os dias debruçado no mezanino do restaurante do avô, onde Samir chegou a morar por alguns anos, durante a infância. "Lá no Líbano eles evoluíram muito mais", Samir diz. Depois, se corrige. "Sei lá se evoluíram. Temos esse saudosismo, essa necessidade de preservar a cultura que recebemos dos nossos avós", afirma.

Até porque a introdução de novos pratos e técnicas seria, de certo modo, arriscada em um restaurante árabe no Brasil, onde os clientes esperam determinadas coisas que se habituaram a chamar de "comida árabe". José Melhem descobriu isso quando tentou mudar o cardápio do Kibelândia, em Bauru, no interior de São Paulo.

José é filho de Melhem Youssef Melhem e Jeanette Georges Saab, ambos libaneses. Youssef veio de Saghbine, e Jeanette, de Kfar Mishki. A família viveu em Guararapes antes de se fixar em Bauru. Foi ali que, em 1994, José decidiu tentar a sorte com um restaurante árabe. Comprou um estabelecimento chamado Kiberama e o transformou no Kibelândia. O local — cujo simpático mascote é um quibe frito mostrando a língua e fazendo um sinal de joinha com a mão — é um dos prediletos nessa cidade interiorana paulista. Surpreendi-me, ali, com um excepcional quibe de forno recheado com coalhada seca. A massa de carne e trigo estava crocante. A coalhada, cremosa, com aquela acidez boa que dá cócegas na boca. Em 2020, com a fama feita, José virou presidente do Clube Monte Líbano local.

Ele conta que serve "comida árabe de verdade". Coisas como os clássicos: esfiha e charutinho de uva, inspirados nas receitas da mãe. Os clientes também começaram a pedir pratos mais específicos. "Por que você não faz berinjela recheada?" "Faço, ué, passa aqui amanhã que vai ter." Foi expandindo o leque. Nos últimos anos, José quis mudar um pouco a proposta e transformar o Kibelândia em "algo mais gourmet", nas palavras dele. Os clientes rejeitaram as transformações — e as vendas caíram bastante. "Eles querem chegar aqui, abrir a geladeira, pegar um potinho de coalhada, comer metade e levar o resto para casa", conta. Não tinham interesse em pratos sofisticados. Preferiam a proposta caseira de antes. Então José voltou às receitas tradicionais, que funcionavam.

Na hora de preparar a comida árabe tradicional, Samir, do Folha de Uva, recorre aos instrumentos e aos gestos do avô. Às vezes usa o pilão que herdou de Elias para preparar o quibe. Em outras ocasiões, faz kafta com os espetinhos trazidos no navio. "Quero reviver uma época que não vivi", Samir explica. A frase é tocante e eloquente: revisitar algo nunca visitado. A ideia ilustra bem o poder da culinária e dá provas, também, de como um reles objeto — um pilão ou um espeto — consegue nos transportar no tempo e no espaço.

Em um artigo sobre a imigração e os sentidos, o antropólogo chileno Nicholas Bascuñan-Wiley menciona a magia desses artefatos. Conheci Bascuñan-Wiley em uma mesa-redonda que organizei na Universidade Georgetown, quando ainda era aluno de mestrado e nem sonhava em escrever sobre comida. Os convidados apresentaram, um por um, suas pesquisas sobre a imigração árabe para a América Latina. Falaram sobre política, batalhas e processos de integração social — esses aspectos com que a academia costuma se preocupar. Já Bascuñan-Wiley chamou atenção ao falar de outros temas. Comparou o trabalho de uma padaria que tinha sede na Palestina e filial no Chile. Enquanto apresentava sua pesquisa, distribuiu saquinhos de plástico com temperos árabes, cujo aroma entrou nas narinas de um público hipnotizado. Com o que chamou de etnografia sensorial, nos levou à Palestina, tanto à que existe na Terra Santa quanto àquela recriada no Chile.

No seu artigo, o antropólogo explica que os objetos trazidos por imigrantes às terras de emigração funcionam como sítios culturais, no sentido de que servem de gatilho para ativar memórias sensoriais.[2] O pilão e os espetos de Elias trazem conhecimento dentro de si. São extensões dos corpos, instrumentos de seus gestos, emprestam sabor aos alimentos.

Norma Curi, de 73 anos, preserva um pequeno quadrado de madeira na cidadezinha de Bariri, no oeste paulista. Feito de cedro libanês, o objeto carrega consigo as tradições da Páscoa ortodoxa. Está pendurado dentro de uma cristaleira, entre xícaras também suspensas, de onde Norma o recolhe com cuidado antes de me permitir tocá-lo. A história do quadrado se mistura à dela, ativa sua memória.

Seu avô paterno, chamado José Curi, veio do vilarejo libanês de Ibli al-Saq, em 1902. Começou mascateando. Parou em São Pedro e depois se estabeleceu em Bariri. O lugarejo estava no coração da economia cafeeira do vale do Tietê. Seu pai, Hafiz, chegou bem mais tarde porque pelejava em deixar a terra natal. Tanto que, com o dinheiro que José ia mandando aos poucos a Ibli al-Saq, em vez de comprar uma passagem de barco a vapor, Hafiz gastou com um carro. Mesmo quando José lhe mandou o bilhete já emitido, Hafiz tentou vendê-lo. Ê, Hafiz! Veio a contragosto apenas em 1924.

Tantos árabes ortodoxos se fixaram em Bariri que a comunidade resolveu abrir uma igreja desse ramo cristão naquelas paragens. Foi um gesto excepcional. Há apenas dezesseis igrejas ortodoxas no Brasil, onde, já nos anos 1940, havia cerca de 40 mil fiéis.[3] Na maior parte do país, os cristãos orientais — ortodoxos, maronitas e melquitas — acabaram frequentando igrejas católicas apostólicas romanas, convertendo-se com o passar das décadas para a religião hegemônica do país de adoção. Era o jeito que encontravam de preservar a base de sua fé, ainda que aderindo a outros rituais.

A construção da Igreja São Jorge de Bariri começou em 1926 e terminou em 1928.[4] Em 1933, incorporou-se à Arquidiocese Ortodoxa Antioquina de São Paulo. Naquele mesmo ano, os pais de Norma casaram ali. Foram os primeiros, diz.

O edifício, pintado de branco, se destaca na cidade. Ogivas e detalhes em azul-bebê decoram a fachada. Mas a comunidade árabe foi se desarticulando com o ocaso da economia do café e a partida de imigrantes e descendentes rumo a outras partes do estado. A igreja está agora abandonada, com a tinta descascando e o mato se infiltrando por entre as frestas. Ninguém mais reza diante de sua iconóstase, a parede de ícones típica dos templos do cristianismo ortodoxo. Agora, por sorte, existe certa mobilização para tombar a construção e quiçá reativá-la[5] — apesar de ainda não ter vingado.

A igreja, no meio-tempo, segue existindo na memória dos moradores de Bariri. Norma se lembra, por exemplo, de como a missa de Páscoa se estendia para a casinha do lado, onde morava o padre. Ele oferecia um banquete farto para os fiéis, que se distraíam com uma brincadeira típica daquela época, tão pautada pela comida. Ferviam ovos de galinha em uma panela com água e cascas de cebola, deixando-os avermelhados e com uma textura parecida à da camurça. Cada um segurava seu ovo com o bico para cima e eles iam batendo um no outro. Ganhava quem não quebrasse o seu.

Outro ritual de Páscoa era o preparo do qurban, pão consumido durante a festa ortodoxa. É uma massa simples de água, farinha, azeite, sal, açúcar e fermento, sem muito salamaleque. A parte mais especial é a decoração, onde entra o carimbo de madeira de cedro que Norma herdou da bisavó paterna Miriam

Sabbag — datado de meados do século 19. Pressionado contra a massa, o selo deixa complexas marcas geométricas. Linhas retas, cruzes e círculos. "Tudo em nome da Santíssima Trindade", Norma explica, carimbando o ar. "Três aqui, três aqui, três furinhos entre um carimbo e outro..."

A tradição arrefeceu um pouco com o passar do tempo e com o sumiço de parte da comunidade árabe de Bariri. Nos últimos tempos, porém, o povo tem pedido que Norma prepare o pão pascoal. Até porque, ela diz, nem todo mundo conhece todos os rituais necessários. Ela é uma das poucas iniciadas. Seu médico encomendou um pão. Um memorialista local pediu outro. Digo, um pouco brincando, um pouco a sério, que quando retornar ao lugarejo quero um também. Ela se surpreende com tanto interesse. "Não tem gosto de nada!", exclama. Depois se corrige: "Tem o gosto do seu estado de espírito".

Norma guarda ainda um outro artefato no tesouro da sua memória: um abridor de garrafa da Antarctica. Brasileiríssimo, sim, mas que ainda dá testemunho da trajetória dos árabes em Bariri, entrelaçada à história do comércio no oeste paulista.

A família de Norma começou seus negócios com um armazém de secos e molhados próximo à Igreja Matriz, onde vendia produtos árabes. Seu pai Hafiz ia de trem até a região da rua 25 de Março, em São Paulo, para comprar temperos e ingredientes no Empório Syrio. Mais tarde, quando os árabes de Bariri se transferiram para São Paulo, nos anos 1940, o movimento diminuiu. A população do lugarejo não tinha interesse por aqueles produtos especializados. A família inaugurou, então, um depósito de cerveja e guaraná. A transição marca, de maneira simbólica, a integração a alguns costumes locais. Remonta a esses dias o abridor de garrafas — uma peça sólida de ferro, desgastada pelo manuseio — que Norma ainda usa em casa.

Telma Hussni, 66 anos, também guarda dois objetos de cozinha: uma faca e uma pedra. Como as relíquias de Norma, as de Telma ajudam a contar a história da família, de que são uma parte fundamental.

Seu avô paterno, Zaqui Hussni, imigrou da cidade síria de Homs em torno de 1910. Tinha dezesseis anos. Foi mascateando pelo interior de São Paulo e se instalou em Rio Claro, entusiasmado pela prosperidade trazida pela linha do trem. Zaqui se juntou com seus primos e abriu dois negócios na cidade: a Casa das Novidades e o Bazar Paulista. Enriqueceram suprindo a demanda dos funcionários da Companhia Paulista, empresa ferroviária que, de tão importante para o comércio local, inspirou o nome de uma das lojas, pelo que dizem.

Zaqui casou com Hermínia. Entre os talentos da noiva estava o de cozinhar. Ela contava, para tanto, com um apetrecho trazido da Síria pela sogra: uma faca de abobrinhas. É uma espécie de goiva comprida que ajuda a tirar a parte de dentro do legume antes de recheá-lo.

Mais tarde, Hermínia quis deixar a faca, que tanto lhe tinha servido, como herança para uma nora. Só que ela tinha uma faca e três noras — e não queria melindrar nenhuma. A solução que encontrou foi pedir para o filho mais velho fazer algumas cópias do instrumento. Ele trabalhava na Companhia Paulista e usou os tornos da empresa para recriá-lo. Foi uma das réplicas que Telma mais tarde herdou. Ela diz que ainda não perdeu o corte. É como se estivesse encantada: uma Excalibur interiorana.

Telma também recebeu uma pedra de sua avó. Uma pedra marrom, grande, lisa e bonita. Ainda assim, uma pedra. Hermínia a usava na hora de preparar charutinhos de uva. Punha os charutos no fundo da panela e a pedra em cima deles, para evitar que se abrissem quando a água fervesse — o maior pesadelo de quem tenta preparar esse quitute. Telma nem sabe muito bem de onde veio a pedra (acha que o avô pegou no fundo de um rio), mas fala dela como algo valioso. "Essa pedra cozinha charutinhos de uva há cinquenta anos na minha família", diz.

A faca e a pedra estão agora no restaurante Niazi, em Rio Claro. É mais um dos empreendimentos da família Hussni. Quem o abriu foi Yone, mãe de Telma. De tanto que cozinhava para os clubes da cidade — o Rotary e o Lions —, acabou virando chef. Abriu o Niazi em 1984. Chegou a transferi-lo para São Paulo por alguns anos, mas acabou devolvendo-o para Rio Claro, onde segue até hoje. Telma chegou a gerenciar o local por oito anos e, recentemente, passou a batuta para um dos sobrinhos. Diz que ainda passa pela cozinha para lembrar a equipe: "Não percam as coisas da minha avó!".

O charutinho de uva, que Telma faz com a ajuda da pedra da família, é um dos aperitivos mais delicados da cozinha médio--oriental. É pequeno, do formato e tamanho de um dedo. Ou de um pequeno charuto: daí o nome pelo qual ficou conhecido no Brasil. É envolto por uma folha de videira que, fervida, fica macia e úmida. O recheio varia. O básico é arroz, tomate, cebola, pimenta-síria e hortelã. Nesse caso, come-se frio. Se tem carne, é servido quente. Combina, é claro, com seu prato-brimo: o charutinho de repolho, que usa as folhas do legume para embrulhar o recheio.

Um adendo importante: o que chamamos de pimenta-síria no Brasil é conhecido como baharat no Levante. É o nome de uma mistura de especiarias sem uma definição exata. Cada família faz de um jeito. Alguns dos ingredientes mais comuns são a pimenta-do-reino, a canela, o cominho e a noz-moscada. É o tipo de coisa que as pessoas guardam na despensa e colocam em tudo o que cozinham.

No Brasil, estamos acostumados a pensar nos charutinhos como pratos árabes ou, para ser mais específico, sírios e libaneses. Isso porque foram esses dois povos que trouxeram o quitute para cá. Esses grilhões nacionais, porém, acabam apagando a riqueza de sua história. Tem quem diga que o xá persa Cosroes II comia algo parecido na corte sassânida, nos séculos 5 e 6.[6] Desconfio um pouco quando esticamos um fato contemporâneo até chegar na Antiguidade, mas deixo registrada aqui a hipótese. De todo modo, sabemos que o charutinho de uva já existia, com os contornos que conhecemos, nos últimos séculos do Império Otomano. Tanto que esse prato aparece não só na cozinha da Síria e do Líbano, mas também de outros Estados que surgiram nos antigos territórios otomanos, como a Bósnia e a Albânia.

Na Turquia, o charutinho é um tipo de *dolma*. A palavra significa "recheado", em turco. É também um *sarma*, termo para algo "enrolado". Em inglês, o nome do prato é *stuffed grape leaves*, ou seja, folhas de uva recheadas. Que falta de criatividade! São descrições literais.

Por isso gosto tanto do nome que apareceu no Brasil, a nossa real contribuição a essa história que talvez remonte mesmo, quem sabe, à corte do xá Cosroes II. A palavra "charutinho" tem algo de subversivo, por aproximar a comida ao fumo. O poder da metáfora dá sabor. O diminutivo também é delicioso, porque dá conta de sua delicadeza e ressalta o seu poder. Como o pequeno frasco de perfume que, como sugere o nosso ditado, tem o mais potente dos aromas. Talvez o único problema do nome em português é não deixar claro, ao contrário de seus correspondentes em turco e em inglês, que o prato não leva uva, apenas sua folha.

Quando me sento com Douglas Coury em seu escritório no bairro paulistano dos Jardins, ele me conta que acabou de comer um charutinho de uva. Almoçou do outro lado da rua Oscar Freire, no Almanara, um dos restaurantes árabes mais conhecidos de São Paulo. Douglas frequenta bastante o estabelecimento — afinal, é seu dono.

Está bastante satisfeito com a refeição. Sobre o charuto, diz que estava "igualzinho" ao de sua avó Eliza, algo que celebra. Um dos pilares do restaurante, Douglas explica, é justamente o apreço pela tradição. "Foi minha avó quem originou todas as receitas do Almanara", diz, como quem ainda pensa nas folhas de uva.

Eliza Amatti nasceu em Santa Rita do Passa Quatro, no interior de São Paulo. Era filha de libaneses. Conheceu, nos anos 1910, o imigrante David Coury, que tinha acabado de chegar de Kfeir, uma aldeia montanhosa no sul do Líbano. David vinha de uma família de prestígio. Era parente de Fares al-Khoury, parlamentar durante o Império Otomano que mais tarde atuou como primeiro-ministro de uma Síria recém-independente.

Eliza e David se casaram e foram morar por um tempo em São Carlos, onde tiveram uma tecelagem. Nasceu desse matrimônio o filho Zuhair no ano de 1919, em Araraquara. Era uma família intelectualizada, uma das poucas que manteve o idioma árabe dentro de casa, em vez de migrar para o português. Era uma família, também, que prezava a comida.

Já adulto, Zuhair decidiu deixar a casa dos pais e o interior paulista. Mudou-se para a cidade de São Paulo. Queria, como a mãe, trabalhar com cozinha. Em meados dos anos 1940, abriu o Pastifício Paulistano, onde produzia massas para vender aos restaurantes italianos. Não era, porém, sua especialidade. Tampouco sua vocação. Havia aprendido com Eliza a fazer quitutes árabes, e não macarrão. Deu o passo seguinte em 1950, abrindo um restaurante árabe no centro de São Paulo.

Travou quando teve de escolher um nome para o estabelecimento. Até que um amigo da família sugeriu usar a palavra "al-manara", que em árabe quer dizer "o farol". Mais do que do sentido, Zuhair gostou da sonoridade: eram quatro vogais idênticas, A, todas abertas.

A primeira unidade do restaurante ficava na rua Santo André, que hoje se chama Comendador Abdo Schahin, em homenagem a outro patrício. Deu tão certo que, no ano seguinte, ele abriu uma filial na avenida São João. Em 1952, Zuhair inaugurou mais uma, desta vez na rua Basílio da Gama.

É o Almanara da Basílio da Gama, com mais de setenta anos, que os paulistanos costumam rememorar quando pensam no centro da cidade — não no centro que existe hoje, mas naquele de suas infâncias. Muitos dos símbolos da região já desapareceram, como o Ca'd'Oro e a Livraria Francesa. O esvaziamento do centro, a degradação do patrimônio público e a insegurança transformaram as ruas e as ruelas. O antigo Almanara segue ali, no entanto, como um ícone protegido.

O restaurante mantém teimosamente a decoração art déco do início dos anos 1950. Há um painel do pintor italiano Túlio Costa retratando uma cáfila, ou seja, uma caravana de camelos no deserto. Ocupa toda uma parede. Também italiano é o espelho jateado, obra de Vittorio Gobbis. Mesas de boa madeira, talheres pesados. É mesmo uma viagem no tempo. Outro aceno ao passado é o fato de que apenas nessa antiga unidade o Almanara serve rodízio árabe. Ainda é como funcionava nos anos 1950: garçons vindo à mesa com pilhas de esfihas e pratadas de quibe cru. Nas demais, a única opção é escolher os preparos no cardápio, ou seja, à la carte.

Em 1978, Zuhair teve um infarto, afastando-se do negócio para se recuperar. No seu lugar, pôs o filho Douglas, que tinha apenas dezenove anos. Douglas conta que tinha alguma experiência, pelo menos. Havia "crescido sentado no cadeirote do Almanara", nas suas palavras, observando o pai. Estagiara ali também quando era adolescente. Contava, ainda, com todo o aprendizado com a avó Eliza, que descreve como uma pessoa sábia e de personalidade forte. Lembra-se de que, depois da morte do marido, Eliza dormiu até o fim da vida com o chapéu dele na cama.

Douglas foi ficando no restaurante, mesmo com a melhora do pai, que viveu mais duas décadas. Fez do Almanara essa celebração da tradição. Diz mais de uma vez, durante a conversa, que o cardápio do restaurante bebe de quatrocentos anos de conhecimento. "Prezamos as receitas originais, para sermos fiéis ao que se come por lá", diz, referindo-se ao Líbano de seus antepassados. Das técnicas herdadas, revela uma: prepara quibe cru com luvas esterilizadas para evitar que o ácido da pele das mãos escureça a carne. Também para não escurecê-la, os cozinheiros moem a carne com gelo, explica.

Nos anos 1950, o Almanara foi um dos responsáveis — ao lado de outros restaurantes — pela consolidação da comida árabe de restaurante, ou seja, consumida fora de casa, em ambientes mais formais. "Tivemos esse papel de difundir a cultura árabe no Brasil", Douglas diz, com evidente orgulho da empreitada familiar. O Almanara tem hoje quinze unidades, incluindo no Rio de Janeiro e em Campinas.

É evidente o esforço que o restaurante faz para manter a ideia da tradição como uma coisa que precisa ser guardada, um tesouro. Um dos elementos-chave, nesse processo, é a família. São frequentes as histórias como a do Almanara, de receitas herdadas e propagadas e de pratos que cheiram a antepassados. São comuns, também, os estabelecimentos que passam de uma mão para a outra, dentro do clã. Carolina, filha de Douglas, tem 33 anos. Ela acompanha nossa conversa, sentada no escritório, anotando ideias. Carolina também cresceu no cadeirote, Douglas explica.

Esse apego ao passado entre cozinheiros e comensais árabes pode parecer exagero. O saudosismo faz todo o sentido, porém. A comunidade árabe do Brasil vive distante da terra natal, seja ela a Síria, o Líbano, a Palestina ou outro lugar com que se identifiquem. Estão removidos, portanto, do nó que amarra uma parte importante da sua identidade. Não têm mais acesso a marcadores culturais, à cultura comum que a gente absorve por estar em um lugar. Se já morou fora, você sabe do que estou falando: daquela sensação de não entender o modo de fazer as coisas do outro país, de não decifrar as piadas internas que, se explicadas, perdem a graça.

Manter-se aferrado ao passado é também uma forma de nacionalismo. Recorro mais uma vez ao antropólogo Bascuñan-Wiley, que fala bastante sobre isso em sua pesquisa a respeito da comunidade palestina do Chile. A criação do Estado de Israel em 1948 levou à expulsão e fuga de 700 mil palestinos de suas casas, que hoje não podem voltar para suas terras. Nesse contexto, preparar um prato típico palestino é uma maneira de cruzar fronteiras sem precisar de um passaporte. É também, explica Bascuñan-Wiley, uma forma de resistência. *Sumud*, em árabe. O preparo da comida tradicional palestina é, afirma, uma luta contra a perda da memória e da identidade na diáspora.[7] É como dizer: não nos esquecemos e queremos voltar.

O prato mais associado à identidade palestina é o msakhan. Como aparece em canções populares antigas, essa comida é tida como uma tradição centenária. A idade importa, para os palestinos, por causa do contexto político. Quando judeus europeus começaram a imigrar para a Palestina na segunda metade do século 19, um dos lemas de sua ideologia — chamada de sionismo — era "um povo sem terra em uma terra sem povo". Ou seja, para pensadores como o austro-húngaro Theodor Herzl, a Palestina estava vazia. Ainda hoje ouvimos israelenses justificarem a ocupação da Cisjordânia a partir da ideia de que nunca existiu um povo palestino por ali. O sionismo sugere que os palestinos são apenas árabes e, por isso, podem viver em outras partes do Oriente Médio sem prejuízo à sua identidade. É aí que entram tradições como a do msakhan. Os palestinos dizem que, se têm uma cultura culinária antiga, têm também uma identidade própria anterior à criação do Estado de Israel em 1948.

Para alguém que observa de longe, do Brasil, essa pode parecer uma discussão estéril. Mas, ali, é uma questão existencial.

Msakhan quer dizer "aquecido", em árabe — talvez porque sua base seja um pão reaproveitado do dia anterior. Requentam-no durante o preparo, colocam uma coxa de frango em cima e temperam com azeite, sumagre e pinoli. Como tantos outros pratos da região, a proposta é comer com as mãos. De preferência, sentado no chão, com familiares e amigos, quiçá contando uma boa história.

Não é o único prato associado à identidade palestina. Há também a maqluba, que, apesar de não ser exclusiva da Palestina, é bastante apreciada ali também. A receita, aliás, aparece em um livro do século 13, o *Kitab al-tabikh*, de Muhammad bin Hassan al-Baghdadi, o que atesta sua antiguidade. O nome maqluba, nesse caso, é outra vez um bom descritivo: quer dizer "virado" em árabe. Restos da semana — coisas como carne de galinha ou ovelha, arroz, couve-flor, berinjela, cebola caramelizada — são colocados em uma panela, formando camadas. Na hora de servir, o prato é desenformado de cabeça para baixo. Esse momento, inclusive, é um importante ritual da cultura palestina, geralmente filmado por quem está ao redor. Como fazemos no Brasil com o pudim, com aquela expectativa nem sempre verbalizada de que talvez tenha dado tudo errado. Quando a panela levanta e a maqluba se revela em camadas, suspiros, gritinhos e ululações comemoram o sucesso culinário. Antes do banquete, faz-se chover salsinha picada e pinoli por cima.

Tanto o msakhan quanto a maqluba aparecem entre os pratos citados pelas entrevistadas do pesquisador Caio Porto em sua dissertação de mestrado sobre a importância da comida árabe para a identidade de imigrantes e descendentes palestinos no Brasil.[8] O msakhan, em especial, é apontado por membros do movimento militante Juventude Sanaúd como um sabor especificamente palestino.

O Juventude Sanaúd surgiu em 1982, ligado à Federação Árabe Palestina do Brasil (Fepal), que por sua vez está ligada à Organização para a Libertação da Palestina (OLP). O contexto era a invasão israelense do Líbano durante a guerra civil travada de 1975 a 1990. Porto entrevistou membros do grupo para entender qual era o papel da comida na mediação do seu cotidiano. É uma pergunta difícil por diversas razões. Em primeiro lugar, devido à precariedade estrutural das diásporas palestinas, que não contam com um Estado organizado como o libanês e o sírio para a construção de uma identidade nacional. Também pela impossibilidade do retorno. Além disso, há o fato de que as interlocutoras de Porto se referiam à "comida árabe" em um sentido mais amplo, sem falar especificamente em "comida palestina".

Ainda assim, Porto conclui que o fato de podermos afirmar que existe uma comida árabe preparada e consumida por palestinos é também um jeito de dizer que os palestinos existem. Há algo, afinal, que permite que eles se reúnam e compartilhem lembranças de pratos que associam à Palestina.[9] "A palestinidade que a comida árabe ajuda a compor, aproximando famílias e amigos, fornecendo referências em comum para pessoas que de outra forma estariam mais distantes umas das outras, expande de maneira notável as possibilidades de existência de palestinos na diáspora", Porto afirma.[10] Isso vale até para suas entrevistadas que nunca estiveram na Palestina e, ainda assim, encontraram na comida uma maneira de visitá-la.

Há ainda outro elemento do universo da comida que, na Palestina, adquire importância simbólica: a azeitona. Assim como em outras partes do Mediterrâneo, a oliveira é um elemento central da economia local. Há um sem-fim de rituais em torno da colheita e do processamento de seus frutos. Famílias se gabam de seus azeites — ouro líquido e esverdeado — que usam na cozinha. Como um vinho, cada variedade, região e safra tem suas características. O azeite, assim, transmuta o solo, o clima e o suor dos agricultores.

É simbólico, também, que a árvore da oliveira seja tão resistente. Vive por décadas, com largos troncos retorcidos e raízes agarradas ao solo, do qual fazem parte. Para os palestinos, são uma metáfora de sua relação com a terra, sua antiguidade e resiliência.[11] Daí a devastação emocional causada pelos ataques de colonos e autoridades israelenses, que desenraízam e destroem oliveiras.[12]

A situação dos palestinos é bastante diferente da dos sírios e libaneses estabelecidos no Brasil, que têm a possibilidade, ao menos legal, de voltar para a sua terra ancestral. A Síria e o Líbano não estão sob ocupação nem são reivindicados por outros povos, ao contrário da Palestina. Muitos deles retornaram, inclusive — para visitar a família ou se instalar de vez. Ainda assim, essa viagem acontece sempre no tempo presente. São apenas as experiências sensoriais, como a da comida, que permitem que se reconectem com o passado.[13] A cozinha permite a recriação de realidades perdidas para que a diáspora as saboreie.[14] Mesmo quem não tem origem árabe pode saboreá-las também ao sentar em um restaurante árabe no Brasil e pedir um prato à moda dos ancestrais.

Daí a história recorrente que ouço das famílias árabes que têm restaurantes no Brasil: eles insistem em que baseiam seus cardápios nas receitas da família. É o caso do Folha de Uva, em que Samir resgata receitas do avô.

Samir conta com uma fonte documental para esse processo: ainda tem um caderninho com as anotações de Elias. As instruções, porém, estão incompletas. No começo, ele tentava preparar os pratos, sem sucesso. Telefonava então para sua mãe, que perguntava se ele tinha se lembrado desse e daquele outro passo. Coisas que nem estavam nas receitas. Não que fosse um segredo. "Mas eram coisas naturais para ela, que não precisava escrever todos os detalhes", diz. Teve, assim, de unir o escrito ao oral para manter viva a memória da família.

Quando morreu Wadih Cury, fundador do Empório Syrio, sua viúva Rosalie decidiu viajar pelo globo. Mas logo se cansou da vida de *trota-mundos*. Voltou para São Paulo e, em 1971, abriu o Rosima. A empreitada começou como uma distração, mas foi dando certo. O restaurante tem hoje três unidades. Seu neto, Ricardo, sugere que o sucesso é ao menos em parte resultado da preocupação da família com as coisas tradicionais. O cardápio está ancorado nas receitas de Rosalie, que Ricardo define como "comida tradicional libanesa". Tanto que um de seus carros-chefes é a esfiha de verdura de Rosalie, feita seguindo a receita da família. Leva cinco ingredientes: escarola, espinafre, azedinha, nozes e uva-passa. "Você não vai comer uma esfiha de calabresa aqui", alerta Ricardo, como quem avisa: não passarão.

Em sociedades patriarcais, como a brasileira e a médio-oriental, o trabalho de preservar a memória e a tradição costuma recair sobre as mulheres. Gente como Rosalie. É uma responsabilidade e tanto, já que memória social e culinária são centrais na formação de uma identidade étnica.

Na história de Leila Kuczynski, a chef do Arábia, também orbitam muitas mulheres. Um dos truques que ela usa no restaurante vem da avó materna. Foi com ela que aprendeu a preparar uma coalhada suave, sem acidez, diferente daquela que nos acostumamos a comer no Brasil. Leila conta que essa sua avó era uma mulher dura, talvez até péssima cozinheira, mas sua coalhada era excepcional, quase doce. Seu segredo era colocar o leite na geladeira assim que começava a coalhar. O frio interrompe o processo químico, Leila explica, o que significa que paralisa também o azedar. Passou a fazer a mesma coisa no Arábia, onde diz que usa quinhentos litros de leite por dia.

É mais difícil controlar a acidez durante o verão, por causa do calor, tanto que Leila prova a coalhada servida durante nossa entrevista no restaurante e acha que está azeda demais. Discordo: está perfeita para mim. Mas a questão é essa — o "para mim". A tradição que Leila quer recriar no seu restaurante é a que viveu no interior do Líbano e, depois, em Barretos. É o sabor de sua avó materna, as coisas que comia em casa, as qualidades de um tempo findo.

A coalhada é tão central à cultura árabe que aparece nas histórias de diversas famílias — muitas vezes, em relatos de alta voltagem poética. Demetrio Rassi, de Ribeirão Preto, tem um ótimo relato desses. Conta que seu avô Mitri Rassi era conhecido no vilarejo de Jibrael, no norte do atual Líbano, pela sua coalhada. Tanto que as pessoas o chamavam de "Abu Labne", algo como "o pai da coalhada", em árabe. O povo de Jibrael passava na frente da casinha de pedra e cantava *"Mitri, Mitri, ya habibi, 'atini labne"*. Ou seja: "Mitri, Mitri, ó querido, me dê coalhada". Ele distribuía o quitute sem cobrar nada. Um dia, enquanto mexia o tacho em que coalhava o leite, encontrou uma cobra dentro dele. Enfiou a mão, segurou o réptil e o estrangulou, razão pela qual, sem surpresa, sua força passou a ser conhecida por toda a região.

Seu filho Tuffy imigrou para o Brasil em 1912, aos onze anos. Mal chegou a Ribeirão Preto e saiu para mascatear. Tinha herdado a força de Mitri, que transmitiu a Demetrio. Demetrio, por sua vez, advogou por 54 anos no interior de São Paulo e chegou a dirigir o Clube Sírio-Libanês ribeiro-pretano. Tinha 86 anos quando me recebeu em casa. Seguia firme.

Em Belo Horizonte, Sabah Saliba prepara uma coalhada bastante parecida com a de Leila. Deixa também na geladeira enquanto escorre, para impedir que azede demais. É uma técnica que, do mesmo modo que a dona do Arábia, Sabah trouxe do Líbano e conservou no Brasil.

Sabah nasceu em Bteghrine, um vilarejo pedregoso nos arredores das cordilheiras do Monte Líbano. O local é conhecido por uma dança típica com espadas, um aceno aos antepassados guerreiros que, diz a tradição local, lutaram em importantes batalhas medievais da região. A família Saliba é bastante extensa e influente por ali. Um de seus integrantes mais proeminentes é o padre ortodoxo Antonius, que está em vias de ser santificado devido aos milagres que, dizem os moradores, operou durante o século 19.

Entretanto, na casa de Sabah, o santo miraculoso que impera é o labne. "A coalhada seca é uma bênção de Deus", diz, com olhos de quem sente falta do passado. Sua mãe Antoinette preparava o prato em casa e o vendia no vilarejo. Seus nove filhos contribuíam controlando a fervura do leite. Foi o que financiou os estudos das crianças. O pai de Sabah, chamado Samir, era dono de um açougue e ganhava bem. Mas gastava igualmente bem. Era generoso, convidava o povo para comer em casa, distribuía as coisas. Enquanto isso, Antoinette separava o dinheiro que ganhava vendendo coalhada seca. Era com ele que comprava os uniformes e livros escolares, além de pagar a mensalidade do colégio religioso que, Sabah explica, não era barato. "O dinheiro da coalhada era sagrado."

Foi nesse processo que Sabah aprendeu a deixar o leite coalhar por oito horas e, em seguida, guardar na geladeira, onde fica escorrendo por outras 24 horas. Memorizou essa equação e nunca a modificou. São números impressos na sua memória, uma tradição em que prefere não mexer muito, para não azedar.

Sabah não tinha planos de imigrar para o Brasil. Mas, em 1973, um libanês chamado Nadim, que já morava em Minas Gerais, foi visitar Bteghrine. Eles se conheceram e se apaixonaram. Casaram e, juntos, foram para Belo Horizonte. Sabah tinha dezoito anos e não sabia nada do Brasil, muito menos falava o português. Aprendeu com a vida e com o comércio, trabalhando com Nadim em uma loja de roupas por alguns anos. Até que um dia um patrício, apreciador de sua comida, sugeriu que ela deixasse o setor têxtil e adentrasse no culinário.

Em 1995, Sabah abriu o restaurante Organizações Monte Líbano, que fez história na cidade. Era um bufê de comida árabe que ela comandava com um cuidado que beirava a compulsão. Durante nossa conversa, ela explica como cobria os pratos e não deixava que os clientes se servissem sozinhos. Precisavam esperar que os funcionários os ajudassem. Dava um trabalhão: passava horas de pé, sem contar as horas calculando compras e lidando com fornecedores. Em 2012, cansada, decidiu fechar as portas e privou assim os belo-horizontinos de um de seus melhores estabelecimentos árabes.

Os clientes não ficaram muito contentes. Tanto que, assim que Sabah encerrou as atividades, começaram a telefonar para ela e fazer encomendas. Pediam, em especial, sua famosa coalhada seca. É o que Sabah tem feito desde então. Quando cheguei à portaria, no dia da entrevista, Sabah até pensou que eu fosse um cliente buscando uma marmita. Combinou a retirada com outros, durante a conversa, falando ao telefone. Depois que fui embora, voltou para a cozinha.

Manejar o restaurante não era fácil. Preparar encomendas também não é. Sabah mostra o caderninho onde anota os pedidos, distribuídos hora a hora em um cronograma apertado e, por isso mesmo, bem azeitado. É o tipo de trabalho que só alguém tão organizado consegue fazer. Sabah tem quase dez tábuas de cortar na cozinha: uma para a carne, outra para o frango, outra para o pimentão, outra para o tomate... O amor pelas tábuas é tão grande que até me dá uma de presente, quando vou embora mais tarde — ainda me lembro dela, quando corto alguma coisa no que é hoje minha única tábua.

Em um quartinho anexo, Sabah opera máquinas tão específicas que fico me perguntando quem afinal as construiu: uma para amassar pão, outra para cortar massa, outra para bater a carne do quibe cru, outra para processar o grão-de-bico... Tem truques mil também, trazidos do Líbano e aperfeiçoados aqui. Guarda a salsinha já cortada dentro de recipientes, embrulhada em papel-toalha, para não pegar umidade. Tem uma gaveta no freezer só para as folhas de uva. Prepara o próprio sabão, misturando vinagre com açúcar.

Terminada a entrevista, Sabah faz questão de que eu prove da sua comida, o que eu jamais recusaria. Pega uma massa de pão no freezer e prepara na frigideira. Enquanto isso, frita um quibe. Serve tudo com uma boa porção de homus e, é claro, coalhada seca — muita. "Hoje, cozinhar é a minha maior diversão", diz, enunciando o óbvio.

Sabah aprendeu outros pratos com a mãe Antoinette, além do labne. Foi também com ela, por exemplo, que descobriu como se prepara o babaganuche, outro quitute fundamental da tradição árabe.

O babaganuche é uma mistura de berinjela, tahine, azeite e limão, em geral servida ao lado de outras pastas, como o homus e a própria coalhada seca. É um daqueles nomes que a gente pena para escrever, até porque aparece de diversas maneiras, a depender de quem redigiu o cardápio. Algumas opções são "babaghanouj" (com J) e "babaghanoush" (com SH). Tem quem grafe em duas palavras: "baba ghanouche". Isso sem contar o nome alternativo, mutabbal, que às vezes se refere a uma versão mais apimentada do prato. Note, também, o OU da grafia, por conta do francês. Não que esses debates ortográficos importem na hora de molhar o pão sírio no creme e levá-lo até a boca faminta.

Outro ponto de discórdia, esse mais divertido, é o significado do nome. A primeira parte é fácil. *Baba* quer dizer "papai", em árabe. O problema é o *ghanouche*. Tem quem traduza como "mimado", dando à pasta o título de "papai mimado".[15] Isso porque teria sido criado por uma filha que alimentava o paizinho idoso, sem dentes. Há quem diga que vem de "paquerador", no que culmina em um safado "papai paquerador". Nessa versão, a inventora teria sido uma odalisca que queria agradar seu sultão.[16] A não ser que *ghanouche* seja um nome próprio e o prato se refira a um "papai Ghanouche", o que outros sugerem.

O babaganuche, para além de sua etimologia, é um desses pratos ideais para ensinar alguém a cozinhar. Seus poucos ingredientes têm funções claras na mistura. O tahine adiciona o sabor terrestre da semente de gergelim. O limão o equilibra com um toque ácido que o ressalta e lhe dá contornos. O azeite empresta a gordura, tão necessária. O alho tem um quê de apimentado. Já a berinjela, que é sua base, entra com o gostinho de queimado. O babaganuche só fica bom, afinal, se o cozinheiro souber cozinhar o legume direto no fogo. Sabah faz direto nas bocas do fogão, onde espera que o fogo abrase a berinjela até ficar preta por fora. "Meu pai não aceitava que não tivesse babaganuche na mesa e, aos domingos, nossa casa cheirava a berinjela queimada", conta. Faz a receita em Belo Horizonte como se fazia em Bteghrine, uma tradição que outros imigrantes árabes também trouxeram de seus vilarejos para o Brasil.

Já deve ter dado para perceber que falamos muito de tradição quando mencionamos restaurantes e receitas árabes. É um elemento importante. Mas também existe um risco nesse tipo de discurso: pensar que existem maneiras corretas — e imutáveis — de preparar comida árabe. Sendo que, na verdade, muitas dessas tradições são bastante recentes e refletem não uma essência, mas um processo histórico. Mesmo a ideia de que existam cozinhas nacionais é problemática. O caso da cozinha libanesa é claro, nesse sentido. Os pesquisadores Graham Pitts e Michel Kabalan discutem isso no livro *Making Levantine Cuisine* [Preparando comida levantina]. Pitts, diga-se de passagem, foi meu professor na universidade, e sua aula sobre a história da comida no Oriente Médio informou diversos trechos deste ensaio.

Pitts e Kabalan sugerem que, se olharmos para a história, veremos que não existe uma cozinha libanesa ancestral propriamente dita. O que conhecemos como comida libanesa, como algo distinto desse país, remonta à segunda metade do século 20.[17] O próprio Líbano só existe como país independente desde 1943. Foi no processo de construir uma identidade nacional libanesa que se desenvolveu a noção de que a comida do Líbano é diferente da comida de países vizinhos, como a Síria e a Jordânia. Tanto que, por volta de 1918, um intelectual chamado Iskandar Maluf escreveu que o que distinguia a comida na região é que os libaneses comiam caramujo, e os sírios, caranguejo — ou seja, um detalhe.[18] Quanto mais se desenvolveu a ideia de cozinhas nacionais distintas, mais se apagou o que existe em comum entre esses territórios, afastando-os. É o tipo de coisa que o nacionalismo faz — inventa identidades, segundo a clássica teoria de Benedict Anderson.[19]

Fica mais fácil de entender se a gente pensar no contexto brasileiro. O exemplo que vem à mente é o da formação de uma cozinha dita caipira, descrito por Carlos Alberto Dória e Marcelo Corrêa Bastos no livro *A culinária caipira da Paulistânia*, publicado em 2021. Os dois autores tratam de uma cultura alimentar marcada por ingredientes como milho, feijão e carne de porco. Os mineiros usaram essa comida na construção de sua identidade e hoje associamos a culinária caipira ao estado de Minas Gerais. Seu desenvolvimento, porém, ocorreu em uma região muito mais ampla, que Dória e Bastos chamam de Paulistânia, incorporando também São Paulo, Goiás, Mato Grosso, Mato Grosso do Sul, Paraná, Santa Catarina e partes do Rio de Janeiro e do Espírito Santo.[20]

Processos históricos não respeitam as fronteiras que as nações traçam no chão, e a comida mineira reflete, na verdade, coisas que aconteciam também em estados vizinhos — por exemplo, o declínio da economia de mineração e a subsequente ruralização dos antigos mineradores, que se tornaram sitiantes e se espalharam pelo mato, criando gado e montando roças.[21] Os elementos fundamentais da cozinha caipira refletem, ainda, a cultura dos indígenas guaranis, que habitavam esses territórios, assim como a passagem das tropas durante a expansão da colonização do interior.

Retornando o foco ao Oriente Médio, precisamos problematizar inclusive a ideia de que o quibe seja o prato libanês por definição, algo dito nesse país e na sua diáspora, inclusive no Brasil. Foi apenas durante o século 20 que o quibe recebeu essa distinção, quase uma cidadania metafórica. Naquele momento, o Líbano ainda firmava sua identidade nacional e buscava símbolos inequívocos. Os nacionalismos se baseiam, afinal, na ideia de um passado compartilhado por um grupo de pessoas e pelo qual elas se distinguem dos demais. Uma das consequências desse processo, no que diz respeito ao quibe, é que o prato foi retirado de um contexto histórico e geográfico muito mais amplo (e muito mais rico também).

A nacionalização do quibe em meados do século passado coincidiu, ainda, com o processo de urbanização e de industrialização do Líbano. Beirute foi crescendo e incorporando a volumosa população interiorana que vinha em busca de oportunidades, como aconteceu, aliás, com São Paulo. Instalados agora na cidade grande, os libaneses passaram a olhar com saudosismo para as montanhas nevadas e povoadas por cedros. Idealizaram a vida no campo — e elevaram o quibe como um símbolo daquele mundo perdido, tradicional.[22]

Outra coisa interessante sobre as tradições é que elas se misturam umas às outras. Quando Yone abriu o restaurante Niazi, em Rio Claro, cozinhava do jeito que tinha aprendido com sua mãe, que por sua vez tinha aprendido com a sogra, que tinha vindo de Homs, na Síria. Seus pratos carregavam essa história de imigrações e casamentos. Um dia, porém, Yone contratou um cozinheiro da Brasserie Victória. Em uma espécie de empréstimo, o funcionário passou trinta dias no Niazi ensinando Yone a preparar alguns dos pratos-chave da cozinha árabe. "Minha mãe fazia esfiha caseira", Telma conta. "Foi esse senhor, que era da Bahia, que ensinou ela a fazer a esfiha da d. Victória." Assim a receita de Victória Feres, que tinha vindo de Arjis, no Líbano, e ainda aprendido a cozinhar nos Estados Unidos, com um chef treinado em Beirute, acabou no interior de São Paulo.

Foi para não perder seu mundo que Nadia Abib Sahão começou a escrever suas receitas em um caderninho. A ideia surgiu quando uma das netas lhe pediu que a ensinasse a fazer babaganuche. É o tipo de demanda que sopra vida dentro de uma avó. Nadia sentou e começou a ditar, do mesmo modo que recitou para mim em sua casa em Londrina: "Asse duas berinjelas, descasque-as com um pouco de água fria, esmague dois dentes de alho, esprema meio limão, ponha três colheres de tahine…". Tinha 95 anos naquele dia e se lembrava de cada passo como se fosse uma oração.

Nadia nasceu em Ibitinga, no interior de São Paulo, em 1928. É filha de imigrantes libaneses que chegaram ao Brasil no começo do século 20. Cresceu naquela cidadezinha, onde diz que não tinha muita coisa, nem mesmo muitos árabes. Foi só em 1950 que ela se mudou para Londrina, um ano depois de casar com o marido, Assad. Levaram juntos um pé de jasmim, do qual foram tirando mudas, a mais recente das quais ainda perfuma a garagem da casa dela.

É uma mulher adorável. Criou quatro filhos. No meio-tempo, aprendeu a tricotar e a tocar piano. Ajudou também a mãe e a tia Martha na cozinha. Foi como aprendeu as tantas receitas que memorizou. Nunca tinha sentido necessidade de escrevê-las, até o pedido da neta. O episódio fez com que seu filho Ricardo sugerisse que ela escrevesse um livro de receitas. Não por ela, mas pelos leitores futuros, nós incluídos, para que seus segredos não se perdessem no lugar aonde vamos depois de morrer.

O projeto foi incluindo outras pessoas. Três vezes por semana, Nadia preparava seus pratos na frente do chef Octávio Luz Rodrigues Alves, vulgo Taíco, que a ajudava a organizar as anotações. "Cada dia eu inventava uma coisa", ela conta. Seu filho Ricardo fotografava as criações. Amigos da família contribuíam com tarefas como pesquisa e tradução. Seu livro *Receitas da cozinha libanesa* transpira mesmo essa qualidade colaborativa.[23] Tem um jeito caseiro, no bom sentido. Às vezes pegamos um livro de receitas e as fotografias são todas impecáveis, tomadas contra um pano de fundo profissional, e tudo brilha. Já as imagens de Ricardo, apesar de excelentes, registram a cozinha de Nadia e seus utensílios cotidianos, sem firulas.

Percebo, porém, que uma coisa incomoda Nadia no produto final: a foto do quibe frito. Cabisbaixa, ela explica que tinha colocado cada um deles virado para cima, com esmero. Na hora do clique, acabaram se virando todos para baixo. É uma bobagem, mas Nadia ainda se lembra desse detalhe tantos anos depois. É um sinal do quanto se importa.

A primeira edição do livro, de 2015, esgotou rápido. O lucro foi revertido para instituições de caridade. A segunda veio em 2017. Tenho na minha estante uma cópia com uma bela dedicatória de Nadia: "Estas receitas são do meu cotidiano, transmitidas pela minha família, os brimos".

A ideia de registrar e divulgar as receitas da família é relativamente recente na comunidade árabe-brasileira. No começo, tinham que recorrer à memória coletiva para cozinhar. Era ou isso ou os livros que vinham do além-mar. Penso, aqui, no caso de Maria Farid Rahme, que imigrou para o Brasil em 1930. No ano seguinte, sua irmã Salwa mandou um presente do Líbano. "Enviamos este livro de receitas que quase não usamos, mas você talvez possa utilizar algumas delas", diz a dedicatória.[24]

Foi só nos anos 1950 que os árabes radicados no Brasil começaram a publicar seus livros de receita. O primeiro de que temos registro é o *Cozinha árabe*, que Adélia Salem Gabriel publicou em 1953, quase um século depois de os primeiros sírios e libaneses chegarem aos nossos portos.[25] A mesma coisa aconteceu em outras diásporas árabes. Foi só em 1952 que apareceu o primeiro livro de receitas árabes do México, o *Manual práctico de cocina libanesa* de María Manzur de Borge. Era um livreto de menos de cem páginas, de edição barata, com receitas simples de poucos ingredientes. Ainda circula entre os árabes do México, em exemplares surrados e repletos de manchas e anotações.[26]

Não é coincidência que os livros de Adélia e de María tenham sido publicados no mesmo período, por volta da metade do século 20. Esses dois manuais coincidem com uma transformação social mais ampla. Até então, as mulheres ensinavam umas às outras na cozinha. Começavam cedo, aliás. Diversas das minhas entrevistadas aprenderam os truques culinários com as mães e tias quando ainda eram crianças. Quando as mulheres passaram a trabalhar fora de casa, porém, a cadeia de transmissão foi interrompida.[27] O aprendizado na cozinha passou a depender do suporte do papel. Os livros viraram seus professores.

Um processo parecido aconteceu na terra natal. Os manuais de receita já existiam há tempos no Oriente Médio — o *Kitab al-tabikh* [Livro da cozinha], de Warraq, data do século 10 —, mas esses volumes davam instruções bastante gerais. Era esperado que o leitor já soubesse as técnicas básicas e que tivesse noção, também, de como dosar os ingredientes e os temperos. Em meados do século 20, com a remoção da mulher do ambiente doméstico, esses manuais se transformaram. Passaram a ensinar o passo a passo de cada receita e a informar quantidades exatas.[28] Era preciso garantir que uma jovem mulher fosse capaz de se virar na cozinha, independentemente da educação que recebera.

Essa ideia está bastante clara na introdução do livro pioneiro de Adélia. Ela própria articula: "A compilação de algumas receitas da cozinha árabe foi feita inicialmente pela autora tão somente para atender ao seu desejo de proporcionar a sua filha Norma conhecimentos de arte culinária", explica. Adélia nos ajuda ainda mais na interpretação desse fenômeno ao sugerir sua expectativa de que a obra possa ser "de utilidade às jovens esposas e mães que se iniciam nas responsabilidades de um lar". A autora agradece, por fim, às mulheres que a ajudaram a resgatar as receitas.[29]

Não é coincidência que a autora seja mulher, assim como seu público esperado e suas ajudantes. Naqueles anos e ainda hoje, a cozinha árabe se atrela ao gênero feminino e à noção de dever. Adélia não fala no prazer da cozinha, e sim na "responsabilidade". A mesma ideia aparece em muitos outros livros de receita árabe que saíram desde então. Mesmo naqueles escritos por homens, diga-se de passagem. José Khoury também se dirige a um público imaginado como feminino em *Arte culinária sírio-libanesa*, de 1976. Com a confiança típica dos homens em um sistema patriarcal, José escreve que, seguindo as suas indicações "à risca e com rigor [...] donas de casa poderão gozar das delícias da mesa oriental e do aroma de seus quitutes ou assados, sem deixarem por um minuto sequer o ambiente confortável de seu lar".[30] Quem se aproveitava, suponho, eram os maridos, que comiam sem ter que cozinhar.

O fato de que José, um homem, escreveu um livro de receitas, merece um pouco mais de análise aqui. A pesquisadora americana Carol Bardenstein mostra que há casos parecidos em outras partes da diáspora árabe. É algo que ela analisa em um importante estudo. Homens não teriam desempenhado esse papel em suas sociedades de origem, diz. A experiência da imigração, porém, causou rupturas nas expectativas de gênero e permitiu essa transgressão.[31]

Essa ruptura se estende, aliás, para outros marcadores de identidade. Volto aqui ao caso da autora britânica Claudia Roden, que citei no início deste ensaio. Roden nasceu no Egito e, depois de imigrar à França e então ao Reino Unido, escreveu um dos livros seminais sobre a comida médio-oriental. É uma das referências mais importantes do campo. No entanto, sua conexão com o Egito é tardia. Explico: Roden cresceu em uma comunidade judaica de cultura europeia que tinha pouco ou nenhum contato com a cultura local. Ela mesma conta, em seus textos, que quem cozinhava em casa eram os empregados egípcios. Havia uma clara distinção entre "nós" e "eles".

Na análise de Bardenstein, Roden só formulou sua "egipcianidade" depois de deixar o país nos anos 1950, quando o projeto nacionalista de Gamal Abdel Nasser expulsou as comunidades judaicas e europeias, tidas como estrangeiras. A comida, nesse caso, serviu como um componente central no processo de articulação retrospectiva de uma identidade egípcia.[32] Em outras palavras, Roden só se descobriu egípcia quando estava longe do país. Isso não quer dizer, é claro, que sua conexão seja falsa ou que valha menos que a dos outros. Todas as identidades são construídas. Mas essa história é um importante indício de como os livros de receita servem a essa construção.

Nas palavras de outra pesquisadora, a canadense Marlene Epp, os livros de receita são instrumentos para que grupos imigrantes "mantenham uma conexão pública com a cultura da terra natal, reforcem sua identidade étnica, se integrem a uma nova cultura e formem novas identidades híbridas".[33] Isso aparece inclusive nos nomes das obras. Os primeiros e mais importantes volumes que saíram no Brasil, por exemplo, se referem de maneira clara às origens evocadas e repensadas na diáspora. O manual de Adélia, publicado em 1959, chamava-se *Cozinha árabe*. O de Nair Saud, de 1981, *Culinária árabe*.[34] O de Malvina Hauch, de 1984, *Delícias da cozinha árabe*.[35] Mesmo o livro que José Khoury publicou em 1976, *Arte culinária sírio-libanesa*, fala em "cozinha árabe" já na introdução.[36]

O preâmbulo do manual de José também deixa clara a sua proposta de resgatar tradições culinárias, conservando na diáspora um modo específico de ser árabe. "Para dar um cunho de maior autenticidade às nossas fórmulas", ele escreve, "fomos passar dois meses no Líbano e em Damasco, frequentando os melhores hotéis tipicamente orientais e as famílias mais tradicionais".[37] Esse trecho tem diversas palavras-chave: "autenticidade", "tipicamente", "tradicionais". Tudo isso se plasma, ademais, no termo "fórmulas". Seu livro, no final das contas, pressupõe a imitação de coisas existentes. Não há, em outras palavras, espaço para a invenção. Ser árabe, nesse sentido, é emular os antepassados.

Os livros de receita são, por tudo isso, fontes fundamentais para os estudos da história das comunidades imigrantes. A pesquisadora americana Barbara Wheaton nos recorda de que são, por definição, artefatos culturais, assim como documentos excepcionais, porque se tratam de registros escritos de tradições orais.[38] Parecem-se, nesse sentido, com as gravações de canções que, se não fossem decantadas, acabariam perdidas no turbilhão do tempo.

Além de transmitir conhecimento culinário e solidificar tradições, os livros de receitas estão também ligados à história da beneficência árabe no Brasil. Muitos desses manuais ajudaram a financiar importantes obras de caridade da comunidade.

Desde que chegaram ao Brasil, os imigrantes se dedicaram de maneira notável à caridade. Tinham dois propósitos: cuidar de seus membros mais vulneráveis e retribuir a generosidade do país hospedeiro que os tinha abrigado quando mais precisavam. O caso mais emblemático é o do Hospital Sírio-Libanês, referência de qualidade em toda a América Latina. A ideia dessa entidade surgiu nos anos 1920 como o sonho de Adma Jafet, da importante família de industrialistas, e de um grupo de senhoras da comunidade. Após décadas de atraso, abriu as portas em 1965. As arrecadações do livro *Receitas que emocionam*, de Violeta Haddad Yazbek, foram doadas para esse hospital.

Outro caso relevante é o da Associação do Sanatório Sírio, para onde foram os lucros da segunda edição de *Cozinha árabe*, de Adélia. Essa associação começou a operar em 1918 como a Sociedade Refúgio dos Órfãos, amparando as vítimas da Primeira Guerra Mundial. Em 1947, inaugurou o Sanatório Sírio de Campos do Jordão, que ficou conhecido carinhosamente na comunidade como "sanatorinho" e fechou nos anos 1980, em parte devido aos avanços no tratamento da tuberculose, que acabaram com a necessidade de buscar refúgio nas montanhas. Em 1976, a mesma associação abriu em São Paulo o Hospital do Coração, vulgo Hcor.

A história do Hcor, diga-se de passagem, se relaciona também de outra maneira à comida árabe. Não foram só os livros de receita que financiaram esse hospital. A construção dependeu do trabalho de mulheres que foram à rua 25 de Março vender quitutes, com os quais arrecadaram fundos, de acordo com Odette Tamer Abutara, a atual presidente da associação.

Odette acompanhou esse processo de perto. Nascida em 1933 em uma influente família árabe, é filha de Eduardo Tamer, que foi presidente do Club Homs e do Esporte Clube Sírio. Como o pai, Odette se envolveu com diversas instituições beneficentes da comunidade. Mas, na sua geração, uma das únicas opções das mulheres para angariar capital político era trabalhar com a caridade. É curioso que, na beneficência, tenham se aproveitado também de sua experiência na cozinha, que estava igualmente atrelada a determinadas expectativas de gênero.

Enquanto converso com Odette na cafeteria do Hcor, ela vai pedindo que os funcionários tragam rodadas sem fim de café e de docinhos — isso apesar da minha insistência de que nem estou com fome.

O ritual, nesse caso, é também parte da história.

Em toda visita que faço a um árabe no Brasil, há uma boa chance de sair de barriga cheia. É costume servir café e comida. A probabilidade dispara quando o anfitrião é uma senhora de mais idade. São momentos importantes não apenas pela comida em si, mas por marcarem uma transição na conversa. Quando estamos sentados no sofá, o tom é mais formal. Estou com um caderno na mão e o gravador em cima da mesa, o que cria uma atmosfera solene. Mas, encerrada essa etapa, quando sentamos para fazer um lanche, minhas interlocutoras relaxam.

A pesquisadora Nadia Jones-Gailani, que leciona na Universidade Central Europeia, notou algo parecido em suas entrevistas com imigrantes iraquianas na diáspora. Disse que a hora do café era uma espécie de fortaleza em que as mulheres se sentiam mais à vontade para explorar suas subjetividades e dizer coisas que antes omitiram. Prestar atenção nesses momentos, Jones-Gailani sugere, é uma boa maneira de adotarmos métodos feministas de produzir conhecimento.[39] A pena, nesse caso, é que muitas das pérolas ditas por minhas entrevistadas não entraram na gravação. As joias se perderam naqueles encontros, mescladas à fumacinha do café.

Não é por acaso que tantas conversas frutíferas ocorrem em torno dessa bebida. O café é central às culturas do Oriente Médio. Foi popularizado primeiro nessa região, inclusive, e dali adentrou a Europa e as Américas.

O consumo do café — ao menos de sua fruta, se não da bebida — remonta à Etiópia, no chifre da África. Cruzou o Mar Vermelho, tal qual Moisés, e aportou no Iêmen em algum momento do século 15.[40] Capturou de imediato a atenção das sociedades árabe-islâmicas, que escreveram já nas décadas seguintes sobre o estranho líquido amargo. Em um texto do século 16, o historiador Abd al-Qadir al-Jaziri diz que o costume começou entre os sufistas. O sufismo é uma vertente mística do Islã que almeja, em linhas gerais, conectar-se com Deus. Uma das maneiras de fazer isso é meditando por meio da repetição dos nomes divinos. O café entra nessa história porque, afirma Jaziri, ajudava os sufistas a ficar acordados durante as práticas de devoção.[41]

O hábito se espalhou rápido pela sociedade, fomentando um rico debate legal, religioso e social nas capitais islâmicas. Intelectuais escreveram tratados e mais tratados sobre a permissividade — ou não — de beber café.[42] Hoje, já acostumados com a prática e conhecendo seus efeitos, essa conversa parece tola. Naquele momento, porém, era uma mania nova e duvidosa. As autoridades até chegaram a perseguir os bebedores por vezes.[43] Havia uma série de preocupações, sugere Ralph S. Hattox em seu estudo sobre a história do café no Oriente Médio. Causava ansiedade, por exemplo, o fato de que o café intoxicasse o corpo, algo proibido por interpretações conservadoras da religião. Incomodava, também, que os locais de consumo fossem propícios a outras atividades, como a discussão da política e práticas sexuais que não eram chanceladas pelos costumes.[44]

A bebida chegou rápido à Europa. À Itália, veio por rotas comerciais mediterrâneas ainda no século 16. Ao restante do continente, por meio do contato com o Império Otomano. Já no século 17 apareceram estabelecimentos dedicados ao café. A origem médio-oriental, porém, não se perdeu. Está fixa na própria palavra. "Café" vem do árabe *qahwa*, transformado em *kahve* em turco-otomano e daí em *koffie* no holandês. A etimologia é controversa. Uma possibilidade é que venha da raiz Q-H-W, que tem o sentido de reduzir o desejo de alguém por algo. O termo designava, a princípio, o vinho, e foi emprestado depois ao que conhecemos hoje como café.[45] Outra opção é que o nome venha da região de Kaffa, no Iêmen.[46]

Hoje, nos países médio-orientais, a maneira tradicional de preparar o café é diferente daquela com que nos acostumamos no Brasil. O pó é misturado à água e levado ao fogo. Depois, é servido sem coar. Pode ser temperado com cardamomo também. O líquido resultante é bem mais forte e denso. Chamamos isso em português de "café turco". Dizem que a borra que sobra no fundo da xícara revela o futuro, se você souber ler suas formas ásperas.

Dada a importância do café no Brasil da virada do século 19, muitos árabes acabaram se embrenhando nessa economia. Segundo Henry Marcelo Martins da Silva, os árabes estavam entre os maiores produtores do rúbeo grão em São José do Rio Preto, no oeste paulista.[47] Algumas das propriedades rurais dos patrícios apareciam na imprensa em língua árabe publicada no Brasil, caso da fazenda Phenicia, próxima a Bernardino de Campos, também no interior de São Paulo. A edição do periódico *Al-Raid* de janeiro de 1924 traz, por exemplo, fotografias em preto e branco da plantação, de posse de um certo João Chaddad.[48]

Além de plantar e colher, os árabes compravam e vendiam café. Foi como José Taufik Soubhia, um imigrante libanês, enriqueceu. Chegou ao Brasil na virada do século 19 para o 20, instalando-se primeiro em Dois Córregos e depois em Catanduva, no interior paulista. Era uma região de economia cafeeira. Na toada dos tempos, José Taufik montou um galpão e comprou uma máquina de beneficiar os grãos, que operava com o nome de Cafeeira Soubhia. Relocou-se mais tarde para a capital do estado com a família e virou até nome de uma ruazinha na Vila Mariana, próxima ao que é hoje o metrô Santa Cruz. Por uma linda coincidência, morei por alguns meses ali, nas casinhas modernistas que a família ergueu.

Os negócios de José Taufik às vezes o levavam para Santos, onde ele tinha um escritório. Ficava naquela cidade costeira —

onde a maior parte dos árabes aportava — a Bolsa Oficial de Café. Negociava-se o grão em um suntuoso palácio do início do século 20, que hoje abriga um museu. Nos arquivos dessa instituição, há caixas com a documentação dos corretores de café. Estão ali as fichas de ao menos onze comerciantes com nomes de evidente origem árabe, como Alberto Elias, Jacob Maron Neto, Munir Tebecherani e Nagib Salim Haddad.[49] Como José Taufik, vinham de outras partes do país, entre elas a paulista Capivari, a carioca Cambuci e a paranaense Paranaguá. Um dos membros da Bolsa, Athiê Jorge Coury, de Itu, foi mais tarde presidente do time de futebol Santos. Lutou, também, na Revolução Constitucionalista de 1932.

Nunca me esqueci de algumas das refeições que fiz enquanto visitava meus entrevistados, nos fins das quais, é claro, eles serviam sempre o café. Foi o caso da esfiha de Hélène Ayoub. Nascida em 1931 em Hasbaya, hoje no Líbano, Hélène imigrou para o Brasil em 1951. Seus tios, os irmãos Eid, tinham vindo antes e fundado a cidadezinha de Paranacity no noroeste do Paraná. Chamaram Elias, o pai de Hélène, para ajudar a abrir estradas. A família se estabeleceu no município de Apucarana, no mesmo estado, onde àquela época ainda se cozinhava no fogão a lenha.

Hélène conheceu o marido Hanna Ayoub Ayoub, com o sobrenome geminado mesmo, ali em Apucarana. Caixeiro-viajante, Hanna estava de passagem no mercado onde ela comprava renda. Trocaram olhares. Ele começou a frequentar sua casa, tomava café. Um dia, pediu sua mão. Hélène achou que ele estava indo rápido demais. "Eu falei: espera aí, isso não é mjadra, não", conta.

É delicioso que Hélène recorra a uma metáfora culinária para narrar essa história. Ainda mais uma tão simples — e simbólica — quanto a mjadra. O prato a que ela se refere é, em essência, uma mistura de arroz com lentilhas. O toque especial é que costuma ser servido com cebolas caramelizadas e iogurte, numa mistura mágica de doce e azedo.

Dizem que o prato aparece até na Bíblia, na briga entre os irmãos gêmeos Esaú e Jacó.[50] Segundo o texto, Esaú nasceu antes de Jacó e era, por isso, o primogênito. Jacó, porém, queria esse privilégio para si. Nasceu, inclusive, segurando o calcanhar do irmão, como se quisesse puxá-lo para dentro do ventre da mãe e sair na frente dele. Pois um dia Esaú voltou do campo, faminto, e encontrou Jacó preparando um ensopado vermelho. Pediu um bocado. Jacó disse que venderia a comida em troca de sua primogenitura, ou seja, do direito que o filho mais velho tem à herança e a outros privilégios. Esaú pensou que, morto, não poderia mesmo aproveitar sua herança. Aceitou a oferta do irmão, comeu o ensopado de lentilhas com pão — e perdeu seu lugar na hierarquia familiar.[51] Tudo culpa da mjadra? Bem, isso já é uma interpretação. O nome em si não aparece no texto sagrado dos cristãos. Há apenas uma descrição do prato, em linhas gerais.

Na história de Hélène, a mjadra figura como uma coisa fácil, no sentido de que o pretendente achou que o casório estava garantido sem fazer muito esforço. Assim, ela disse que precisava de um tempo para pensar. Matutou e acabou aceitando a oferta. Achou-o esperto e trabalhador. Casaram em 1955 e se mudaram para a cidade paranaense de Arapongas. Em 1963, foram para Londrina, onde Hélène vive até hoje e onde me recebeu aos 92 anos.

Ela conta que aprendeu sozinha a fazer comida árabe. Insiste que, da mãe, herdou só a maneira de fazer o pão. "Ela falava: 'Faz direitinho a massa, enrola, pega assim, daí fecha embaixo'", explica, mas seria impossível descrever os gestos que acompanham sua fala: Hélène mexe as mãos como uma prestidigitadora. O resto veio no improviso. "Eu fazia bastante, errava na conta, mas fazia", diz. Em 1986, com os filhos já encaminhados, foi cozinhar em um restaurante árabe de Londrina chamado Beirute. O estabelecimento fechou em 1990, porém, e foi só em 2000 que, incentivada pelos filhos, ela abriu o próprio negócio. Levava o seu nome: Hélène. "Era só comida árabe. Comida brasileira, não sei nem fazer o arroz, e nem quero aprender", diz, teimosa. Um de seus carros-chefe era o queijo tipo chancliche. O ingrediente especial: zátar importado direto do Líbano.

O restaurante seguiu aberto por dois anos. Já não existe mais. O que não quer dizer que Hélène tenha abandonado a culinária. Tanto que se atrasa ao nosso encontro porque decidiu, de improviso, assar esfihas com zátar para servir durante a entrevista, acompanhadas de café árabe.

Foi também em Londrina, onde vive uma importante parte da comunidade árabe, que recebi de Nadia Abib Sahão um pote cheio de maamul, um doce de semolina recheado de nozes. Expliquei para Nadia que tinha que pegar um avião para São Paulo naquela mesma tarde e não conseguiria embarcar com quilos de comida. Não adiantou muito. Saí com um pote de marmita cheio de doces. Ainda bem. Duraram dias. A massa de semolina se esfarelava na boca. A água de flor de laranjeira envolvia as nozes do recheio como um perfume tão, tão necessário.

A água de flor de laranjeira é um desses ingredientes mágicos da cozinha árabe. Coisa de alquimista. É resultado da destilação de folhas de laranja-azeda. Muita gente reclama, diz que tem gosto de perfume. É um hábito adquirido. Para mim, tem gosto de Líbano, de cedros e da história da imigração.

Tive ainda outro encontro com o maamul de Nadia. Um dia, seu filho Ricardo me escreveu pedindo meu endereço em São Paulo. Explicou que eles estavam na cidade porque ela tinha que passar por uma cirurgia. Nadia fazia questão de, a caminho do hospital, me entregar mais um pote de docinhos.

A vantagem de comer na casa dos outros é que, na intimidade, o cardápio muda. Não é que existam receitas secretas. É só que, no processo de comercialização, a comida árabe se simplifica bastante. Os restaurantes investem naquilo que os consumidores conhecem e identificam como uma certa tradição culinária. O mesmo parece ter acontecido com os italianos, aliás — se a gente pensar bem, não são servidas tantas variedades de massas e molhos nas cantinas. Outro exemplo são os restaurantes brasileiros no exterior, especializados em feijoada, churrasco, pão de queijo e coxinha. Sabemos que existe muito mais no nosso vernáculo: picadinho, quiabo, tacacá, torresmo de rolo...

Por isso, se um árabe lhe convidar para comer em casa, aceite. É capaz que tenha uma boa surpresa, como a que eu tive quando visitei Hind Khouri e sua filha Dolly em Ribeirão Preto. Hind nasceu em Baino, no norte do Líbano, em 1936. Seu marido Rateb, que morava no Brasil, foi até a terra natal procurar uma mulher — e a desposou. Ela o acompanhou na mudança para o interior de São Paulo. Moraram um tempo em Barretos, onde Rateb foi um dos criadores da famosa Festa do Peão, e depois se assentaram em Ribeirão Preto.

Enquanto conversávamos, Hind e Dolly me serviram o básico: esfihas abertas de carne. Básico é um jeito de dizer. Hind tinha passado a manhã preparando o quitute, que estava apetitoso. Um dos segredos, disse, foi abrir a massa com os dedos usando manteiga clarificada em vez de farinha. Depois, equilibrado na bandeja, veio um bom café turco, com gosto de borra. Então, como quem revela um segredo, as duas me apresentaram a um dos doces típicos do vilarejo de Hind, que eu nunca tinha visto antes: smit halib.

O nome quer dizer, na tradução literal, "semolina e leite". São seus dois ingredientes, fervidos até dar o ponto. O preparo esfria em uma travessa até chegar na consistência de uma maria-mole. Então vem o golpe de mestre: o doce é cortado em quadrados e frito na manteiga. O resultado é uma crosta crocante que, de um jeito inesperado, recorda o exterior de um queijo coalho na grelha, desses vendidos na praia. Por fim, tudo é regado com uma mistura de água e açúcar.

Passei dias pensando nesse quitute e tentei, em vão, encontrar mais informações a seu respeito. Um colega que pesquisa a história da comida árabe mencionou um doce parecido que sua família preparava em Alepo e que chamavam de baklava frangieh — a segunda palavra quer dizer "francês" e, em um sentido mais amplo, "europeu". Mas tampouco encontrei muita coisa sobre essa versão. Por ora, só posso recorrer à memória de Hind e às histórias que ela trouxe consigo da vila.

Penso, então, em todas as receitas árabes que nunca vamos provar.

O contraste entre a comida caseira e a de restaurante nos diz um bocado sobre o processo histórico da imigração árabe. Isso é algo que Leila, a chef do Arábia, percebeu quando um dia uma cliente a chamou à mesa do restaurante para prosear. A mulher tinha estranhado que Leila servisse faláfel, um prato que, para ela, não era digno de estar no cardápio de um restaurante chique. "Na minha casa a gente não comia isso", disse para a chef. Como quem fala: "Nós não éramos pobres, não!".

O faláfel é um bolinho vegetal frito. Leva fava, grão-de-bico ou uma combinação dos dois. É bastante típico no Oriente Médio, aparecendo, por exemplo, em sanduíches. No Brasil, porém, não é a primeira coisa em que a gente pensa quando fala em comida árabe. Vencem, na nossa imaginação, pratos como quibe, esfiha, kafta, homus e coalhada seca. O faláfel teve uma popularização mais tardia e mais limitada, associada muitas vezes à cozinha vegetariana e aos refugiados sírios do século 21.

Uma das explicações para isso é o fato de que, quando os árabes abriram seus primeiros restaurantes no Brasil, privilegiaram os pratos que consideravam mais nobres. "Tinham essa coisa de querer se lembrar daquilo que era tido como melhor", Leila diz. O mais nobre, no contexto sírio e libanês, era a carne — ainda mais para quem tinha imigrado no começo do século 20, uma época de carestia e fome. O quibe cru, então, preparado com um bom corte, era uma coisa excepcional. Como comer foie gras hoje, talvez. Então a inclusão do faláfel no cardápio do Arábia é quase um gesto político, um retorno às tradições mais populares. Por isso Leila respondeu assim à cliente desgostosa: "Seu avô, assim como o meu, queria esquecer sua origem pobre, camponesa". Como quem afirma: "Já eu não quero esquecer".

A necessidade de um árabe-brasileiro de se distinguir dizendo que não come faláfel em casa é interessantíssima. Esse bolinho de grão-de-bico é uma comida cotidiana no Levante, onde não está atrelado de maneira tão clara a um status social. A disputa em torno do faláfel, no Oriente Médio, não é por classe — e sim por nacionalidade. Circulam ali diversas narrativas em torno de suas origens e de a que povo, afinal, pertence a receita.

Os israelenses, que estabeleceram seu Estado em 1948, incorporaram o faláfel à sua cozinha nacional. Comem o prato com bastante frequência e o servem em todo o país. Um dos estabelecimentos mais famosos é o Moshiko, à rua Ben Yehuda, em Jerusalém. Jovens fazem fila, durante as suas noitadas, para comprar um sanduíche de faláfel, repolho e batata frita.

A questão é que o faláfel é muito mais antigo do que o Estado israelense e a imigração em massa de judeus para a Terra Santa, que começou apenas no fim do século 19. Antes disso viviam ali, havia séculos, os palestinos, que comiam faláfel diariamente. Vale dizer que, em 1941, a prefeitura de Tel Aviv tentou inclusive proibir a venda de faláfel nas ruas porque o prato era tido por imigrantes judeus como pouco higiênico e saudável.[52] A conexão visceral entre Israel e faláfel, portanto, é mais recente.

É compreensível a fúria palestina em ver um elemento tão típico de sua cultura ser associado à nacionalidade do país cuja criação os expulsou de sua terra. Mas o faláfel talvez não seja nem palestino nem israelense. É provavelmente egípcio, dizem os pesquisadores que se debruçaram nos arquivos. Tem quem diga que remonta ao tempo dos faraós, o que parece um exagero, além de não estar baseado em nenhum registro documental. Os cristãos egípcios, chamados de coptas, afirmam que foram eles os inventores, ao criar um prato para comer durante a quaresma.[53] Já o historiador Farouk Mardam-Bey e o jornalista Paul Balta dizem que as primeiras menções inequívocas ao prato aparecem em documentos posteriores à invasão britânica do Egito em 1882.[54] A teoria deles é de que os soldados ingleses sentiam falta dos bolinhos de vegetal que comiam na Índia, por onde tinham passado antes em sua sanha colonizadora, e pediram a cozinheiros egípcios que replicassem a receita. Eles o fizeram, só que usando os ingredientes disponíveis no seu país. O faláfel, no Egito, também é conhecido como taamiya.

Não sabemos, por ora, se isso é verdade. Mas, nessa versão, foram os moradores da costeira Alexandria quem primeiro prepararam o faláfel. De seus portos — onde no passado se encontrava o Farol de Alexandria, uma das maravilhas do mundo antigo — o prato teria se espalhado pelo Mediterrâneo, chegando à Palestina, onde até hoje trava batalhas existenciais.

Essa batalha, diga-se de passagem, envolve outros pratos. Israel é o resultado da imigração de judeus de diferentes partes do mundo, com diferentes tradições culinárias. O trabalho de desenvolver uma identidade nacional envolveu, como em todos os outros lugares, a invenção de coisas em comum, compartilhadas por todos os cidadãos. Um dos pratos mais clássicos do café da manhã israelense, por exemplo, é a shakshuka — ovos cozinhados em cima de vegetais e um molho bem temperado. Mas as primeiras menções à shakshuka no contexto israelense aparecem apenas em um livro de receitas de 1962.[55] O prato veio da Tunísia com imigrantes judeus. Não à toa, quando o *New York Times* publicou uma receita de shakshuka em 2013, descrevendo-a como israelense, o jornal recebeu centenas de reclamações.[56] Tinha apagado o vínculo norte-africano desse preparo.

Uma vez presenciei um episódio bastante elucidativo desse fenômeno. Quando morava em Jerusalém, às vezes contratava uma jornalista palestina chamada Nidal para me ajudar a agendar entrevistas. Viajamos juntos por toda a região, de carro, ouvindo música libanesa dos anos 1990. Eram clássicos como "Nour el ein", que tocava na novela *O clone* e dizia: "*Habibiii, habibiii, habibii ya nur al-ayn*". Pois um dia, na Cisjordânia, paramos para comer um lanche em um restaurante de beira de estrada. Nidal pegou o cardápio e arregalou os olhos. Apontou para o nome "salada israelense" e começou a gritar: "Roubaram nossa terra, mas não vão roubar nossa comida!". Pegou uma caneta de sua bolsa, riscou e escreveu "salada árabe" em cima. Um gesto simbólico, sem efeito no mundo real? Talvez. Mas foi a maneira que ela encontrou naquele momento de pôr sua teoria política em prática.

Por causa dessa vontade de servir em seus restaurantes apenas o que tinham de mais nobre, Leila conjectura, os árabes também demoraram para colocar o fatouche nos cardápios. O fatouche é uma salada feita de folhas verdes e alguns vegetais, como tomate, pepino e rabanete, cortados em pedaços maiores do que os do tabule. Em cima, vão restos de pão sírio tostado, chamados de fatteh em árabe — daí o nome, que leva a terminação "ouche" do turco. "É um prato de aproveitamento, que nem um pudim de pão", diz. Segundo Leila, o Arábia, que abriu em 1987, foi o primeiro restaurante a servir fatouche. Os outros começaram a inserir o prato no cardápio somente meses depois, afirma. Dizer que é um prato de aproveitamento, claro, não implica em um julgamento de sua qualidade. São os restos de pão que dão a textura crocante dessa salada, mas Leila ainda acrescenta melaço de romã, zátar e sumagre, que não são nem fáceis de achar nem baratos. "Não é *qualquer* aproveitamento", diz.

Há pratos que, ao contrário do faláfel e do fatouche, ainda não venceram os preconceitos no Brasil. Em especial, aqueles que Leila descreve como "camponeses". A chef menciona o kishk, uma espécie de farinha de rosca azeda, por exemplo. Conta que no Líbano sua família levava um mês para prepará-la. Primeiro, fermentavam coalhada fresca com bulgur e deixavam secar em um pano branco em cima da laje de casa. Quando estava pronto, punham mais coalhada e bulgur e iam esfarelando com a mão até obter a farinha. Era um ritual.

A família de Leila comia o kishk com outro prato tradicional que, no Brasil, não recebeu muita atenção: a awarma. A awarma é uma carne em conserva típica das montanhas da Síria e do Líbano, como um confit. O primeiro passo é separar as partes menos nobres da carne (digamos, o que não entrou no quibe). Depois, fritar a gordura até ficar liquefeita, um óleo. "Quando você vê que não tem mais água, joga a carne", Leila explica. Frita-se na própria gordura com sal. A awarma é armazenada, por fim, em jarras. A ideia é ter um estoque para ir comendo durante o ano, misturando com kishk. "É a coisa mais camponesa, eu amo."

Outra refeição de que me lembro bem foi a que a família Temer me ofereceu em Btaaboura, um vilarejo no norte do Líbano. Eu estava ali para conversar com Nizar, primo do ex-presidente Michel, para a pesquisa de meu livro anterior. Já tinha visitado os Temer de Btaaboura um bocado de vezes e, em todas elas, recusei o convite para ficar para o almoço.

Existem rituais complexos em torno dessas refeições, com os quais sempre me embananei. O anfitrião sempre convida e o hóspede tem a obrigação de — a princípio — recusar. Seguem-se idas e vindas até que por fim aceite. Tudo isso está inserido em um contexto cultural no qual os donos da casa expressam sua generosidade, uma qualidade valorizada por meio da comida.[57]

No meu caso, as recusas eram resultado de minha timidez. Também pesava a minha avaliação de que a família penava para trabalhar no campo em tempos de crise financeira. Eu não queria prejudicá-los. Mas entendi, depois de algum tempo, que os Temer queriam mesmo que eu ficasse. Então eu disse que sim, almoçaria com eles.

Esperei na varanda com os homens da casa, em meio ao perfume das flores de jasmim que se abriam nos ramos do jardim. Enquanto isso, as mulheres preparavam a mesa, distribuindo porções fartas de pão sírio, homus, tabule, berinjela recheada com arroz, frango grelhado e batata frita. Mas, de tudo isso, o que mais me marcou foi o tum, uma pasta de alho típica do Levante. É uma mistura de alho, limão, óleo e sal, com a consistência parecida com a da maionese. Funciona como acompanhamento para quase tudo — menos para o beijo. Naquele dia, besuntei o frango com a pasta esbranquiçada e de sabor pungente, limpando a boca, no ínterim, com goles anisados do araque que a família tinha destilado em casa. Um tesouro.

O araque aparece também na qualidade de tesouro em um delicioso episódio literário de meados do século 20, no Brasil.

Em um dia de 1962, Nicolas Maluf visitou seu primo Chafic Maluf, que tinha acabado de chegar de uma viagem pela Europa. Devem ter conversado sobre poesia. Os dois eram poetas, afinal. Chafic, em especial, era uma referência entre os sírios e libaneses de São Paulo. Seu poema épico *Abqar*, de 1936, foi um marco da literatura árabe produzida no Brasil. É estudado hoje na terra natal dos Maluf, o Líbano. Ao final da reunião, a esposa de Chafic se aproximou de Nicolas. Chamava-se Rose. Tinha a fama de ser uma das mulheres mais extraordinárias da colônia; Chafic dizia que colhia estrelas no céu para amaciar seu travesseiro antes de dormir.

Rose deu um presente para Nicolas: uma garrafa de araque de Zahle, terra daquele ramo da família Maluf, que não é o mesmo do ex-governador de São Paulo. Nicolas ficou bem contente. Sabemos, afinal, que ele gostava bastante de beber. Tanto que alguns anos depois, em 1973, publicou um livro de poemas chamado *Beldades e vinho*. Nicolas ficou tão contente, aliás, que nem quis abrir a garrafa. Guardou para uma ocasião especial. O dia chegou algum tempo depois, quando ele reuniu outros escritores em casa. Qual foi sua surpresa, porém, quando levou o copo à boca. Não era araque, e sim água de rosas.

Nicolas diz que nem cogitou que Rose pudesse ter lhe dado um golpe. Tampouco pensou que ela tivesse se enganado. Ambas as hipóteses eram impossíveis para aquela mulher, idolatrada na comunidade. Segundo a história, uma espécie de realismo mágico, Nicolas decidiu que a única explicação possível era que a poesia inerente a Rose tivesse transmutado o araque em água de rosas, um milagre bíblico atualizado — e escreveu versos em árabe contando a história.

Seu poema "Muqattifat al-nujum", ou "Colhedora de estrelas", saiu em 1965 na revista *Etapas*, que a comunidade publicava em árabe em São Paulo. Fez tanto sucesso que outros poetas da colônia decidiram glosar sobre o mesmo tema e foram, um a um, enviando os próprios versos sobre a metamorfose do araque em água de rosas. Os poemas foram mais tarde compilados no livro *Muqattifat al-nujum*, publicado em 1970 pela editora da mesma revista. O volume inclui cerca de oitenta contribuições, vindas em sua maioria da comunidade no Brasil, mas também de outras partes da diáspora, como dos Estados Unidos.[58]

Eis parte do poema de Salomão Jorge, que dá uma boa ideia do tom da coletânea:

Durou pouco esta alegria!
Na garrafa não havia
Vinho, mas néctar de rosas!
Não havia o rei dos astros imortais,
Não era mais o fogo encarcerado,
Mas jardins ao luar, o bulbul [rouxinol], os rosais!

E eis também um trecho do poeta brasileiro de origem árabe Jamil Almansur Haddad, que compara o milagre de Rose ao bíblico:

Que o verso consagre
O esplêndido milagre.
O milagre imprevisto:
Quem vai fazê-lo ao certo Rose ou Jesus Cristo?
Certo. Cristo mudou a água em vinho.
Porém, Rose mudou na própria rosa o espinho.

A culinária tem desses milagres. Araque que vira água de rosas, coisas assim. Apesar do apego à tradição, a comida árabe se transformou no Brasil. Sua história é também a da reinvenção da memória.

A transmutação do carneiro

Quando morei em Beirute, em 2015, eu dividia a casa com alguns estudantes franceses. Era quase uma comuna. A gente tinha uma caixinha em que todo mundo depositava seus trocados e que servia, uma vez por semana, para comprar comida e produtos de limpeza. Havia também um cronograma, em que cada dia um de nós era responsável por cozinhar. O francês Simon, que tinha crescido em Damasco, era o melhor da turma. Ele preparava uma mjadra deliciosa, que servia com iogurte.

Por algum tempo, abrigamos uma refugiada síria em nossa comuna. Fátima tinha fugido de Homs, uma das cidades mais afetadas pela guerra civil de 2011.[1] Sonhava em cruzar o Mediterrâneo e se instalar na Europa, para onde se dirigiam centenas de milhares de seus conterrâneos. Enquanto esperava o melhor momento para a perigosa travessia, recebeu um presente de sua família, que ainda morava em Homs. Seu pai tinha conseguido contrabandear um pote de quibe frito no meio da guerra, de Homs até Beirute, para que Fátima pudesse provar o sabor da terra perdida e cruzar a fronteira na imaginação. A comida servia, naquele caso, da mesma maneira que serviu aos imigrantes árabes no Brasil no começo do século 20: como um bálsamo.

Fátima fez questão de dividir o quibe conosco. Sentamos à mesa com uma formalidade que geralmente não tínhamos. Com grande expectativa, dei a primeira garfada. Não era o que eu esperava. O pai de Fátima tinha preparado o quibe da maneira tradicional, isto é, com carne e gordura de carneiro. Não é, que fique claro, que estivesse ruim. Mas não era de modo algum o que eu esperava. Não tinha o sabor que eu associo, no Brasil, ao quibe. Para disfarçar o gosto, comecei a adicionar colheradas de iogurte em cima da carne. Simon por fim percebeu e, de modo discreto, começou a comer do meu prato. Nunca precisei fazer desfeita. Fátima foi embora algumas semanas depois. Conseguiu um visto de estudante e foi viver na Alemanha.

Enquanto no Oriente Médio há uma boa oferta de carne de carneiro, no Brasil é mais comum usar a bovina.[2] Mesmo Samir Cauerk Moysés acabou cedendo ao montar o cardápio do seu restaurante, o Folha de Uva. Todo o cardápio se baseia no que o avô Elias servia no restaurante Oriente & Ocidente no começo do século 20 — exceto o quibe. Como quase todos os outros patrícios, Samir trocou a carne de carneiro pelo típico corte bovino patinho. "É a única concessão que me permito na culinária do meu avô", afirma.

Nadia Abib Sahão também cedeu ao escolher que receita de quibe incluir em seu livro. "A vida inteira o quibe foi de carneiro", diz. Mas, no Brasil, era mais difícil encontrar essa carne. E ainda mais complicado saber sua procedência, algo fundamental para um prato que muitas vezes se come cru. Nadia diz, por fim, que o carneiro rendia menos do que a vaca na hora do preparo. Acabou mudando a receita e transmitindo-a nessa nova versão para os seus leitores.

A substituição da carne de carneiro pela de vaca aconteceu também, em certa medida, na terra natal e em outras partes da diáspora. Mas foi em lugares como o Brasil que essa transmutação tomou uma imensa importância. É um dos fenômenos centrais da formação da culinária árabe do país. O fato de que imigrantes e descendentes ainda preparam o prato reflete seu apego ao passado. Por outro lado, a substituição do ingrediente sinaliza uma aquiescência ao presente. Desaparecem o carneiro das escarpas médio-orientais e as imagens de pastores descansando debaixo de uma oliveira; entram o boi do Centro-Oeste brasileiro e os peões tocando o berrante para saudar o menino da porteira.

O vilarejo libanês de Mdoukha, onde Leila Kuczynski passou parte da infância, nem tinha açougue. A chef do restaurante Arábia diz que em sua casa só comiam carne quando o pai abatia um carneiro. Daí comiam todas as partes do bicho. Miolo, cérebro até. "Não desperdiçávamos nem o berro", conta. Era com essa carne que preparavam o quibe. Na brasa, a gordura do carneiro derretia. "Tem um sabor muito característico que é bem camponês", Leila diz. Às vezes, ela ainda prepara assim, em casa, quando alguém pede. Mas, como Samir e Nadia, adotou no Brasil a carne de vaca, adaptando o texto da receita ao contexto da terra de emigração.

Leila não cedeu em tudo, porém. Diz que não gosta, por exemplo, de pôr a carne no processador, como seus parentes fazem no Líbano. Trabalha com a carne moída mesmo. Menciona, como muitos outros dos meus entrevistados, o mítico moedor da marca Lica. É uma engenhoca vermelha com um funil prateado. Muitos patrícios recorriam a ele para preparar o quibe no Brasil. "Nunca me esqueço de quando meu pai chegou em casa com a máquina", lembra. "Fazia mais barulho do que um trator."

Cada família tem seu quibe. São texturas, formatos e sabores diferentes. Cores também. Na casa da minha amiga Juliana

Kalil Gragnani, o quibe é verde. E eles nem sabem bem o que levou a essa revolução cromática. O prato chegou até eles de maneiras inesperadas, por uma árvore genealógica que misturava a Europa com o Levante.

A tradição culinária dos Kalil começou com uma mulher de origem italiana casada com um libanês. Ela aprendeu a preparar comida árabe para fazer um chamego ao marido. Mais tarde, ensinou sua nora Anna Lydia, que também era de família ítala e, do mesmo jeito, queria agradar o cônjuge. Em algum momento desse processo, o quibe se esverdeou.

O segredo — que fui autorizado a divulgar — é que a receita leva uma quantidade inaudita de salsinha. Vai meio maço da erva para meio quilo de carne moída. Como se não bastasse, o quibe de Anna Lydia pede também um maço inteiro de hortelã. Se for servido cru, o prato brilha como uma esmeralda. Caso passe pelo forno, perde um pouco da cor, mas segue vicejante. Fica com um gosto mais aromático, mais temperado. Traz, também, aquele sabor de história que não tem explicação. Sabor de coisa que significa muito para alguém.

Já na casa de Mario Roberto Rizkallah, o quibe era mais vermelho do que o habitual. Isso porque sua mãe Alice Abbud, que tinha imigrado de Homs no começo do século 20, somava pimentão à mistura. A receita tradicional não pede esse legume, mas, também de algum jeito que escapa à história, o deles ficou assim: rubi. O pimentão era picado pequeno, a ponto de desaparecer entre a carne crua e o bulgur, e mudava a textura e a cor do prato.

Mario Roberto, de 72 anos, acessa essa memória enquanto conta a história da família. Está em seu escritório na Casa da Boia, a icônica loja de metais no centro de São Paulo. A Casa da Boia foi inaugurada por Rizkallah Jorge, o avô de Mario Roberto, em 1898. Rizkallah Jorge tinha imigrado também de Homs, vindo de uma família de metalúrgicos armênios. Aquela região da cidade já se firmava como o bairro dos árabes na época. Com suas fábricas, onde entortava metais, Rizkallah Jorge foi um dos responsáveis pela urbanização paulistana do início do século.[3] O negócio passou para as mãos de seu filho, Salim. Por sua vez, Salim foi substituído pelo próprio filho, Mario Roberto.

A família recentemente restaurou a loja, localizada na rua Florêncio de Abreu, 123, um endereço fácil de lembrar. Também recuperaram o andar de cima, onde Rizkallah Jorge morava. Devolveram a residência ao final do século 19, com seu pé-direito alto — e as memórias de metais e de um quibe cru escarlate.

Não foi apenas a carne de carneiro que se transformou nos nossos trópicos, desafiando as tendências culinárias conservadoras da comunidade. Os hábitos alimentares foram mudando de maneira geral, incorporando ingredientes e locais e também modos de preparo. Os árabes foram se misturando à sociedade brasileira, e a sua cultura culinária reflete isso. Depois de imigrar para a Bahia, por exemplo, Daid Hage Salume começou a comer feijão-mulatinho em vez das favas tradicionais do Oriente Médio.[4] Outros imigrantes e descendentes passaram a usar castanha-do-pará no lugar das amêndoas e castanhas em seus docinhos. São pequenas mudanças circunstanciais que dão corpo à culinária árabe-brasileira.

Clenise Maria Reis Capellani dos Santos sugere, em sua dissertação de mestrado sobre os árabes de Foz do Iguaçu, que a comida permitiu a negociação de sua identidade na sociedade local. Isso só foi possível porque a alimentação não é uma coisa imutável. É, em vez disso, mole como a massa de uma esfiha. Molda-se. Assim, a comida árabe não representa uma identidade fixa, mas algo ressignificado "hodiernamente frente a muitos elementos da vida cotidiana", nas palavras dela.[5] Na cozinha, identidades se reinventam.

Uma das minhas invenções prediletas é a harissa de Leonor, avó da jornalista brasileira de origem síria Jô Hallack. A harissa, conhecida como namura ou basbussa, é uma sobremesa de semolina — uma espécie de bolo, mas com uma consistência mais densa e pesada. As fatias são cortadas em losangos e decoradas com uma amêndoa cada uma. Um xarope doce é jogado em cima e, quando seca, deixa tudo brilhante. Servido à mesa, parece um tabuleiro de joias, de âmbares cintilantes. A versão de Leonor incorpora um dos ingredientes centrais da cultura brasileira: leva mandioca em vez de semolina. Um adendo: há duas outras coisas chamadas de harissa na cozinha árabe, o que acaba confundindo muita gente. A primeira é uma sopa de trigo e galinha. A segunda é um tempero típico do Norte da África.

Quando mencionei meu interesse por essas receitas levantinas adaptadas aos trópicos, a pesquisadora Heloísa Abreu Dib Julien se entusiasmou. Ela é uma das responsáveis pelo projeto de recuperação da história dos árabes no Brasil, por meio da digitalização de acervos familiares e comunitários. Lembrou-se de que sua avó Afifi, que veio da cidade síria de Homs, costumava preparar um sambusek abrasileirado.

O sambusek é uma espécie de pastel árabe em formato de triângulo ou meia-lua. Tem uma história longuíssima e deliciosa. Parece ter surgido na Pérsia, no atual Irã, de onde vem o nome *sanbosag*, que designa uma coisa triangular. Foi esse termo que deu origem à palavra *sambusek* — e também à versão vernacular indiana, a samosa. O prato é tão antigo que poetas medievais escreveram sobre ele. É o caso de Ishaq al-Mawsili, que viveu no século 9 em Bagdá durante o Califado Abássida, na era de ouro da civilização árabe-islâmica.

Mawsili era um dos poetas da corte do califa Harun al-
-Rashid, cujo reinado é celebrado nas *Mil e uma noites*. Até aparece em algumas histórias de Sherazade, tamanha sua influência. "Se quiseres saber qual comida me dá mais prazer, deixe
que eu lhe conte", começa o seu poema sobre o sambusek. Os
versos descrevem ingredientes ("a carne mais nobre, vermelha,
suave ao toque"), temperos (canela, coentro, cravo, gengibre,
cominho) e modos de preparo (refogar até a água desaparecer).[6]
O fato de Mawsili ter dedicado um poema ao prato indica a sua
centralidade para a cultura abássida. Dali, o pastelzinho parece ter viajado até a corte dos sultões indianos em Delhi por
volta do século 13, onde também inspirou poetas. No século seguinte, o maior viajante árabe da história, Ibn Battuta, incluiu
o prato na sua descrição do subcontinente indiano. A receita já
era diferente na época da sua visita: agora incluía ingredientes
como amêndoas, pistache e nozes.

Pratos não são mesmo coisas estáticas. Tanto que d. Afifi
incluía uma pitada de Brasil na sua receita. Ela usava semente
de amburana, uma árvore que cresce em diversos biomas locais,
como a caatinga, o cerrado e a Mata Atlântica. Afifi punha as
sementinhas de molho, tirava a casca, deixava-as secar no forno, triturava-as e guardava tudo num pote. Usava pouco, quando cozinhava, dado o seu sabor forte, um pouco adocicado.

Quem sabe um poeta brasileiro não se anima, um dia, a glosar sobre esse prato também, à maneira de Mawsili.

Em Belo Horizonte, conversando com o libanês Gaby Madi,
me deparei com outra saborosa invenção árabe-brasileira. Eu
tinha chegado até ali um pouco por acaso. Conhecia Edgard,
irmão de Gaby. Edgard é o bispo dos maronitas no Brasil. É,
pois, um símbolo para essa comunidade religiosa, cuja sede
está na Catedral Nossa Senhora do Líbano, no bairro paulistano da Liberdade. Há detrás do altar uma pintura — já icônica

entre a comunidade — da Virgem Maria e de cedros libaneses. Gaby, por outro lado, é um símbolo da culinária árabe-mineira. Ele é dono da rede de restaurantes Vila Árabe, bastante conhecida no estado.

Gaby me recebeu em uma de suas filiais, pediu que eu sentasse em uma grande mesa redonda e se pôs a resolver pendências do restaurante. Funcionários vinham e iam, consultando-o. Conversamos nos ínterins. Soube, assim, que ele imigrou para o Brasil em 1967. Um tio seu que morava no Brasil havia décadas estava de visita em Beirute e o convidou para voltar com ele para Belo Horizonte. Gaby, que tinha cerca de dezenove anos, aceitou a oferta. Trabalhou com o tio por algum tempo na sua empresa de geladeiras, mas queria mesmo era ter seu próprio negócio. Nos anos 1980, abriu os botecos Lorde Lanche e Lanche Cidade. Servia comida brasileira em ambos. No final da década, abriu seu primeiro restaurante árabe, o Tenda do Sheik.

Foi só em 1998 que Gaby inaugurou o Vila Árabe, com que faria fama entre os mineiros. Trouxe um chef libanês para passar três meses em Belo Horizonte e ajudar nos preparativos. Foi o chef quem ensinou os segredos do pernil de cordeiro, do arroz com frango e do quibe assado. A mulher de Gaby participou também, tanto trazendo receitas quanto botando a mão na massa da esfiha. "Eu queria que fosse tudo perfeito", o empresário diz. É uma ideia que ele repete durante a conversa: a de que tudo tem de estar nos conformes para dar certo.

Pois deu. O Vila Árabe tem hoje vinte unidades. Para dar conta do volume de comida do império, Gaby construiu uma cozinha central e uma panificadora. Tem mais de quinhentos funcionários. Mostra no celular como consegue observar toda essa estrutura por meio de câmeras de segurança integradas ao aparelho, como se estivesse em todos os lugares ao mesmo tempo, uma verdadeira divindade culinária. Enche o peito para falar de um forno que assa 580 esfihas de uma só vez. É uma máquina necessária, já que ele vende cerca de 6 mil delas por dia.

O sucesso no ramo culinário foi revertido em influência social. Gaby virou uma figura-chave na cidade. Foi presidente do Clube Libanês de Belo Horizonte, um importante centro social cuja sede foi idealizada pelo arquiteto Oscar Niemeyer. Presidiu também a Fundação Libanesa de Minas Gerais.

Gaby me deixa esperando enquanto improvisa reuniões com funcionários e fornecedores, que vão se alternando na nossa mesa. Insiste que, enquanto isso, eu volte uma, duas, três vezes ao bufê e me sirva de mais e mais comida. Quer que eu prove de tudo. Em especial, da rabada, o guisado brasileiro de que tanto gosta, a ponto de servi-lo no restaurante árabe ao lado de quibes e esfihas. Mas o que mais me chama a atenção é seu tum. A pasta de alho libanesa do Vila Árabe é diferente das outras que provei, mais suave e cremosa. Continuo me servindo, tentando desvendá-la, até que Gaby me explica: tem catupiry na receita.

A invenção é brasileiríssima. O catupiry é uma marca de requeijão cujo nome vem do tupi "katupyryb", que significa "muito bom". A empresa surgiu em 1911 — também em Minas Gerais —, na estância hidromineral de Lambari. Era propriedade de um casal de imigrantes italianos. Como esse queijo cremoso italiano foi parar na receita libanesa de alho? Gaby levanta os olhos das contas em cima da mesa e diz, como se fosse um *fiat lux*: "Veio da minha cabeça".

O pesquisador brasileiro Murilo Meihy chegou a cunhar o termo "lógica da esfiha de frango" para falar sobre esse hibridismo culinário, sugerindo que a introdução do frango no quitute árabe tem um poder explicativo sobre toda a história da imigração. Meihy diz que, em algum momento do início do século 20, os cozinheiros começaram a reaproveitar os restos de frango desfiado que não tinham usado nas tradicionais coxinhas colocando-os na massa de esfihas. Nasceu, assim, um prato ao mesmo tempo árabe e brasileiro. "A esfiha de frango é a cara do Brasil", Meihy afirma, e completa dizendo que "a passagem da coxinha para a esfiha de frango é uma boa alegoria do processo de integração da cultura trazida pelos imigrantes libaneses para o Brasil."[7] Não apenas libaneses, diga-se de passagem, mas também sírios, palestinos, iraquianos, egípcios...

Só que a criatividade brasileira não se restringiu ao frango desfiado. A rede de fast food Habib's, por exemplo, vende esfihas folhadas de goiabada e diversos chocolates de marca: M&M's, Negresco e Alpino. Em 2022, a casa ofereceu por tempo limitado uma variedade com doce de leite. É um fenômeno parecido com o que acontece com a pizza em São Paulo, que ganhou cobertura de coisas como sushi, ou com o icônico porco-pizza, que é basicamente uma pizza preparada em cima de um leitão. Voltamos, nesses casos, à questão da tradição e da autenticidade. Consta que o restaurante A Tal da Esfiha, em Juiz de Fora, foi criticado pela comunidade árabe local por incluir esfihas doce no cardápio (tem de chocolate, banana e morango, todas acompanhadas de uma bola de sorvete).[8]

Nesse cenário, talvez fosse melhor Meihy ampliar sua metáfora e falar em uma "lógica da esfiha abrasileirada".

E abrasileiramos muito a culinária árabe durante o século 20. Não foram só os grandes pratos, nem aconteceu apenas nas metrópoles do país. Imigrantes árabes levaram suas receitas de família — coisas que só se faziam em seus vilarejos no Levante — para o interior do país, onde se transformaram. No oeste paulista, por exemplo, surgiu uma receita única: o taleme de Bariri, que leva o nome da sua cidadezinha paulista de nascença. É uma história que Miriam Stevanato Jacob, de 42 anos, conta com orgulho. Orgulho e receio de que o taleme — tão associado à sua família — se perca no emaranhado do tempo, conforme os anciãos da comunidade vão partindo e levando com eles um conhecimento mais valioso que pedra preciosa.

O avô paterno de Miriam imigrou nos anos 1920 de Marjayun, no atual Líbano. Chamava-se Ibrahim Ayash, nome que aliás abrasileirou: virou Abraão Jacob. Chegou ao Rio de Janeiro no navio *Mafalda* e rumou para o oeste paulista. Conheceu Judith, filha de libaneses de Ibli al-Saq, que já tinha nascido por essas bandas. Casaram-se e montaram um armazém em Bariri, uma cidadezinha próxima a Jaú e Bauru. Geraram seis filhos. Então Abraão, por desventura, morreu cedo, nos anos 1950, deixando Judith sozinha para criar toda a prole. O armazém logo fechou e ela teve de se ajeitar como pôde. Começou a fazer pão folha em casa e vender pela cidade.

Miriam chegou a ver como sua avó Judith preparava o pão em casa. Ela tirava a aliança — que usou até morrer — e sovava a massa em uma bacia de alumínio. Dividia em bolinhas, colocava para descansar em cima de um pano do lado de fora de casa e, baixinho, abençoava cada uma. Fazia, devagar, uma cruz usando a lateral externa do dedo mindinho. A cruz, é claro, sumia quando a massa crescia. "Essa era a magia", Miriam diz. Que o encanto se incorporasse sem deixar vestígios visíveis. Não sabe o que a avó recitava, mas conta que era sabido que Judith fazia uma espécie de ponto riscado árabe em Bariri, como se fosse uma bruxa.

Com a massa abençoada e crescida, com a cruz já invisível, Judith abria cada uma na mão, em cima de uma almofada. Virava um tacho de ponta-cabeça no fogo, com a superfície convexa para cima, e transferia a massa para a chapa improvisada. O pão ficou famoso em Bariri. As grandes famílias da cidadezinha, inclusive seus políticos, encomendavam fornadas e mais fornadas.

Sobravam rebarbas da massa, nas quais, agora sim, o grande feitiço acontecia. Judith usava os restos e montava uma espécie de esfiha fechada que chamava de taleme. Tinha uma massa fininha, como uma folha. Ela recheava com o que tinha na geladeira: carne moída, escarola, coalhada seca. Se não tivesse nada, punha açúcar e dava para as crianças, que davam risinhos de deleite.

O taleme é um prato único no Brasil. Mesmo no Líbano é difícil de encontrar, porque existe apenas em determinadas partes. Às vezes, se parece mais com uma ciabatta do que com a massa preparada por Judith. Talvez porque a dela era especial: levava fubá. A família não sabe bem de onde veio a receita. Parece que Judith aprendeu com as senhorinhas árabes de Bariri, mas ninguém faz ideia de onde a trouxeram. Os descendentes chegaram a fuçar a internet em busca de informações, mas encontraram pouca coisa. Também não há consenso sobre a inserção do fubá.

Mauro, que é filho de Judith e tio de Miriam, diz que a receita já veio assim lá do Líbano. Outros na cidade afirmam que é uma invenção local, aproveitando a farinha do milho que é tão típica da culinária caipira. O taleme de Bariri é, em outras palavras, um produto único daquela intersecção de dois interiores: o do Líbano e o de São Paulo. Tendo a essa segunda explicação, que faria mais sentido pelo contexto, mas deixo a história em aberto aqui.

A princípio, comia-se o taleme de Judith apenas em casa. Até que nos anos 1970 seu filho Ibraim, pai de Miriam, abriu o restaurante Baiúca na cidadezinha. Quis ter um diferencial e começou a servir o prato. A cidade foi absorvendo a receita, que se tornou um costume local. Costumes, no entanto, morrem como as pessoas (e com elas). Antigamente, diversas mulheres de Bariri vendiam o taleme. Hoje, vende-se só no supermercado da cidade e apenas em dias específicos da semana. O medo de Miriam é de que, em alguns anos, o taleme desapareça e, com ele, um episódio saboroso de sua própria história.

Provei o taleme de Bariri disponível no supermercado. Miriam diz que é menor do que o de sua avó, falecida em 1990. O que comi tinha o tamanho e formato de uma esfiha fechada. A massa, porém, era bastante dissemelhante. Mais fina e mais macia, com uma textura um pouco áspera e, no fundo, o sabor caipira do milho. Era como mastigar todo um processo social e cultural.

Ficaram, é claro, outras coisas de d. Judith, que Miriam chamou a vida toda de *sito* ("avó", no árabe dialetal falado no Líbano). Entre elas, uma muda retirada da sua antiga parreira. Cresce agora no quintal de Miriam e fornece folhas de uva para quem quiser fazer charutinho em Bariri. Miriam aprendeu com o pai a comer a ponta das garrinhas com que a parreira se prende nas superfícies — tem um gostinho azedo, diz. Outra coisa herdada foi o banco de madeira que está agora na casa de Miriam e onde seus gatos sobem para espiar através da janela. Dizendo isso, Miriam se dá conta do quanto está ficando parecida com a avó, que também se cercava de felinos. Está se transformando, como a esfiha.

Não existe uma família real no Brasil. Apesar das reivindicações de alguns Bragança, o país aboliu os títulos. Tampouco há realeza entre os árabes que se assentaram aqui, é claro. Mas, se houvesse, os títulos seriam sem dúvida da família Jafet. Esse clã brasileiro, que chegou ao país na virada do século 19 para o 20, representa um estandarte na história da comunidade árabe local e teve um papel importante na industrialização de São Paulo. Seu nome ainda hoje abre portas e estende tapetes vermelhos nos eventos da colônia. Isso sem contar que a família ilustra placas de rua, como a avenida Ricardo Jafet em São Paulo e a rua Cavalheiro Nami Jafet no Guarujá, entre outras.

Daí a importância dos documentos da família, que estão arquivados no Museu Paulista. Entre esses arquivos, há informações sobre a sua dieta. A caixa número 23, por exemplo, contém cardápios.

A maior parte desses menus são lembranças das viagens da família — coisas que os Jafet comeram como turistas.

Há, porém, dois itens excepcionais. O primeiro deles é o cardápio de um almoço oferecido por Eduardo Jafet e sua esposa, Ângela Jafet, em homenagem ao ministro libanês Charles Habib Malik em 5 de agosto de 1946.

Malik era um convidado e tanto. Um intelectual nascido no Império Otomano, no que mais tarde virou o Líbano, tinha acabado de ser nomeado embaixador nas Nações Unidas. Em 1948, pouco tempo depois daquele jantar, Malik foi um dos responsáveis por redigir a Declaração Universal dos Direitos Humanos, cujo famoso início todos conhecem ou deveriam conhecer: "Os seres humanos nascem livres e iguais em dignidade e direitos...". Foi também ministro da Educação e chanceler do Líbano. O jantar aconteceu em Washington, onde Malik e os Jafet estavam naquele momento.

Quando soube desse jantar, logo imaginei um banquete árabe com tudo o que se tem direito: homus, coalhada seca, babaganuche, charutinho de uva, quibe cru, quibe frito, tabule, kafta e esfihas mil. Os documentos históricos, porém, gostam de frustrar os historiadores. Os Jafet na verdade serviram coquetel de lagosta, frango à la king, batatas allumete, salada escoffier e cerejas flambadas. Era um cardápio moderno, com toques europeus e pratos que inclusive já saíram de moda.[9]

O segundo item excepcional da caixa 23 também é um menu. Desta vez, de um jantar dado no Palacete dos Cedros em 8 de agosto de 1934. Era a residência da família nuclear dos Jafet, construída em um terreno de 7 500 metros quadrados, contando com "28 dormitórios, uma dúzia de banheiros de mármore italiano, salões decorados com lustres franceses, móveis do

Liceu de Artes e Ofícios e afrescos encomendados a artistas italianos".[10] O jantar foi realizado para celebrar o casamento de Eduardo e Ângela, os mesmos que mais tarde se encontraram com Malik. Para beber, os noivos ofereceram xerez, porto, champanhe e laranjada, entre outras coisas. Para comer, serviram delícias como patê trufado, filé de linguado pescado no Guarujá e aspargos. De sobremesa, havia bolo, sorvete e fruta. De todo o cardápio, só duas coisas indicam a origem do casal: o dinde *à la libanaise* e o poularde *à l'Ypiranga*.[11]

O dinde *à la libanaise* é, na tradução literal, um peru à moda do Líbano. Não sabemos que receita eles usaram naquele dia, mas a ideia de cozinhar algo *à la libanaise* sugere ingredientes na linha de hortelã, páprica, iogurte e pepino. É um palpite. Já o poularde *à l'Ypiranga* é indecifrável. Poularde é um tipo de frango, mas não há nenhuma informação sobre o preparo à moda do Ipiranga — o bairro que os Jafet praticamente fundaram em São Paulo e cujos palacetes e fábricas costuravam o tecido social daquela época. *À l'Ypiranga* parece indicar uma receita da família, secreta, dessas que revelam intimidades dos aposentos reais. Cheguei a perguntar para um membro da família Jafet, de uma geração posterior, se ele tinha alguma ideia de como era o modo de preparo ipiranguense. Não soube dizer.

Existe uma expectativa injusta, e talvez desonesta, de que todos os árabes comam a comida que a gente identifica como árabe. Como se todo italiano se alimentasse de macarrão, todo espanhol, de paella, e todo japonês, de sushi. Os documentos da família Jafet servem, nesse sentido, como um lembrete de que eles estavam inseridos na sociedade paulista e se expunham, assim, a diversas outras culturas. Viajavam muito também, como atestam as caixas e mais caixas com folhetos turísticos, e viviam comendo fora, razão pela qual há também tantos cardápios.

A segunda caixa tem um caderno de receitas. Não está claro quem era o dono, porque as doadoras — Edméa, Edith e Elisabeth Jafet — registraram apenas que o conjunto entregue ao museu tinha pertencido a seus pais e irmãos, sem especificar nomes. A tentação é supor que fosse de Ângela, a mãe delas. Talvez pela expectativa de gênero. Seja quem for o autor, passou bastante tempo recortando e colando centenas de receitas de revistas em português, francês e inglês. Pela data de algumas delas, o processo deve ter ocorrido no início dos anos 1960 (a receita de carne assada com molho de fermento foi tirada da revista *Cruzeiro* de 21 de julho de 1962). Como no caso dos cardápios, essas receitas são, em sua grande maioria, de pratos de outras tradições. Muitos itens são da culinária francesa, o que fazia sentido para a época e a classe social da família. Mas há algumas receitas médio-orientais também, como kebab de fígado, quibe e charutinho.[12]

Já o caderno de receitas da caixa 5 é diferente, porque foi escrito à mão. Outra vez, porém, não há nome do autor nem data. Também como o outro livro, este tem quase apenas receitas internacionais. Muitas delas dão testemunho de um proprietário viajado e habituado a frequentar bons restaurantes. Há instruções para preparar gulache húngaro, um prato de carne picada e cozida. Constam também algumas receitas dos restaurantes Tour d'Argent (Paris), Chez Victor (Lima), Gianino (Milão) e Mrs. Paul (Nova York).[13]

Aberta, a caixa 7 revela ainda outro caderno de receitas, também escrito à mão. Ao contrário dos outros, está datado: é de 1943. Não há, porém, assinatura do autor ou autora. Mais uma vez, a maior parte dos pratos é internacional, como parfait de foie gras e frango ao molho curry. A exceção, aqui, é o que está grafado como "haleue de arroz". Não é o nome de um prato típico do Levante, que eu saiba, mas parece indicar uma espécie de arroz-doce. Algo curioso é que as instruções sugerem que o arroz seja cozinhado em xarope até a mistura ficar com a espessura de um lokum.[14] O lokum é a goma árabe. O fato de que a receita usa esse doce como parâmetro indica um conhecimento prévio de qual é, afinal, essa espessura. Isso, por sua vez, dá a entender que autor e leitor estavam acostumados com o quitute a ponto de não ser preciso dar nenhuma outra explicação.

Se todas essas caixas, empilhadas em um antigo palacete da família que faz as vezes de anexo do Museu Paulista, indicam o que o casal Eduardo e Ângela comiam, a caixa 48 trata do que eles bebiam. É o inventário da adega de Eduardo, com informações detalhadas sobre onde e quando cada garrafa foi comprada e para qual ocasião.

Fica evidente que Eduardo era um connaisseur. O livro começa com anotações feitas à mão sobre a história do vinho. É uma letra pequenininha e inclinada para a direita. Eduardo cita uma passagem da Bíblia — "e plantou uma vinha" (Gênesis 9,20) —, e resume a intersecção do vinho com a civilização humana. Um projeto ambicioso que dura apenas uma página e meia. "Correndo rapidamente os olhos pela história da humanidade, vemos que o vinho teve lugar relevante entre as bebidas", escreve. "Seja no misterioso Egito, na Assíria ardente, na Grécia poética ou na Roma guerreira e sensual, ele transbordou espumante, rubro ou loiro, nas taças; incendiou imaginações, desviou destinos, solapou tronos e elevou altares."[15] Uma escrita poética, de quem degustou as palavras.

Nessa introdução, Eduardo menciona tipos de vinhos, países produtores e vinícolas europeias. Parece, por um instante, que se esqueceu do Líbano de seus antepassados. Porém, mais adiante, o catálogo inclui toda uma seção detalhando os vinhos libaneses que o autor adquiriu. Em 1936, por exemplo, comprou oito garrafas de vinho branco de Guillaume Cremona.

Todos vinham de Beirute, de safras variadas (1924, 1927, 1930, 1931, 1932). Provinham dos vinhedos de Ksara, no vale do Beqaa. Essa vinícola, ainda hoje apreciada no país, foi fundada por jesuítas em 1857. A propriedade foi construída em cima de um complexo de grutas do tempo dos romanos. A família devia gostar bastante desse produtor, porque comprou dezenas de garrafas dele. Em 1972, abriram um rosé para celebrar o Dia dos Pais. Em 1979, vários tintos foram saboreados no casamento de Edith. Em 1984, ofereceram brancos e tintos nas bodas de ouro de Eduardo e Ângela. No meio-tempo, aparecem vários registros de "uso próprio" na listagem.[16]

Entre os pertences dos Jafet no museu, há, por fim, a caixa de número 53: um luxuoso álbum de família. A capa é feita de um mosaico de madeira representando o Palacete dos Cedros, sua icônica residência. Essa técnica, conhecida como marchetaria, é bastante tradicional em partes do Levante, em especial em Damasco, onde artesãos encaixam pedaços de madeira e de madrepérola para formar imagens rebuscadas. Dentro do álbum, há uma foto sem data com a legenda "chá das cinco". Xícaras, docinhos e flores enfeitam a mesa. Quinze mulheres estão sentadas ao redor dela, quase todas de chapéu. Algumas se viram para trás, na direção da câmera, e seus olhares cruzam o tempo. Elas nos dizem: a comida é algo que nos une. Não nos dizem, porém, o que serviram naquele abastado dia.[17]

Foi depois da reivindicação de que incluísse receitas de outras tradições culinárias que Adélia Salem Gabriel atualizou seu livro *Cozinha árabe*, que tinha saído pela primeira vez em 1953. Respondendo aos comentários dos leitores, Adélia acrescentou um apêndice prefaciado por estas palavras: "Constam desta parte receitas de pratos que, embora não pertençam à cozinha árabe, são muito apreciados. Desse modo, satisfaço os pedidos que recebi".[18] Aparecem ali, por exemplo, receitas de coquetel de camarão, salada Waldorf, strogonoff, panqueca, torta de maçã, massa podre, cocada. Repito: nem só de quibe e esfiha viviam os árabes no Brasil.

Tanto que a capa do livro *Receitas que emocionam*, de Violeta Haddad Yazbek, é a fotografia de um marrom-glacê. A autora é descendente de libaneses, mas o prato é um clássico francês. É que Violeta ficou conhecida justamente por esse requintado doce de castanhas-portuguesas. Cozidas e mergulhadas em açúcar, ficam molinhas, cintilantes e deliciosas. A família diz inclusive que foi Violeta quem difundiu o prato no Brasil.

O pai de Violeta imigrou de Mimes, na região de Homs, na Síria. Sua mãe veio de Baskinta, no Líbano. Chegaram aqui por volta de 1895. Os homens foram para o comércio, como tantos outros patrícios. As mulheres ficaram na cozinha, tanto Violeta quanto suas três irmãs. Todas tinham a mão cheia, diz Flávio Yazbek, filho de Violeta. Tinham *nafas*. Flávio conta que sua mãe gostava tanto de culinária que, por volta de 1970, começou a ensinar as outras mulheres da colônia, promovendo cursos informais em casa que culminavam em um farto banquete. Fez isso por duas décadas, formando uma geração inteira. Tamanha era sua fama que a primeira tiragem do livro, de 3 mil exemplares, esgotou em poucos meses.

A trajetória de Violeta é a evidência de que os árabes adotaram também outras tradições culinárias. Ela devorava livros estrangeiros. Chegou a fazer um curso com o mítico chef francês Paul Bocuse, um dos expoentes da *nouvelle cuisine*. Não é de surpreender, assim, que tenha incorporado a receita do marrom-glacê. "Mas o forte dela era a comida árabe mesmo", diz Flávio, que se lembra das mulheres que vinham estudar com Violeta em casa. Eram dezoito ou vinte alunas por classe. "Entre elas, a mulher do fundador do Almanara", conta. Ao final sentavam-se à mesa para provar suas criações, enquanto Flávio e seu irmão comiam as sobras. "Para ela, era uma diversão, uma higiene mental", diz. Ele vai resgatando da memória alguns dos pratos da mãe. Fala do quibe de peixe, do frango com bulgur, do pastel de carne com coalhada e dos doces de semolina. "Ela colocava pimenta-síria em tudo", relembra Flávio.

Violeta morreu em 2015, aos 95 anos. A família guardou no freezer, como uma relíquia, uma safra de seu marrom-glacê. Uma maneira de burlar a morte, de matar as saudades. Quando conversei com Flávio e seu filho Rodrigo, estavam prestes a abrir o último pote do doce, evocando Violeta uma última vez.

A adaptação da culinária árabe ao contexto brasileiro era também uma estratégia de inserção social. O pesquisador Jeffrey Lesser, um dos estudiosos da imigração para o Brasil, trata desse fenômeno. Ele sugere que foi o mesmo que aconteceu com o yakisoba, o delicioso macarrão oriental que é servido em carrinhos na região da avenida Paulista, em São Paulo. O nome yakisoba é japonês. Os imigrantes que o preparam, porém, vieram da China, onde o prato se chama chow mein. Lesser especula que a mudança no nome foi intencional.[19]

A história da imigração chinesa para o Brasil foi marcada por grande preconceito e rejeição. Eles chegaram ao Rio de Janeiro em 1812, durante o reinado de João VI. O plano era que cultivassem chá em uma plantação experimental: o Jardim Botânico. Assim, sua presença estava ligada, de certa maneira, ao universo da comida. A tentativa, porém, não deu certo, e o projeto foi abandonado. Também fracassaram os cultivos de chá em São Paulo por imigrantes chineses. No ínterim, foram tidos como uma raça inferior e indolente e sofreram discriminação em uma sociedade racista.

Lesser explica que os debates intelectuais em torno da imigração chinesa contribuíram com a construção de uma identidade brasileira durante o século 20. Foi a primeira vez, sugere, que a nossa elite expandiu sua ideia do que o Brasil poderia virar se permitisse a entrada de imigrantes que não eram brancos. Criou-se, nesse período, uma linguagem de inclusão e de exclusão de determinadas pessoas. As autoridades e os intelectuais brasileiros passaram a distinguir os imigrantes desejados dos indesejados.[20]

A situação foi bastante diferente com os japoneses. Eles vieram para o Brasil a convite, no século 20. O governo brasileiro tinha decidido, com base em suposições racistas, que os japoneses eram superiores aos chineses. Sugeriram, inclusive, que eram o equivalente dos brancos na Ásia. Isso não quer dizer que eles não foram alvo de preconceito no Brasil, é claro, mas a sua chegada aconteceu em outro contexto. Por isso, segundo Lesser, os chineses decidiram vender seu chow mein com o nome de yakisoba, aproveitando-se da boa fama dos japoneses e fugindo da própria má reputação.[21] Se isso é verdade, não sei. Lesser não apresenta evidências no texto. A ideia, porém, faz algum sentido — e tem ecos entre os árabes.

Penso aqui na história dos egípcios que vieram para o Brasil. Grande parte deles imigrou no começo dos anos 1950. Eram em sua maior parte judeus fugindo da política nacionalista do presidente Gamal Abdel Nasser, que os tratava como estrangeiros, mesmo aqueles que viviam no Egito havia gerações. Vieram também muçulmanos e cristãos em busca de melhores condições de vida.

Muitos imigrantes egípcios foram parar no comércio de alimentos. Abriram restaurantes, como os sírios e libaneses tinham feito décadas antes. Mas, nesses estabelecimentos, não serviam pratos típicos egípcios como a mulukhiyya ou o koshary. Vendiam, em vez disso, quitutes sírios e libaneses como o quibe e a esfiha. Antes de explicar como isso aconteceu, porém, vamos ver o que perdemos nesse processo.

A mulukhiyya é uma espécie de ensopado. O ingrediente principal da receita é a folha da malva-egípcia, que dá nome ao prato. Típica do Oriente Médio e do Norte da África, se parece um pouco com o espinafre. Tem a consistência pegajosa do quiabo, razão pela qual muita gente torce o nariz para o prato (eu incluso). Há inúmeros modos de preparo, tanto que meu amigo Tony Tahhan — uma mistura de americano, venezuelano e sírio — criou há alguns anos um projeto para tentar mapear e entender as variações, pedindo que as pessoas respondessem a um formulário na internet. A proposta viralizou e teve quase mil respostas. Tem gente que prepara com a folha inteira, tem gente que corta. Tem quem prefira a folha fresca e quem a prefira seca. As opções de proteína incluem carne, frango, ovelha e camarão. Tony acabou concluindo que um dos elementos definidores do prato é a sua variedade.[22]

A mulukhiyya tem uma história antiga na região, que ajuda a embasar a noção de autenticidade. O historiador egípcio Maqrizi, que viveu nos séculos 14 e 15, sugere que esse viscoso prato — em uma de suas versões — era o predileto do califa Muawiya, que em 661 fundou o Califado Omíada, com capital em Damasco. E, ao que parece, o califa fatímida Hakim, que governou mais tarde no Cairo, chegou a proibir a mulukhiyya no ano de 1005. As pessoas acreditavam que a erva tinha propriedades afrodisíacas e, assim, Hakim considerava seu consumo imoral.[23]

Não são só os egípcios que comem mulukhiyya (o prato aparece até em alguns livros de receita publicados por imigrantes sírios e libaneses no Brasil), mas acabou associado a esse país norte-africano, com histórias que remontam aos tempos dos faraós, ainda que nem todas elas comprovadas.

Outro símbolo da culinária egípcia não tão comum por aqui é o koshary, uma alucinante mistura de carboidratos que, para mim, define a comida caseira médio-oriental. Como não amar um prato que leva arroz, lentilha, grão-de-bico, aletria, macarrão, molho de tomate e cebola frita? Isso sem contar as inovações e improvisações. É o tipo de comida que aceita o que o chef quiser acrescentar na hora. Lambem-se os dedos depois.

A história do koshary é um pouco nebulosa. Egípcios talvez lhe digam que é uma antiga receita, dessas de um passado imemorial. Mas há também quem insista que é uma criação indiana que chegou ao Egito na virada do século 19 para o 20, junto com os soldados coloniais britânicos, que ocupavam os dois países naqueles tempos. A popularidade quase mítica do koshary, diga-se de passagem, parece ser um fenômeno recente. Tanto que a egípcia Claudia Roden disse em uma entrevista que nunca tinha visto o prato quando deixou o país em 1952, rumo à França. Foi só mais tarde que, apesar de ter crescido ali, foi provar a iguaria.[24]

Já eu, comi koshary pela primeira vez no Cairo quando fui cobrir o golpe de Estado de 2013, em que o general Abdel Fattah al-Sisi derrubou o islamita Mohammed Mursi. O jornalista egípcio Ahmed, que eu tinha contratado para trabalhar comigo, me levou ao restaurante mais tradicional para provar o prato: o Abou Tarek. O dono, que dá nome ao estabelecimento, começou em 1950 com um carrinho na rua. Sem licença para operar, fugia dos policiais. Com o tempo, construiu um império. O restaurante, no centro do Cairo, tem hoje quatro andares. Um de seus méritos é receber um público diverso, incluindo egípcios e estrangeiros. Uma pratada, que enche a barriga por um dia todo, custa o equivalente a cinco reais. Luzes de neon estonteantes brilham nas paredes azulejadas, acompanhando a refeição.

Dito tudo isso, é frustrante que seja tão difícil encontrar pratos como mulukhiyya e koshary no Brasil. Não é que nos faltem imigrantes egípcios. Como dito, eles inclusive abriram restaurantes por aqui. A questão é que muitos deles decidiram investir em quitutes sírios e libaneses — coisas que muitas vezes nunca tinham comido no Egito.

Foi o que fez Tarek Sabry. Nasceu em Damanhur, uma cidade que fica entre o Cairo e Alexandria, e conheceu a mulher, uma brasileira, enquanto trabalhava na cidade-resort de Sharm el-Sheikh, no Mar Vermelho. Ele tocava sax em hotéis. Mudaram-se para São Paulo e, depois, para São Bernardo do Campo. Embora fosse músico, resolveu trabalhar com comida, como tantos outros imigrantes fazem ao chegar a outro país.

Tarek começou com uma barraquinha na feira. Depois, alugou uma casa. Instalou o restaurante no térreo e morava no andar de cima. Era um restaurante por quilo com oito opções de pratos quentes e seis de salada. Deu certo de largada, porque havia várias empresas ao redor e os funcionários precisavam de algum lugar para comer. O restaurante chamava O Egípcio, mas vendia, em grande parte, quitutes levantinos como quibe e esfiha. Talvez uma boa comparação com a história de Tarek seja a de um brasileiro que abre um restaurante nos Estados Unidos e, em vez de feijoada, oferece empanadas argentinas para os clientes. "Olha, você precisa ser esperto quando lida com um público que não tem nenhum conhecimento do que seja a comida egípcia", explica. "Eu dependo do que os brasileiros conhecem." Ou seja: comida levantina.

Ele conta que, com o tempo, foi introduzindo sorrateiramente alguns pratos egípcios. Um dia, saiu da cozinha e explicou para alguns comensais o que era o koshary. Sua mulher lhe chamou de lado e disse que ele estava maluco, que não ia conseguir emplacar o prato. Entusiasmados, porém, os clientes pediram para provar. Tarek vendeu no ato quinze marmitex da bomba de carboidratos. Em outro dia, preparou mulukhiyya. Seguiu a mesma estratégia ladina. Só não fez isso com muita frequência porque tinha dificuldade de achar a folha egípcia em São Paulo.

Tarek abriu O Egípcio um pouco antes da pandemia do coronavírus que assolou o mundo em 2020. As empresas ao redor do restaurante fecharam e, sem clientes, ele começou a vender apenas por aplicativos de entrega. Chegou a reabrir a loja, mas o movimento foi diminuindo e, por fim, estancou. Tarek, porém, não desistiu — nem de trabalhar com comida, nem de preparar os quitutes de sua terra natal. Afirma ter descoberto que, apesar de ter feito carreira como músico, ele é chef. Quer fazer música nos pratos. Sonha, agora, em abrir outro restaurante. Desta vez, só para servir harmonias egípcias. Talvez seja um sonho louco, afirma. "Mas os brasileiros precisam saber que existe comida árabe para além da esfiha", brada. Precisam mesmo.

Em outro restaurante egípcio em São Paulo, o Vila das Rosas, o carro-chefe é o faláfel. Tradicional também no Egito, esse bolinho ajuda a dona, Marie Attia, a juntar as tradições culinárias levantinas e egípcias em um só lugar.

A chef Marie nasceu em Alexandria em 1956 e se mudou para o Brasil ainda recém-nascida. Sua mãe Rosa, cujo nome inspirou o do restaurante, contava que a partida tinha sido uma correria, pois aconteceu durante a perseguição do governo egípcio aos judeus. Uma das poucas coisas que Rosa conseguiu levar consigo no navio foi a peneira com que costumava preparar o cuscuz.

Marie estava habituada a ver a mãe cozinhar em casa. Observava como ela preparava coisas como mulukhiyya e arroz com lentilha. Rosa fazia também kahk, um doce egípcio típico das celebrações de Eid al-Fitr, após o mês de jejum do Ramadã. É uma espécie de biscoito com recheios variados, como mel, nozes, pistache e tâmara. Molda-se em uma colher de madeira, que estampa complexos padrões geométricos do lado de fora. O açúcar de confeiteiro, salpicado em cima, ressalta os desenhos. Parece bastante com o maamul levantino, com a diferença de que não costuma levar semolina na massa. E, de novo, suas histórias remontam a séculos no passado. A narrativa que circula, ao menos, sugere que durante o reinado tulúnida no Egito (séculos 9 e 10) os padeiros assavam kahk e estampavam os dizeres "coma e agradeça" na massa, em árabe. No reino iquíxida (século 10), os governantes escondiam moedas de ouro dentro do kahk, em uma variedade local da política do pão e circo. Ou, melhor dizendo, do kahk e circo.

Além de preparar quitutes tradicionais, a mãe de Marie improvisava também, incorporando ingredientes locais. Sua receita de ful, por exemplo, era uma invenção. O prato, bastante popular no Egito, é um ensopado de favas servido com azeite de oliva, cominho, salsinha e limão. Coisa de comer na rua, no café da manhã, antes de um longo dia de trabalho. Mas Marie e suas irmãs achavam a fava amarga demais, então a mãe começou a fazer o prato com feijão-de-corda para agradar a família.

Quando, há mais ou menos dez anos, Marie decidiu abrir seu restaurante, incorporou a receita de faláfel da mãe. Além de ser uma boa ponte entre a cultura de sua terra de origem e de refúgio, assim como algo que os brasileiros reconheciam como comida árabe, o faláfel também era ideal para servir em um estabelecimento vegetariano como o seu, já que o prato não leva carne.

Essas questões de identidade — se alguém é egípcio, levantino ou outra coisa — são fugidias. Quando pergunto a Marie como se identifica, ela titubeia. É egípcia, sem dúvida, porque nasceu no Egito. Na porta do Vila das Rosas, ela pendurou uma plaquinha em árabe com o nome do pai e o cargo de "corretor de algodão", seu trabalho na terra natal. É um lembrete das origens. Mas a família teve de fugir porque o governo tratava os judeus como estrangeiros. Como identificar-se com aquela nação? E, no final das contas, Marie cresceu em São Paulo, fala português e não pensa em voltar para viver em Alexandria. "Sou brasileira, pois estou aqui", sintetiza.

Isso me lembra uma crônica do modernista Guilherme de Almeida, que retratou a São Paulo do início do século 20. O texto, publicado no jornal *O Estado de S. Paulo*, diz:

> Enquanto vai subindo devagar a rua Capitão Matarazzo, vai descendo devagar um homem de avental branco, apregoando aos gritos doces incompreensíveis do seu tabuleiro.
>
> — O senhor é russo?
>
> — Nada. Estou no Brasil, sou brasileiro.
>
> — E esses doces: são polacos, alemães ou italianos?
>
> — Nada. Feitos no Brasil são brasileiros.
>
> Inútil discutir. A pátria é isto: onde a gente está.[25]

Sem muitos restaurantes e com pouca oferta de ingredientes tradicionais, foi mais difícil para os egípcios manter suas tradições culinárias no Brasil, em comparação com os sírios e os libaneses. O que não quer dizer que não tenham tentado. André Douek, que nasceu em 1954, no Cairo, em uma família judaica, e se mudou para o Brasil em 1962, conta que seus pais costumavam preparar mulukhiyya todo fim de semana, quando a família se reunia para o equivalente egípcio das macarronadas italianas. Mas as novas gerações têm perdido essa conexão com a terra ancestral. E, nas celebrações de Ano-Novo, os Douek agora compram comida árabe no Rosima — aquele de Rosalie, herdeira do Empório Syrio. O salto não é tão grande porque, originalmente, a família Douek tinha vindo do que é hoje o Estado da Síria, do qual imigrou para o Egito antes de rumar para o Brasil.

A situação é mais complicada fora das grandes cidades em que os árabes se instalaram. Ammar Morsi, nascido em 1988 em Al-Minya, no Egito, tem uma história parecida com a de Tarek. Também se casou com uma brasileira e foi morar no Brasil. Mas acabou em Recife e, depois, em João Pessoa. Conta que não encontra mulukhiyya nem koshary no Nordeste. Tem que preparar em casa, para manter vivo o vínculo com a terra que deixou. "Para me lembrar do meu passado", diz. O que não é fácil.

Hagop Onnig Tamdjian veio também do Egito para o Brasil. Mas, no seu caso, a cultura culinária era outra. Sua família estava no Cairo — onde ele nasceu em 1939 — fazia pouco tempo, e não compartilhava todas as tradições com o restante da população. Tanto seu pai quanto sua mãe eram sobreviventes do genocídio armênio perpetrado pelo Império Otomano no início do século 20.

O Império Otomano foi, por boa parte de sua história centenária, uma mistura bem-sucedida de grupos étnicos e religiões. Havia árabes, turcos e curdos, assim como muçulmanos, cristãos e judeus. É a manutenção dessa diversidade, inclusive, que explica a sua longevidade: estendeu-se de 1299 a 1922. Nos séculos 18 e 19, porém, em meio a derrotas militares, o império passou por um processo de transformação, tornando-se por fim um Estado-nação no início do 20.[26] A noção de cidadania ficou atrelada à etnia turca e à religião islâmica, excluindo todos os demais. É nesse contexto, agravado pela Primeira Guerra Mundial, que as autoridades otomanas realizaram uma série de reformas visando a "turquificação" do império. Essas medidas culminaram no genocídio de minorias cristãs — não só os armênios, mas também os assírios, que nem sempre são recordados no rol das vítimas.

Os avôs de Hagop dos dois lados da família morreram no genocídio armênio. Órfãos, seus pais foram criados por missionários cristãos na vizinha Grécia. Dali, foram enviados ao Egito, onde se conheceram e se casaram. Hagop nasceu e cresceu na terra dos faraós. Mas a política de nacionalização promovida por Nasser, que afetou as famílias de Attia e Douek, atrapalhou também a sua. "Meu pai viu que o futuro era duvidoso", diz. Hagop queria ir para os Estados Unidos, só que o governo americano dificultava a entrada de armênios como ele. Amigos brasileiros, que ele tinha conhecido no Cairo, sugeriram a alternativa tropical. "Meu pai falou: pelo menos é um país cristão", conta. Hagop veio para São Paulo em 1961 e, alguns anos depois, mandou buscar o resto da família.

Hagop tinha uma vantagem que outros egípcios não tinham quando chegaram ao Brasil: a comida armênia se parece bastante com a dos sírios e dos libaneses. Os territórios compartilharam por séculos a cultura do Império Otomano. Além disso, muitos refugiados armênios, sobreviventes dos massacres da virada do século, acabaram se estabelecendo na Síria e no Líbano, onde as tradições se misturaram e se transformaram. Assim, a família de Hagop já estava acostumada à esfiha vendida nos empórios e restaurantes da região da 25 de Março, em São Paulo. Há, aliás, um prato bastante parecido na Armênia e na Turquia chamado lahmacun.

Os Tamdjian preparavam a carne moída em casa e levavam para fornos comunitários no centro da cidade para assar. Alguns deles eram de donos armênios, que já conheciam os seus temperos. Ele vai buscando nomes no fundo da memória. Cita a esfiharia Effendi. Lembra-se também do Artur Esfihas, que ficava dentro do Clube Armênio. Menciona ainda a Casa Garabed, talvez o restaurante armênio mais tradicional da cidade, ainda em funcionamento. "Aquilo era fila", diz, com o sotaque armênio que sobreviveu mais de seis décadas, sobre as linhas de pessoas esperando para assar as suas esfihas. "Era fila."

＊

Essas histórias mostram como a comida árabe foi se transformando com cada imigrante médio-oriental que aportou no Brasil trazendo inovações. Foram diversas ondas, entre elas a impulsionada pela guerra civil libanesa, travada de 1975 a 1990. Os antecedentes do conflito remontam à criação oficial do Líbano em 1943 e ao que ficou conhecido como Pacto Nacional. Esse arranjo informal, ainda em vigor, distribuiu o poder entre as diferentes facções religiosas do país. O cargo de presidente ficou com os cristãos maronitas; o de primeiro-ministro, com os muçulmanos sunitas; e o de líder do Parlamento, com os muçulmanos xiitas. Na prática, o pacto atrelou a política à religião — uma receita para problemas. Uma receita, diga-se de passagem, que ficou ainda mais complicada com a chegada de refugiados palestinos, expulsos de suas terras pela criação do Estado de Israel em 1948.

A panela de pressão explodiu em 1975, levando a uma série de embates e à consolidação das divisões entre os grupos constituintes do país. Israel entrou no confronto em 1982, sitiando a capital Beirute e expulsando a liderança palestina que estava instalada no Líbano. As forças israelenses contribuíram de maneira indireta para a chacina de cerca de 2 mil palestinos nos campos de refugiados de Sabra e Chatila, um dos episódios mais sombrios da história da região.

A guerra civil deixou cerca de 150 mil mortos e devastou a infraestrutura do Líbano. Levou também à redistribuição de populações muçulmanas e cristãs em Beirute e, dessa maneira, ao seu afastamento simbólico. Grupos que conviviam dentro da cidade se separaram.[27] O conflito, assim, marcou o país de uma maneira que parece, por ora, indelével. É uma memória viva que ainda pauta o debate político no Líbano e em países vizinhos.

Uma das consequências desse episódio violento, no que diz respeito ao Brasil, foi a chegada de uma nova onda de imigração libanesa, bastante diferente das anteriores. Os árabes que chegaram na virada do século 19 para o 20 eram em sua grande maioria cristãos, tanto maronitas como grego-ortodoxos. Já muitos daqueles que vieram a partir de 1975, como resultado da guerra, eram muçulmanos. Traziam outra cultura, que incluía, em seu bojo, hábitos alimentares diferentes.

Sua distribuição geográfica foi diferente também. A imigração libanesa do fim do século 19 se concentrou em São Paulo. Já nos anos 1970 e 1980 muitos foram parar no sul do Brasil, na tríplice fronteira com Argentina e Paraguai. Foi nesse momento que surgiu a comunidade de fala árabe de Foz do Iguaçu como a conhecemos hoje. Um dos símbolos desse novo capítulo da imigração libanesa é a mesquita Omar Ibn al-Khatab, localizada na cidade paranaense. A comunidade muçulmana local a inaugurou em 1983 em uma área de 20 mil metros quadrados. É a maior mesquita do Brasil e uma das maiores da América Latina.

Os árabes de Foz do Iguaçu criaram — a exemplo dos de São Paulo e do Rio de Janeiro — uma microssociedade. Trouxeram sua "arabicidade" para a região, nas palavras de André Ricardo Domingues, autor de uma dissertação de mestrado sobre o tema. Essa "arabicidade" incluiu, entre outras coisas, vestimentas típicas do Islã, traços arquitetônicos e letreiros escritos em árabe.[28] Restaurantes, também. Domingues cita estabelecimentos como Castelo Libanês, Beduínos, Alladin e Kiberama,[29] a maior parte deles distribuída nas imediações da avenida Juscelino Kubitschek.[30] Esses restaurantes se tornaram, na sua avaliação, um dos patrimônios culturais iguaçuenses.[31]

Por serem o patrimônio de uma onda imigratória bastante diferente, esses estabelecimentos servem uma comida também bastante distinta daquela servida em São Paulo e no Rio de Janeiro. Lá come-se, acima de tudo, shawarma. Segundo Domingues, esse prato representa às vezes mais de 80% das vendas.[32] Dá nome, inclusive, a diversos restaurantes, como o Shawarma do Salim e também o Mister Shawarma.[33]

O shawarma é uma das comidas de rua mais populares no Oriente Médio. É uma engenhoca para lá de inventiva. Imagine fatias de carne empilhadas uma em cima da outra, formando um cone de ponta-cabeça. A carne costuma ser de carneiro, mas pode ser de frango ou de boi. Esse cone encarnado gira em um eixo vertical diante de uma fonte de calor e vai assando por fora. O churrasqueiro então raspa lascas do cone e coloca dentro de um pão. Eis o shawarma.

Ele apareceu primeiro na Turquia, ainda durante o Império Otomano, com o nome döner kebap (ou kebab). O batismo não foi muito criativo. Em turco, significa "espeto giratório". Há descrições e ilustrações do seu preparo já no século 17. Mas, naquela época, a carne rodopiava em um eixo horizontal. Ao que parece, a versão vertical apareceu apenas no século 19 em Istambul, com o provável intuito de ocupar menos espaço em uma cidade cada vez mais apertada.[34] O döner kebap deu origem a diversos pratos semelhantes nos demais territórios otomanos. Na Grécia, virou o gyros. No Levante, o shawarma. As variações estão nos ingredientes e nos temperos, mas a ideia é a mesma.

Essa espécie de lanche chegou em algum momento do século 20 a São Paulo, antes mesmo de se assentar em Foz do Iguaçu. No centro paulistano, virou o churrasquinho grego, vendido a preços baixíssimos. É tão barato, inclusive, que circula a ideia de que é feito com carnes suspeitas, como a de gato. Também é servido, como não podia deixar de ser, de um jeito abrasileirado: no pão francês, coberto de vinagrete.

O churrasquinho grego é tão conhecido em São Paulo que espanta não haver um estudo detalhado de sua história. O colunista de comida da *Folha de S.Paulo*, Marcos Nogueira, até publicou em 2023 um texto expressando sua frustração com o descaso paulistano.[35] Há sites na internet com alguma informação, mas sem citar nenhuma fonte confiável, o que é o terror dos historiadores. Diz-se, por exemplo, que se chama "grego" no Brasil porque veio com imigrantes helênicos. Estranho, pois, em tese, o döner kebap só chegou à Grécia nos anos 1920.[36] Teria que ser um imigrante posterior a essa data. Mas, sendo assim, faria sentido sabermos um pouco mais de sua história. É uma tarefa que deixo, por ora, aos estudiosos da imigração grega ao Brasil.

No ínterim, resta outra pergunta: por que os primeiros imigrantes levantinos não trouxeram o shawarma para o Brasil na virada do século 19 para o 20? O prato poderia até se chamar churrasquinho sírio, se tivesse sido servido nos restaurantes da colônia. Mas, por alguma razão, o shawarma não vingou por aqui — isto é, até a leva de imigrantes da guerra civil que por fim popularizaram a carne rodopiante. Uma das explicações possíveis é que, como os imigrantes levantinos queriam vender os pratos que consideravam mais nobres, a princípio escantearam essa comida de rua. Também é possível que tenham vindo de vilarejos onde o consumo do shawarma não era tão arraigado. São os imponderáveis da história.

No México, o shawarma viveu uma aventura diferente. Ao que parece, chegou com os imigrantes sírios e libaneses no início do século 20. Nas regiões de Puebla e da Cidade do México, passou a ser preparado com carne de porco e marinado com temperos locais. Servido em tortillas de milho, virou um dos tipos mais populares de taco: o taco al pastor. No entanto, essa história, como a do nosso churrasquinho grego, tampouco está bem documentada. É a carne elusiva, que gira sem deixar rastros.

O caso do taco al pastor é um oportuno lembrete de que não foi só no Brasil que a comida árabe se transformou. Isso aconteceu em toda a América Latina. Os brimos que se instalaram no continente foram adotando ingredientes e fazeres locais, mudando as receitas no processo. A uruguaia de origem libanesa Suraia Abud Coaik fala disso em seu livro *Mezze errante*.[37]

A ideia já está expressa no título. Mezze é o nome dado ao conjunto de aperitivos servidos em lugares como o Levante, a Turquia, os Bálcãs, a Armênia e a Grécia — isto é, na região de forte influência otomana. A palavra vem do persa *maza*, que significa algo como "provar" ou "deliciar-se". O costume de comer tantos aperitivos, em longas refeições, é reflexo de uma paixão pelo prazer social: estar juntos à mesa, proseando, passando pratos e tigelas uns para os outros.[38] É também uma forma do que os árabes chamam de *tasbira*, ou seja, de aquietar o comensal enquanto espera pelo prato principal.[39] No leste do Mediterrâneo, o mezze inclui coisas como homus, coalhada seca e babaganuche. Mas esses são apenas os mais conhecidos. Quando eu morava em Jerusalém, às vezes descia até a costa para ir ao restaurante de Younes Ali. Era um lugar disputado, à beira-mar. Os pratos principais — em geral peixes — vinham acompanhados de 22 mezze diferentes, além de uma jarra de limonada com hortelã, que por ali é chamada de limonana (*nana*, em árabe, é hortelã). Vinte e dois pratos diferentes é bastante coisa. Mas dizem que, no palácio dos sultões otomanos, os cozinheiros preparavam mais de duzentos tipos de mezze.[40]

O livro *Mezze errante* relata os encontros que Suraia organizava com seus amigos, servindo aperitivos levantinos e conversando sobre o sentido da comida. Ele traz algumas das receitas do que ela chama de cozinha "criollo-libanesa". *Criollo*, aqui, com um sentido bastante diferente do brasileiro "crioulo", apesar da origem compartilhada. No restante da América Latina, o termo foi usado para se referir aos espanhóis nascidos nas colônias. O "criollo-libanês" de Suraia é essa versão local, uruguaia, da comida do Líbano. Ela oferece, por exemplo, uma receita de faláfel que troca o grão-de-bico pelo feijão-preto.[41]

Chama a atenção esse ingrediente, que tanto associamos à feijoada e, por conseguinte, ao Brasil. É um lembrete de que as fronteiras nacionais — que, conforme dissemos, são inventadas — não impedem os ingredientes e os pratos de circular. Um estudo completo da comida árabe no Brasil tem que olhar, por obrigação, para o que aconteceu nos países vizinhos também. É o "errante" do título de Abud.

Muitos dos árabes que se assentaram no Brasil passaram antes por outras partes da América Latina. Foi o que aconteceu com a família de Maria Rosa Sucar Dib. Seu pai Salvador veio de Homs, e sua mãe Balomia, de Hama. São duas cidades sírias. Os dois imigraram para a Argentina nos anos 1920. Foi ali que Maria nasceu em 1944. Ela tinha cerca de dois anos quando a família cruzou a *hermana* fronteira e se instalou em São Paulo.

Era uma família grande. Salvador e Balomia tinham dez filhos, que penavam para criar. A chegada ao aeroporto foi um caos de malas e de rebentos. Mas eles se apuraram como puderam e foram todos para a casa de um parente que ia hospedá-los na avenida Paulista. Tinha dado tudo certo, ao que parecia, e puderam por fim relaxar. Balomia preparou uma maqluba enorme para alimentar aquele seu pequeno exército. Todos se sentaram à mesa e começaram a se servir. Até que alguém se deu conta de que havia um prato a mais. Contaram as cabeças e perceberam que não era isso. Havia era uma criança a menos. "Falta um!", Balomia gritou.

Tinham esquecido Luís, de doze anos, no aeroporto.

A sorte é que Luís tinha uma letra tão bonita que, na Argentina, escrevia as cartas da família. Sabia de cor, assim, o endereço da loja de alguns conhecidos na 25 de Março. Saiu do aeroporto e seguiu as placas em direção ao centro. Um taxista viu um menino caminhando sozinho, de calças curtas, e parou para ajudar. Foram ao centro e perguntaram pela família. Depois de baterem em muitas portas, descobriram onde o almoço estava acontecendo e Luís por fim se uniu aos parentes.

Salvador e Balomia ainda tiveram gêmeos em São Paulo, somando doze filhos. A única maneira de sobreviver era botar todas aquelas mãos para ajudar. Abriram uma confecção de toalhas e guardanapos chamada Guarnições de Mesa Santa Rosa e, em casa, as crianças se punham a dobrar os tecidos em meio a uma linha de produção. O pessoal também se envolvia na cozinha. Balomia punha todo mundo para trabalhar. "Eu ficava de joelhos na cadeira enrolando charutinhos", Maria ri. Era tão pequena que, sentada, não alcançaria a mesa. Era naqueles momentos que a magia acontecia. "Cada um contava um causo, uma história, e a gente ia trabalhando. Era uma folia, era bem gostoso."

Em seus banquetes necessários — não tinha como fazer pouca comida naquela casa — havia duas receitas trazidas do país vizinho. O primeiro era o locro, um ensopado com abóbora, feijão e milho. O segundo era o pastel de choclo, uma torta de milho. A família plasmava assim, na mesa, sua história errante pela Síria, pela Argentina e pelo Brasil, desenhando um mapa feito de pratos, talheres e guardanapos.

A comida árabe-brasileira tem mudado ainda mais nos últimos anos. Infelizmente, essa onda de inovação está outra vez atrelada a uma guerra civil. Desta vez, são os sírios que sobreviveram ao conflito. Insatisfeitos com o regime hereditário que governava seu país, manifestantes sírios foram às ruas em março de 2011 pedir a saída do ditador Bashar al-Assad. Seu canto de protesto era *"irhal, irhal, ya Bashar"* ("parta, parta, ó Bashar").

O regime respondeu com violência, em uma estratégia que o jornalista Sam Dagher descreveu como "Assad, ou queimamos o país".[42] Em outras palavras: ou vocês aceitam o nosso regime ou vamos destruir tudo. A brutalidade radicalizou tanto o governo quanto a oposição, impossibilitando o diálogo e levando a um conflito que se arrasta de certa maneira até hoje. Foi só no fim de 2024 que rebeldes sírios depuseram Assad, dando início a um período ainda incerto.

Milhões de sírios deixaram as suas terras como consequência da guerra, que matou ao menos meio milhão de pessoas. Cruzaram fronteiras e mares, muitas vezes arriscando a vida. A maior parte deles se instalou em países vizinhos como a Turquia e o Líbano. Foram também em grandes quantidades para países europeus como Alemanha e França. O Brasil, que hoje é menos atraente para imigrantes do que no fim do século 19, recebeu apenas alguns milhares.

Chegaram aqui trazendo duras histórias. O regime sírio cercou o campo de refugiados de Yarmuk, próximo ao centro de Damasco, impossibilitando que milhares de moradores tivessem acesso a comida. É desse episódio uma das fotografias mais impactantes da década: milhares de pessoas amontoadas entre escombros, à espera de ajuda humanitária. Vem também daí o relato, que circulou na imprensa à época, de que líderes religiosos estavam permitindo que as pessoas comessem carne de cachorro e gato para poder sobreviver.[43]

Em meio à tragédia, são esses refugiados sírios que estão ajudando a renovar a nossa culinária árabe. Na última década, abriram diversos restaurantes pelo país, com os quais ajudaram a popularizar pratos que ainda não eram tão conhecidos por aqui. É, em certa medida, o caso do shawarma e do faláfel, que aparecem agora com mais frequência em cidades como São Paulo, Rio de Janeiro, Londrina e Belo Horizonte. Houve, ainda, transformações mais sutis: incorporaram novos ingredientes, temperos e modos de preparo.

A introdução de novos pratos levou a um fenômeno curioso. O pesquisador brasileiro Bruno Najjar sugere, em sua dissertação de mestrado, que o surgimento recente de barraquinhas de salgados árabes no Rio de Janeiro criou uma espécie de cisão entre a comida árabe de outrora e a de hoje. Em outras palavras, existem os salgados clássicos, como o quibe e a esfiha, e as coisas novas, como o faláfel e o shawarma. O quibe, diz Najjar, é visto como a comida dos "nossos árabes", daqueles que chegaram na virada do século 19 para o 20. Já o faláfel, por outro lado, é tido como algo mais exótico, que ainda não pertence de todo à nossa cultura.[44]

A refugiada Salsabil Matouk teve que navegar esses interstícios quando desembarcou em São Paulo em 2014, vinda da Síria. Descobriu que para trabalhar com comida árabe no Brasil não bastava dosar ingredientes. Era preciso, também, entender que pratos seu público estava acostumado a comer. Em outras palavras, equilibrar o conhecido e o desconhecido.

Salsabil nasceu em Jable, na Síria. A cidade, de 80 mil habitantes, fica ao sul de Latakia. Ali, o mar Mediterrâneo lambe as encostas. É um desses locais saturados de história. Jable fazia parte do reino de Ugarite, na Antiguidade, e mais tarde integrou o Império Romano. Era conhecida, então, como Gabala. Ainda sobrevivem as ruínas de um teatro daquela época, com capacidade para 7 mil espectadores. Nos séculos seguintes, vieram os conquistadores bizantinos, seguidos pelos árabes — que ficaram. Está ali a tumba do místico Ibrahim Ibn Adham, famoso por ter aberto mão do trono de Balkh, no atual Afeganistão, para se dedicar à reza.

Quando Salsabil nasceu, há 38 anos, Jable já tinha perdido parte dessa imponência. Vivia de agricultura, em especial do algodão e da laranja. Ela se lembra da cidade como um lugar tranquilo, desses em que, nas palavras dela, "todo mundo conhece seu pai". Recorda-se, também, da comida. "A gente matava cordeiro todo dia. Subia na montanha, matava o cordeiro, e a carne ficava bem fresquinha", conta. Aí estava, em parte, o segredo do quibe cru de sua mãe, moído à mão no pilão.

A família ficou ali até Salsabil completar oito anos. Seu pai, que é médico, conseguiu um emprego em Meca, na Arábia Saudita. É a cidade mais sagrada do Islã. Misturaram, ali, as tradições culinárias sírias às sauditas, criando e recriando pratos. Salsabil começou a cozinhar por volta dessa época. Diz que nunca gostou muito de assistir televisão. Preferia ficar dentro da própria cabeça, inventando coisas ("Eu tenho meu próprio mundo", afirma), ou ia para a cozinha ajudar a mãe nos seus afazeres. Fazia seus próprios bolos — e bagunça também, conta, embora a matriarca nunca ralhasse com ela por isso.

Era um tempo em que Salsabil nem sonhava em ser cozinheira. Sentia que tinha que seguir os passos do pai na carreira. Mudou-se para Amã, na Jordânia, para estudar farmácia. A cozinha, porém, se esgueirava para dentro da sua vida. Salsabil começou a vender pratos congelados para as colegas de curso, que ou não tinham tempo ou não sabiam cozinhar tão bem quanto ela. Preparava paneladas que duravam toda a semana, em especial de pratos mais delicados, que exigiam algum saber: coisas como charutinho de uva, charutinho de repolho e berinjela recheada.

Na Jordânia, conheceu seu marido. Decidiram juntos que não queriam seguir no país depois de formados. Era difícil trabalhar no ramo da farmácia ali. Os sírios enfrentam uma série de restrições por todo o Oriente Médio, onde o status de imigrante ou de refugiado lhes impede de acessar o mercado formal de emprego. Então voltaram à Síria. Desta vez, à cidade de

Duma, próxima à capital Damasco. A família do marido tinha uma casa ali, que reformaram. Abriram uma farmácia.

Não ficaram muito, porém. Meses depois estourou a guerra civil, que foi especialmente sentida naquela região. Duma foi palco de importantes protestos contra o regime sírio, assim como cenário de massacres e de cercos. E Salsabil estava grávida. "Eu disse: precisamos procurar um outro país."

A família tentou fugir para a Arábia Saudita e para a Jordânia, mas, de novo, a nacionalidade síria lhes impunha uma série de limitações. Tentaram também, sem sucesso, os Estados Unidos. Salsabil começou a pesquisar alternativas na internet e o nome do Brasil apareceu na tela. Uma informação, em especial, lhe atraiu: o fato de que o país concedia cidadania aos filhos nascidos em solo brasileiro. Tirando isso, Salsabil diz que só sabia três coisas sobre o país: samba, futebol e crime. Os filmes, afirma, só mostravam aquilo.

Chegaram em 2014 com um filho. Nasceram, depois, outros três. Tinham vendido o que puderam na Síria, mas gastaram tudo na mudança. Conseguiram a duras penas alugar um cantinho. "A gente comia pouco, e a casa estava vazia", conta. Um conhecido levou o marido dela para trabalhar em um comércio chinês na 25 de Março. Sozinha, Salsabil teve de se virar com coisas prosaicas — mas naquele momento herméticas — como matricular os filhos na escola. Usava um aplicativo de telefone para traduzir do árabe para o português. Era tanto perrengue que nem percebeu que estava aprendendo a língua. Só se deu conta mais tarde, quando já a falava. Quando conversamos, anos depois, Salsabil mal tinha sotaque.

A comida logo voltou a se insinuar na sua vida. Salsabil foi convidada por uma ONG para participar de uma feira beneficente em uma igreja na Vila Mariana. Gostava de cozinhar mesmo, então aceitou. Foi uma boa experiência. Em especial, porque a comunidade árabe local — esse bairro paulistano tem bastantes brimos — gostou da comida dela. Diziam que tinha um sabor caseiro, como a de suas mães, avós e bisavós. Começaram a fazer encomendas. Vieram, então, os convites para outros eventos.

Salsabil tem hoje o seu próprio negócio de bufê. Foi, inclusive, como nos conhecemos. Eu tinha sido convidado para dar uma palestra no Museu da Imigração sobre a imprensa em língua árabe no Brasil. Salsabil foi chamada para preparar quitutes. A maior parte do público era de descendentes de árabes e pesquisadores, e todo mundo se deliciou com a comida. Lembro-me, em especial, da limonada com água de rosas, com um sabor que só consigo descrever como místico — como o santo de Jable.

Todo ano, Salsabil muda um pouco o cardápio. Sua meta é incorporar sempre um novo prato. Foi nesse processo que se deu conta de que já não estava cozinhando na Síria, na Arábia Saudita ou na Jordânia. No Brasil, a comida dita árabe tinha contornos específicos e limitados.

Em um ano, por exemplo, ela tentou incorporar um prato saudita chamado kabsa. É um arroz com frango e carne definido pela riqueza de seus temperos, que podem incluir delícias como pimenta-do-reino, cravo, cardamomo, açafrão e noz-moscada. Para a surpresa de Salsabil, não teve muita saída. Seus clientes preferiam encomendar mjadra, aquele arroz sírio com lentilha. A mesma coisa aconteceu quando ela tentou incluir ouzi no cardápio. É uma mistura de arroz, frango e nozes tostadas. De novo, os clientes insistiram: queriam mjadra, que já tinham comido nos restaurantes árabes mais antigos. Isso ocorreu também com o mutabbal, uma versão mais apimentada do babaganuche, e com a sayadiyya, um prato de peixe com arroz. Os brasileiros até podem gostar, se provarem, mas acabam não encomendando em grandes quantidades.

Há, ademais, a engraçada ironia do tempero. Os brasileiros usam a tal da pimenta-síria. "Mas eu não comia pimenta-síria na Síria", Salsabil ri. Cada família tem a sua própria mistura de temperos. O dela inclui sumagre, hortelã desidratada e cardamomo, que a sogra traz para ela. Seu zátar, aliás, é diferente do nosso — mais forte. Tanto que, na hora de preparar as encomendas que vende no Brasil, ela mistura o zátar jordaniano com o vendido nos empórios da 25 de Março, criando uma versão mais moderada. São mesclas como essa que constituem a própria Salsabil, que incorpora sotaques sírios, sauditas e jordanianos. Suas filhas, diz, riem de como ela fala uma língua diferente da que elas aprendem na escola árabe que frequentam hoje em São Paulo.

Salsabil tem um canal de receitas no YouTube e também compartilha seus saberes na sua página no Instagram. Diz que a comida é um caminho possível para imigrantes e refugiados como ela recomeçarem a vida em um outro lugar. Isso explica por que tantos entraram no ramo nos últimos anos.

Outro nome firmado nesse mercado é o de Talal Altinawi. Ele nasceu e cresceu em Damasco, onde se formou engenheiro. Trabalhava no setor de ares-condicionados e aquecedores, fundamental em um país que tem temperaturas tanto altas quanto baixas demais. Já gostava de cozinhar desde pequeno e tinha aprendido observando a mãe, mas não enxergava no quibe e na esfiha uma carreira. Com a guerra, decidiu fugir do país e imigrar com a esposa e os dois filhos para o Brasil — que tampouco era seu destino dos sonhos, embora o tenha abraçado.

Na chegada, Talal tentou validar seu diploma de engenheiro, sem sucesso. A necessidade de trabalhar e cuidar da família impedia que se sentasse para estudar para as exigentes provas. Um dia, convidou amigos para o aniversário de um de seus filhos. Os convidados provaram sua comida e sugeriram que começasse a vendê-la. Ajudaram a criar páginas no Facebook e Instagram e logo vieram os pedidos via mensagem de WhatsApp.

Seu cardápio, como o de Salsabil, começou grande. Queria vender aquilo que comia em casa, em especial os pratos preparados com coalhada fresca, que são o seu xodó. Menciona a shakriya, uma espécie de sopa de cordeiro com iogurte. Oferecia também abobrinha recheada, outro clássico sírio. Nada disso empolgou o público brasileiro. "Provavam e diziam: isso não é a comida do Almanara", conta. Talal se rendeu por fim à hegemonia do quibe e da esfiha, incorporando coisas como catupiry, escarola e ricota. Com isso fez fama na praça e chegou a abrir um restaurante com seu nome, que infelizmente já fechou. Está cada vez mais caro cozinhar no Brasil, diz, e a clientela tem cada vez menos dinheiro para encomendar sua comida.

Em um universo tão pautado por ideias de autenticidade, é interessante ver como tanto Salsabil quanto Talal descrevem a comida árabe-brasileira como uma invenção. Salsabil, em especial, se frustra com a flexibilidade dos árabes-brasileiros. "Fico chateada quando vejo que eles não fazem tudo direitinho", diz. "Se você muda para se adaptar, já não é mais a cultura árabe", fala. "Sou muito chata com isso."

A pior padaria que poderia existir

Os puristas reclamam de todas as inovações pelas quais a culinária árabe passou no Brasil. Podem dizer até que, por aqui, a esfiha se desvirtuou. Trocou cordeiro por chocolate — ou calabresa. Mas costume nenhum resiste à criatividade do tempo. Ainda mais no Brasil, cuja cultura lúdica gosta de brincar com as coisas. No final do século 19, Machado de Assis comentou essa nossa tendência à incorporação e à transformação das tradições de alhures. O contexto do seu poema era a chegada da polca, um ritmo europeu tido como safado que virou o maxixe e o choro no Rio de Janeiro. Mas as palavras do cronista carioca servem, também, para descrever algumas das alquimias que operamos nos pratos originários do Oriente Médio e do Norte da África.

Coisas que cá nos trouxeram
De outros remotos lugares,
Tão facilmente se deram
Com a terra e com os ares,

Que foram logo mui nossas
Como é nosso o Corcovado,

Como são nossas as roças
Como é nosso o bom bocado,

Dizem até que, não tendo
Firme a personalidade,
Vamos tudo recebendo,
Alto e malo, na verdade

Que é obra daquela musa
Da imitação, que nos guia,
E muita vez nos recusa
Toda a original porfia.

Ao que eu contesto, porquanto
A tudo damos um cunho
Local, nosso; e a cada canto
Acho disso testemunho. [...][1]

Muito antes de dar seu cunho à esfiha, o brasileiro já tinha mexido com o cuscuz. Esse foi talvez o primeiro prato de matriz árabe que chegou à Terra de Vera Cruz e aprendeu a sambar.

Dizem os argelinos que o cuscuz foi inventado por um *jinni*.[2] Os *jinn* são criaturas da mitologia islâmica descritas como algo entre os anjos e os homens. São feitos de um fogo que queima sem fumaça e vivem nos espaços entre as coisas; por exemplo, no ponto onde dois mares se encontram ou debaixo do batente de uma porta.

Dessa origem ígnea os historiadores não têm provas. Mas sabemos com alguma certeza que o cuscuz foi criado no Norte da África, onde estão hoje o Marrocos, a Tunísia e a Argélia. A menção mais antiga aparece em um livro de receitas do século 13. Como as instruções são detalhadas, os pesquisadores acreditam que devia ser um daqueles casos de pratos recentes que careciam de explicações, uma vez que ainda não estavam incorporados ao senso comum.[3]

Além disso, a feitura do cuscuz é mesmo complexa. Começa com algum grão, em geral semolina. Adiciona-se água aos poucos para ir formando pequenas pérolas de massa, que depois são esfareladas na mão e então peneiradas. O resultado é uma espécie de farelo amarelado que é cozido no vapor e servido com legumes cozidos. É, hoje, o símbolo da culinária norte-africana e existe em diversas variações, a depender do local, da etnia e da religião de seus cozinheiros.

O folclorista brasileiro Luís da Câmara Cascudo afirma que, quando os portugueses chegaram à costa brasileira em 1500, já conheciam o cuscuz. Tinham aprendido o preparo durante seu longo contato com as populações berberes do Norte da África. Na peça *Juiz da beira*, de Gil Vicente, encenada para o rei João III em 1525, um escudeiro se queixa que a personagem Anna Dias tinha gastado seu cruzado com o prato ("porque aquêle que me destes/ em cuz-cuz o comeo ela", na grafia daquele tempo).[4] Algumas décadas depois, popularizou-se no reino o "chapéu cuscuzeiro", com o formato da panela de barro em que se preparava o quitute, de borda alta e fundo mais estreito que a boca.[5]

No Nordeste do Brasil, colonizado por portugueses que, por sua vez, tinham adotado o cuscuz dos africanos, as coisas foram se transformando. A semolina foi trocada pela massa de milho pilada, temperada com sal, cozida ao vapor e umedecida com leite de coco. Há variedades salgadas e doces, assim como aparece também com mandioca, arroz e inhame. É o que chamamos de cuscuz nordestino, um prato tanto do café da manhã quanto da ceia.[6]

Já em São Paulo, mentes decerto caóticas criaram uma alternativa que mistura de tudo um pouco e um tanto mais. A massa é de farinha de trigo e de milho. O recheio, do que for possível. Versões correntes incluem molho de tomate, ovo cozido, peixe- -branco e camarão — ao mesmo tempo. É preparado em uma fôrma com buraco no meio, de modo que termina parecendo um bolo tresloucado. Decora-se com faixas de sardinhas por fora. O aspecto fez com que o guia europeu TasteAtlas outro dia elegesse o chamado cuscuz paulista como o pior prato do Brasil.[7]

Tem quem diga que ele é, apesar de tudo, saboroso. Coisas que não se discutem. O que interessa aqui é seu caráter histórico, esse sim bastante rico. Uma das teorias para a sua origem é a de que foi um acidente de percurso. Tropeiros e bandeirantes levavam carregamentos de farinha de milho, vegetais e peixe pelo interior do país. O sacolejo das mulas teria misturado tudo. Daí sua natureza de coração de mãe, de espaço ilimitado.

Impressiona, nessa versão da história, a coincidência dos ingredientes se encontrando ao acaso. Impressiona mais ainda, porém, que o cuscuz paulista tenha sobrevivido como um prato típico até hoje, depois de findas as tropas e as bandeiras daqueles tempos. Acontece que São Paulo enriqueceu, cresceu e se urbanizou de modo veloz e inesperado no início do século 20 e precisou encontrar símbolos para se diferenciar dos outros estados brasileiros.[8] Vem daí, em parte, a elevação do cuscuz como um emblema. A comida costuma se prestar a este papel: ajuda a traçar fronteiras entre o "eu" e o "outro".

Invenções autenticamente árabe-brasileiras também apareceram no país. É o caso do sanduíche beirute — que não, não veio da capital do Líbano. Surgiu em São Paulo, no meio da colônia, e virou um clássico de botecos e restaurantes. É uma história que envolve diferentes famílias e alguns dos restaurantes paulistanos mais icônicos da segunda metade do século 20. Envolve também brigas entre parentes e uma controversa sobremesa. É uma narrativa complexa, então vamos com calma.

Em 1951, o libanês Louis Sader abriu em São Paulo um restaurante chamado Bambi. A casa funcionava na alameda Santos, em uma região nobre da cidade, a uma quadra da avenida Paulista. Servia comida árabe com uma abordagem mais internacional. Participava também do negócio seu irmão Fares. Foi Fares quem um dia decidiu misturar sorvete, calda de chocolate, chantilly e farofa de castanha-de-caju, uma criação à qual deu o nome de choc mou mud. A alcunha misturava o francês *mou* [suave] com o inglês *mud* [lama]. Tente falar isso em voz alta e imagine a situação dos garçons. O tempo aparou as arestas: de tanto os clientes e os funcionários errarem a pronúncia, virou chocolamour. A invenção causou frisson.

Em 1957, Jorge Farah e Emílio Abbud — cunhados de Louis — abriram o restaurante Flamingo, também de verve cosmopolita. Era uma espécie de desdobramento do Bambi. Tudo ia bem até aquele momento. O Flamingo inclusive chegou a servir o famoso chocolamour. O sorvete derreteu, porém, quando Jorge saiu do Flamingo e levou consigo a receita, que vendeu para outros restaurantes. Abriu-se a partir daí uma série de disputas familiares sobre quem de fato tinha direito ao prato.

Os Sader chegaram a ir à Justiça para impedir que outros estabelecimentos servissem o chocolamour. Não deu certo. Mas conseguiram ao menos que não usassem o nome inventado no Bambi. Foi por isso que o restaurante América passou a chamar a sobremesa de farofino. O América, diga-se de passagem, também tem brimos entre seus fundadores: Hélio Mattar e Paulo Maluly.

Tudo isso quem me conta é Paulo Abbud, que é sobrinho de Louis Sader e Jorge Farah e filho de Emílio Abbud. Em outras palavras, nasceu no meio desse turbilhão de farofa. Paulo conta também que, no ínterim, seus tios Jorge e Fauzi abriram o restaurante Dunga na rua Cubatão. Diz que foi ali que em algum momento da virada dos anos 1950 para os 1960 surgiu o lanche beirute.

A história que Paulo cresceu ouvindo é a de que um dia acabou o pão de fôrma no Dunga. Decidiram fazer um bauru — o tradicional sanduíche de rosbife e queijo do interior paulista — usando pão sírio como substituto. Colocaram também uma pitada de zátar. Segundo a família, o nome beirute foi uma sugestão do intelectual Musa Kuraiem, que editava a influente revista *Oriente* em São Paulo. A publicação, que circulava em árabe, com algumas páginas em português, era conhecida na colônia devido às colunas sociais. Era ali que todo mundo queria aparecer.

O beirute teve a mesma sorte do chocolamour. Fez um sucesso danado e foi adotado por outros restaurantes, dentro e fora da comunidade árabe. Teve também o mesmo azar, de certa maneira. Há alguma controvérsia sobre que restaurante o inventou mesmo: se foi o Dunga ou o Bambi. Mas ao menos essa disputa não chegou à Justiça — que eu saiba.

Paulo foi trabalhar no Bambi em 1999 em meio a todas essas desavenças. Foi gerente do restaurante até seu fechamento, em 2001. O fim do Bambi chocou a sociedade paulistana, apegada ao endereço. Afetou também Paulo, que entrou em depressão. Foram a esposa e os filhos quem o incentivaram a chacoalhar a tristeza e abrir seu próprio restaurante. Paulo, a princípio, o fez a contragosto, mas depois se entusiasmou com a nova empreitada. Inaugurou em 2002 o Farabbud, cujo nome mistura o da família Farah com o da Abbud.

O Farabbud é mais um desdobramento daqueles restaurantes dos anos 1950, que deram tanta dor de cabeça para seus antepassados. Paulo incorporou sua experiência no Bambi e também as memórias gastronômicas de sua infância. Lembra, com gosto, que suas avós Nadima e Júlia disputavam para ver quem cozinhava melhor, algo de que ele se beneficiava. Tanto Nadima quanto Júlia tinham vindo da cidade síria de Homs no início do século 20. Assim, Paulo explica, a essência de sua cozinha é também *homsaui*, o gentílico de quem nasceu ali.

Tendo em vista a experiência anterior da família, Paulo decidiu que não entraria em sociedade com os filhos. "Cada um tem a sua forma de ser", diz. Não queria mais imbróglios. Assim, cada um acabou abrindo o seu negócio. Seu filho Paulinho abriu o Saj em 2008. Renata abriu o Randa em 2014. Patrícia abriu o Bekaa em 2018.

A separação de bens parece ter dado certo. Quando converso com Paulo, as filhas Renata e Patrícia estão presentes. Paulinho não pôde vir. As duas sorriem enquanto o pai fala e, talvez em sinal de respeito, não o interrompem. Compartilham, está claro, o amor pela comida árabe. Renata diz até que só largou a mamadeira porque a mãe ofereceu uma alternativa melhor: harissa, uma espécie de papinha de trigo libanesa.

Os restaurantes da família têm cada um a sua peculiaridade. O Saj, de Paulinho, é voltado para um público mais jovem, por exemplo. Acabou absorvendo também alguns traços da cozinha libanesa por meio de sua mulher, Carla. Mas, em comum, as casas da família Abbud têm um mesmo prato no cardápio: o beirute.

Quem o inventou, no fim? Há controvérsias. O que importa é que, no paladar árabe-brasileiro, ele vingou.

O escritor baiano Jorge Amado também se interessava um bocado pela comida árabe, que incluiu na sua obra. Talvez fosse sua maneira de abrir um restaurante feito de letras. Vemos, por exemplo, o icônico turco Fadul se deleitando com um prato de qatai'f. Jorge Amado descreve o doce — que remonta ao califado abássida da Idade Média — como um "pastel de amêndoa com calda de mel" em *Tocaia grande*.[9] A menção a ingredientes e pratos árabes nesse e em outros textos do baiano é evidência da presença dos árabes na região produtora de cacau, tratada como um local de grande miscigenação.[10]

É em *Gabriela, cravo e canela*, porém, que a mistura da comida árabe com a cultura baiana fica mais clara. Nesse livro de 1958, Jorge Amado apresenta um de seus personagens mais icônicos: Nacib. No começo da história, esse imigrante sírio contrata a jovem Gabriela para cozinhar no Bar Vesúvio, de que é proprietário. Logo ele e sua clientela se apaixonam pelo tempero da moça. Ela transforma coisas como pimenta-do-reino, pimenta-malagueta, manjericão e hortelã nos bolinhos de carne que o povo de Ilhéus canta em prosa e em verso.[11]

O narrador descreve Nacib como "um brasileiro nascido na Síria", ilustrando como o personagem incorporou a cultura local depois de imigrar. Diz também que o sírio "sentia-se estrangeiro ante qualquer prato não baiano", ou seja, que já tinha se acostumado com a culinária local. Havia, porém, uma exceção: seguia apaixonado pelo quibe de sua terra natal.[12]

Um detalhe importante dessa história toda é que o Bar Vesúvio existiu de verdade. Foi fundado em 1919 por imigrantes italianos no andar térreo de um sobrado. Anos depois, um libanês chamado Emilio Maron comprou o estabelecimento e pôs a mulher, Maria de Lourdes do Carmo, para trabalhar na cozinha.

É tentador dizer, com base nisso, que Jorge Amado se inspirou no casal Maron. Jornalistas fazem essa associação há décadas, mas o autor chegou a negá-la. A família, por sua vez, reage com fúria. Diz-se que chegaram a dar uma surra em um repórter que foi até Ilhéus procurar a "verdadeira Gabriela". Os parentes se incomodam com a comparação porque acreditam que é depreciativa. A Gabriela do livro era uma mulher que vivia a sua sexualidade para além das normas da sociedade. Não é algo que eles associam a Maria de Lourdes.

Apesar dos conflitos, é inegável que a fama de *Gabriela, cravo e canela* tenha se estendido também a Ilhéus e ao Bar Vesúvio. O estabelecimento segue aberto, depois de alguns períodos de interrupção, e explora a conexão com o livro de Jorge Amado. Há uma estátua do autor na frente da casa e o cardápio, é claro, promete o verdadeiro quibe do Seu Nacib. A pesquisadora Maria Luiza Silva Santos sugere, em seu estudo *O quibe no tabuleiro da baiana*, que a cidade deveria explorar ainda mais esse vínculo para incentivar o turismo. Não por acaso o menu tem, além do quibe, uma série de pratos relacionados ao romance, como "caldinho levanta Nacib", "camarão à Gabriela" e "viagra do Nacib".[13]

Há outros bares e restaurantes de chave árabe na região. Santos menciona, por exemplo, o Sheik Bar, com uma unidade em Itabuna e outra em Ilhéus. Os donos têm origem síria. Santos conta que tem gente que chega pedindo uma porção de "acarajé árabe" — se referindo ao quibe frito.[14]

É claro, nada representa melhor a extrapolação da comida árabe para fora da colônia do que o Habib's. Foi essa rede de fast food que consolidou de vez quitutes levantinos como o quibe e a esfiha no país. Só de esfihas, são 680 milhões de unidades vendidas por ano, segundo informações da própria empresa. Ou seja, mais de três esfihas por brasileiro. Embora precise dizer que já extrapolei a minha cota.

Isso já seria digno de nota por si só. O fenômeno do Habib's é ainda mais importante, porém, porque o seu dono não é árabe, nem descendente de árabe, nem casado com árabe. É um simpático português chamado Antônio Alberto Saraiva.

Alberto nasceu em 1953 em Velosa, um pequeno lugarejo na Serra da Estrela. Pequeno mesmo. Tanto que, na reforma administrativa de 2013, Portugal fundiu essa freguesia a um território vizinho para encorpá-la. A fusão fez com que os cento e tantos habitantes virassem cerca de quatrocentos — digamos que ainda não são muitos.

A Serra da Estrela é conhecida por dois motivos. O primeiro é a raça de cachorro que leva o nome da região: um cão-pastor parecido com o são-bernardo, que ajuda na lida com as ovelhas. O segundo motivo é o queijo feito com o leite dessas mesmas ovelhas.

O queijo Serra da Estrela remonta ao menos ao século 12. Teve um papel tão importante na cultura portuguesa que Gil Vicente — mais uma vez ele — o menciona em sua obra como um presente digno de reis. A iguaria é coalhada com sal e flor de cardo. Resulta em um miolo semimole e saboroso, bastante apreciado no país e fora dele.

Alberto fala da cidade de Velosa como o cenário de uma "vida simples". Simples também era seu pai Antônio. Mas ele sonhava com coisas melhores, conta, e decidiu que o lugar para encontrá-las seria o Brasil. Foi atrás de um irmão, que já vivia no além-mar. Alberto tinha apenas seis meses quando fez a viagem em 1954 a bordo do navio *Corrientes*, razão pela qual não tem nenhuma memória da infância em solo português para além do que ouviu da família.

Seu pai Antônio começou a vida em São Paulo entregando pães em botecos na Freguesia do Ó. Depois, surgiu a oportunidade de representar a fábrica de doces Neusa em Santo Antônio da Platina, no norte do Paraná. A Neusa era uma das empresas de doce míticas daquela época, com seus famosos caminhões entregando guloseimas pelo interior do país.

Alberto às vezes acompanhava o pai nessas viagens comerciais. Tinha dez anos e algum tino comercial, tanto que os dois competiam, de brincadeira, para ver quem vendia mais. Alberto saía saracoteando, convencia compradores com seu talento inato e os trazia para fechar negócio com o pai. Como se os pastoreasse. "A turma ficava encantada comigo", diz. Eram produtos como doce de leite, abóbora, paçoca, maria-mole e cocada.

Pai e filho devem ter cruzado, nessas aventuras, com os caixeiros-viajantes árabes que também atravessavam o interior do país. É uma notável intersecção. Tal como os brimos, o português Antônio construiu sua cartela de clientes a partir da tática de vender fiado. Ia marcando as dívidas em um caderninho e voltava depois para cobrar. Alberto ficava de olho e fazia anotações mentais sobre as táticas do progenitor.

Aos dezessete anos, Alberto voltou para São Paulo. Foi morar com o tio Joaquim enquanto estudava para o vestibular. Apesar da feliz experiência no comércio, sonhava mesmo era em ser médico. Custou a realizar essa ambição, porém. Só entrou na Santa Casa na terceira tentativa. Uma das coisas que o motivou a insistir foi o conselho recorrente do pai, que dizia que o sucesso é um resultado do dia a dia.

Ainda estava no começo da faculdade quando o pai comprou a Panificadora Visconde, na esquina da rua Visconde de Parnaíba com a Siqueira Bueno. "Era a pior padaria que poderia existir", Alberto diz. Era "velha e ultrapassada" e, ademais, tinha cinco concorrentes ao seu redor.

Um dia, o filho pegou o Opala do pai emprestado para sair. Iria buscar o progenitor quando ele terminasse o trabalho na padaria. Quando chegou por volta das onze da noite, porém, estranhou que a porta estivesse fechada. Tinha havido um assalto. Antônio, seu pai, estava morto.

Alberto herdou assim aquela "pior padaria". Teve que trancar a matrícula no curso que tanto almejara. Pediu dinheiro emprestado para o tio, que recusou. Joaquim disse que pagaria seus estudos, mas não investiria naquele negócio agourento. Assim, Alberto foi pelejando para manter o negócio aberto, e resume o começo da carreira como dono de padaria com uma frase: "Só acontecia merda". Além da fatalidade com o pai, o irmão sofreu um acidente de carro quando foi buscar um padeiro. Alberto pensou em desistir, tamanhos os infortúnios. O que o convenceu a ficar foi uma coincidência. Lamentou sua sorte para um taxista, que lhe deu o mesmo conselho paterno: só vence quem luta todo dia. "Entrei na padaria, ajoelhei, pedi perdão e que Deus me orientasse."

Resolveu tentar mais. Uma de suas primeiras medidas, quiçá drástica, foi baixar o preço do pão em um terço e produzir mais vezes por dia. A ideia era ter pãozinho quente em diferentes momentos e a valores mais baixos. Os padeiros do bairro passaram a comprar de Alberto para revender e o negócio foi fermentando. Aquela que era a pior padaria acabou virando a melhor.

Dois anos depois, apareceu um corretor de negócios chamado André. Era um filho de italianos que também tinha tino comercial. O seu era para comprar e vender negócios promissores. Alberto lhe entregou com gosto a Panificadora Visconde e voltou para a escola de medicina, onde ainda pensava em concretizar o antigo desejo de virar doutor.

A experiência como padeiro, no entanto, tinha transformado o rapaz. Assim, acabou abrindo outros negócios nos anos seguintes — e os revendendo para o sempre presente André. Abriu uma casa de pastel, depois uma de nhoque, outra de fogaça... A estratégia, com base no sucesso da padaria, era simples: especializar-se em um só produto, encontrar a melhor receita e vender o mais barato possível.

Dividido entre estudos e negócios, Alberto levou oito anos para terminar a faculdade. Já não pensava tanto em exercer a profissão, o que de fato nunca fez. O sonho agora era outro:

abrir um restaurante de que não quisesse se desvencilhar nunca. Para isso, precisava encontrar um prato especial.

Estava um dia na rua Lins de Vasconcelos reformando um espaço para abrir uma lanchonete, um de seus tantos negócios passageiros. A sorte lhe apareceu na figura de um senhor que entrou sem ser convidado. "Era um velhinho de mais de setenta anos, cabelo branco, gordinho e um narigão que era uma napa", Alberto conta, como se ainda o enxergasse. Chamava-se Paulo Abud, morava do outro lado da rua e queria um emprego. "Eu perguntei o que ele sabia fazer. Ele disse: sei fazer uma esfiha aberta maravilhosa."

Alberto pediu que Paulo preparasse uma para ele experimentar. "Era isso daí", diz, apontando para a bandeja coberta por um sem-fim de esfihas entre nós dois durante a entrevista. Enquanto conta sua história, no escritório-sede do Habib's, no bairro paulistano do Morumbi, Alberto vai se servindo dos quitutes. Come com gosto o fruto de seu trabalho. "Aprendi com o Paulo."

Naquele encontro com Paulo, achou por fim o produto que procurava. Faltava abrir o restaurante. Rascunhou o cardápio em um pedaço de papel e mostrou para seu amigo Nelson Libbos, de origem libanesa. Nelson tinha o costume de chamar todo mundo de "habibi", que em árabe quer dizer "querido". Sugeriu que o empresário aproveitasse a palavra para batizar o local.

E assim o Habib's abriu em 1988 na rua Cerro Corá, na zona oeste de São Paulo, com clientes do lado de fora esperando para entrar. A fila da inauguração durou 42 dias, o empresário diz. Um dos principais atrativos era, como sempre, o preço baixo.

Alberto chegava cedo e ajudava a preparar a comida. Abria os quibes um por um, com a ponta do dedo. Ficou famoso entre os funcionários porque, enquanto todo mundo colocava três pás no forno, cada uma com dezoito esfihas, ele conseguia enfiar quatro. "Eu tinha a manha", ri. É o famoso *nafas* outra vez. Antes de a clientela chegar para o almoço, o empresário tirava um cochilo no carro.

Quando André apareceu tempos depois para comprar o restaurante, Alberto disse que não. Àquela altura, o Habib's tinha quinze funcionários. São hoje cerca de 15 mil. O número de lojas já superou a marca de seiscentas. Alberto teve de montar uma central para controlar a produção e manter o preço baixo, que é um dos pontos fundamentais de seu modelo de negócio. A esfiha de carne do Habib's custava cerca de 2,99 reais em 2024 — bastante abaixo de seus concorrentes.

O crescimento veio acompanhado das esperadas críticas. Os detratores do restaurante o acusam, por exemplo, de sacrificar a qualidade pelo preço. Tem também a questão das dimensões, que lembram o ritmo fabril do fordismo. Comer no Habib's não é o mesmo do que ir a um estabelecimento do seu bairro, onde você conhece o dono e sabe que só trabalha com fornecedores locais. Mas, nesse caso, me parece que estamos confundindo alhos com bugalhos.

O objetivo de Alberto não era produzir a melhor esfiha nem oferecer a experiência gastronômica mais exclusiva. A ideia, de que se orgulha, era ganhar em quantidade. No final das contas, foi o Habib's que popularizou o quibe e a esfiha em escala nacional. Alberto se lembra, nesse sentido, de quando abriu uma filial em Fortaleza. Nos primeiros anos, os clientes chamavam a esfiha do Habib's de "pizzinha", porque ainda não conheciam o prato. Hoje, sabem seu nome.

A história do Habib's não é fascinante apenas por causa de seu sucesso comercial. É também uma excelente oportunidade para pensarmos em alguns dos temas fundamentais deste campo de estudo. A ideia de uma "comida étnica" pressupõe uma relação direta entre culinária e etnia. Ou seja, entre comida árabe e arabicidade. O caso de Alberto — um português vendendo esfiha — esgarça essa pressuposição.

O antropólogo australiano Ghassan Hage, de origem libanesa, publicou um artigo sobre esse fenômeno, que chamou de "cosmo-multiculturalismo".[15] Incomodava-o que os restaurantes de Sydney explorassem culinárias étnicas sem ter vínculos com as culturas que as originaram.

Pode parecer má vontade, a princípio. A comida, afinal, facilita a interação entre as culturas. O problema, para Hage, é que na prática essa interação não acontece entre culturas em pé de igualdade. Há sempre uma cultura dominante e uma subordinada. A questão de fomentar a tal diversidade culinária é que isso acaba transformando a comida étnica em um bem de consumo. Isto é, vira uma coisa comensurável e comerciável.[16] Qualquer pessoa pode, nesse sistema, produzir e vender o que quiser. Como resultado, a etnicidade se desgruda do produto étnico. Se Hage conhecesse o Habib's, diria que é um exemplo claro desse processo. Retiramos a arabicidade dos árabes.

A pesquisadora estadunidense bell hooks, que escreve seu nome em minúsculas mesmo, é também bastante cética quanto a essa cultura de bens culturais em que origens étnicas são transformadas em tempero. Ela diz que, nesse mundo, a comida étnica serve para dar sabor à cultura hegemônica branca — que ela descreve como sem graça (*dull*, em inglês).[17] O risco, segundo hooks, é que as diferenças culturais sejam tantas vezes transformadas em produto que, ao final do processo, o "eu" acabe comendo, consumindo e esquecendo o "outro".[18] Como a esfiha, que tanto vendemos a ponto de quiçá nos esquecer de onde veio e, mais importante, de *quem* veio.

Dito isso, é fascinante, diga-se de passagem, que o Habib's não seja o único fast food árabe de donos portugueses no Brasil. É o caso também do Mister Sheik, criado em 1991 como uma maneira de explorar um mercado que era, àquela época, promissor.[19] O logo, desta vez, é um camelo com vestimentas que remetem aos beduínos — outra apropriação orientalista para a nossa conta.

E não são só os estudiosos que criticam toda essa comercialização da comida dita étnica. Em seu estudo sobre a culinária árabe em Juiz de Fora, Rodrigo Ayupe Cruz mostra que a inauguração de restaurantes por brasileiros sem origem levantina levou a importantes "disputas sociais" — é o termo que ele usa — no começo do século 21.[20]

Nas primeiras décadas de imigração árabe para essa cidade mineira, de 1890 a 1950, pratos como quibe e esfiha eram comidos mais em casa. Isto é, existiam em especial no espaço privado, em vez de no público.[21] Cruz afirma que não há sinais de que tenha havido uma comercialização expressiva nesse período. É um contexto bastante diferente do de São Paulo e do Rio de Janeiro, onde encontramos bem cedo restaurantes sírios e libaneses. Em Juiz de Fora, foi só depois da popularidade do Habib's e da novela *O clone* que a comida árabe foi mercantilizada, isto é, transformada em uma mercadoria popular.[22]

Apareceram, então, os conflitos simbólicos. Membros da comunidade árabe juiz-de-forana se incomodaram com os estabelecimentos abertos por brasileiros sem vínculos com o Levante. Começaram a criticar, em específico, o Habib's e uma lanchonete inaugurada no centro da cidade (Cruz não diz qual). O argumento utilizado pelos patrícios era o de que apenas quem veio do Oriente Médio, trazendo experiências e conhecimentos locais, poderia preparar essas refeições.[23]

Essa disputa simbólica é, de certa maneira, a articulação de duas das ideias deste livro. Primeiro, que a comida tem uma função central na constituição de uma identidade árabe no

Brasil. Segundo, que a culinária árabe mobiliza ideias conservadoras de tradição e autenticidade. Assim, no caso relatado por Cruz, a comunidade árabe passou a insistir na superioridade de restaurantes como o Kibe Mauad e o Mabruk. "Segundo eles, a verdadeira comida árabe é aquela que é feita na casa das famílias dos imigrantes ou então nos eventos organizados pela comunidade", Cruz escreve.[24] Por sua vez, os brasileiros sem origem árabe respondem que sua comida pode até não ser a mais tradicional — mas tem mais qualidade. Em uma virada de mesa, esses empresários também lembram que mesmo os restaurantes dito típicos servem inovações, como a esfiha de banana com cobertura de chocolate.[25]

Para quem vê de fora, essa briga é divertida. Afinal, comida não tem nacionalidade. E, no fim das contas, vale reiterar: nacionalidades tampouco são fenômenos naturais, e sim históricos e sociais.

Só assim para a gente entender esta cena corriqueira das praias do Sudeste: um homem com vestimentas árabes carregando uma caixa térmica de isopor e berrando algo como "olha o quibe, olha a esfiha, o verdadeiro salgado á-ra-be!". Há poucos exemplos tão eloquentes da incorporação da comida árabe no Brasil e da sua transformação em produto nacional.

Marco Antônio Maciel, aos setenta anos, diz que foi ele quem inventou esse negócio. Nasceu em Campos do Jordão, no estado de São Paulo. Quando tinha oito anos, sua família foi morar no Rio de Janeiro, no bairro da Penha. Saiu de casa jovem, antes da maioridade, e se mudou para Copacabana. Aprendeu a discotecar com um amigo e trabalhou em boates.

A vida noturna, porém, levou consigo parte da audição do agora apelidado Marquinhos. Ele foi cansando. Certo dia, um amigo disse que ia jogar fora uma fantasia de sheikh que tinha trazido de Dubai. Uma ideia se instalou de pronto na cabeça de

Marquinhos. Pediu que lhe desse a roupa. Foi depois até o mítico restaurante Baalbek — mais conhecido como "o árabe da Galeria Menescal" — e comprou alguns salgados. Fantasiou-se e foi até a areia vender. Era a virada dos anos 1980 para os 1990. A praia estava lotada para assistir a um campeonato de vôlei. Marquinhos vendeu um bocado. Voltou nos dias seguintes e foi se consolidando. Ajudava o esdrúxulo da situação: estar vestido da cabeça aos pés em meio a tanta gente de sunga e fio dental. O negócio foi evoluindo. Marquinhos começou a trabalhar com Ali Mustapha, que tinha um restaurante naquela época e lhe ensinou os truques da culinária árabe. O cardápio passou a incluir outros pratos, como o quibe. Em 1992, trocou a praia de Copacabana pela do Pepê, na Barra da Tijuca.

Marquinhos comprova o ditado de que todo brasileiro nasce com diploma de marketing. "Um dia pensei: deserto tem areia e areia tem camelo", diz. Encomendou um animal em tamanho real dos estúdios da escola de samba Mangueira e passou a arrastá-lo pela praia, debaixo do sol. Contratou também uma odalisca para completar a cartela de estereótipos orientalistas — e funcionou. Diz que já saiu em todos os jornais da TV Globo. Ficou conhecido como "o árabe do Pepê". "Hoje tem uns quinhentos caras que vendem esfiha na praia, mas eu fui o primeiro", orgulha-se. "É um privilégio ter meu nome na história do Rio, ainda mais sendo paulista."

Foram mais de três décadas de trabalho árduo e areia entre os dedos do pé. Apesar da fama, nunca enriqueceu. Vende cerca de 250 salgados por dia. Isso quando a chuva não afugenta os banhistas. "Devo ser o único sheikh pobre do mundo", brinca a sério.

Troças à parte, o Rio de Janeiro é uma excelente paisagem para pensarmos na história dos brasileiros que comercializam quibe e esfiha. Alguns dos restaurantes árabes mais conhecidos da Cidade Maravilhosa são propriedade de pessoas sem ascendência levantina.

Quem primeiro me chamou a atenção para esse fenômeno foi o pesquisador Bruno Najjar. Bruno é brimo, como seu sobrenome já deixa claro de antemão — *najjar* significa "carpinteiro", em árabe. Seu avô materno, Nassim Georges al-Najjar, imigrou para o Rio de Janeiro em 1951, aos 21 anos, vindo do vilarejo libanês de Darchmezzine. Casou-se com a brasileira Leda da Rocha Vieira, que aprendeu as receitas árabes com as esposas, irmãs e mães dos amigos e colegas de trabalho do marido.[26] Bruno cresceu, assim, consumindo comida árabe, tanto em casa quanto nos restaurantes cariocas. Já era uma comida que, reparem, misturava as origens.

Bruno decidiu investigar essa culinária mais a fundo no seu trabalho de conclusão de curso em estudos de mídia, que defendeu em 2021. Era uma pesquisa sobre um grupo de Facebook chamado "Receitas de Comida Árabe", em que os usuários compartilhavam informações sobre pratos médio-orientais e norte-africanos. Uma coisa que lhe chamou atenção logo de cara foi que boa parte dos usuários não tinha origens árabes. A reputação no grupo dependia, na maior parte do tempo, da experiência na cozinha — e não dos antepassados.[27]

No mestrado, Bruno decidiu estudar a comida árabe de rua no Rio de Janeiro, investigando os discursos e relações sociais criados em torno dela.[28] Saltou das redes para o mundo das coisas físicas. Concentrou seu trabalho na região da rua da Alfândega — a "pequena Turquia" carioca — e nos vendedores autônomos de salgados árabes que transitavam pela cidade carioca.

Bruno percebeu que, dos sete estabelecimentos que se identificavam como "vendedores de comida árabe" na época do seu trabalho de campo, quatro eram geridos por pessoas de outras origens.[29] Era o caso do Nagib, do Rei do Quibe, do Cedro do Líbano e da padaria Bassil, alguns dos lugares tidos pelos comensais cariocas como mais tradicionais. Bruno dedicou grande parte de sua dissertação a essa aparente contradição, algo que a academia tinha estudado pouco até então.[30]

Depois que li o trabalho de Bruno, publicado em 2024, comentei com alguns amigos cariocas que o Cedro do Líbano era propriedade de donos europeus. Muitos reagiram com um espanto quase ofendido. O restaurante, afinal, era um dos símbolos da comunidade árabe do Rio de Janeiro.

É verdade que o Cedro do Líbano foi fundado por um imigrante libanês, em 1948. Era um homem chamado Narciso Mansur, de quem se sabe pouco hoje. Mansur, no entanto, vendeu o estabelecimento em 1954 para um sócio português e outro espanhol. Foram então os europeus que construíram a reputação do lugar. Nos anos 1970, o lusitano vendeu sua parte da firma, que se tornou, para todos os efeitos, um negócio familiar espanhol. A última proprietária foi Lícia Dominguez, filha do comprador. O restaurante icônico infelizmente fechou em 2021 como resultado da pandemia de covid-19.[31]

Já a padaria Bassil é outro desses símbolos levantinos tocados por um brasileiro. Chama-se, neste caso, Iran José Bezerra Sebastião. Ele é filho de um pernambucano com uma paraibana. O caso é ainda mais interessante porque se trata do estabelecimento árabe mais antigo da cidade — e talvez de todo o país.[32]

A padaria foi fundada em 1913 pelo imigrante libanês Tufi Bassil, de Batrun. Tufi chegou na virada do século e teve uma sorveteria antes de se enveredar pelo segredo do trigo. A Bassil virou um dos símbolos do centro do Rio, onde a colônia se concentrava naqueles tempos. Vendia apenas três coisas: pão sírio, esfiha de carne e manqushe de zátar. Tufi morreu em 1943 e seus três irmãos — Maurício, José e Jorge — herdaram o negócio. Maurício era casado com uma tia de Iran e ajudou a criá-lo, razão pela qual o brasileiro acabou entrando para a família mesmo sem ter a ascendência levantina.

Iran, que nasceu em 1958, me diz que ainda se lembra do movimento na padaria naquelas décadas. A região do Saara ainda era um reduto de comerciantes árabes. A Bassil abria às 6h30 e logo vinham os brimos para comer manqushe e jogar porrinha, um clássico dos botecos cariocas. Seguravam palitos nas mãos e tentavam adivinhar a soma da roda. Quem perdia pagava o café de todo mundo.

Sob a gestão dos irmãos, e depois de Iran, a padaria foi mudando. Incorporaram outros pratos ao cardápio, coisa que Tufi não aceitava enquanto era vivo. Hoje vendem também coisas como quibe, esfiha folhada, esfiha de frango e fatayer. Mas Tufi tinha alguma razão. É a esfiha aberta de carne que mais tem saída mesmo.

Uma das principais mudanças, entretanto, foi visual. As paredes da padaria eram a princípio brancas, com o desenho de um oásis. Um dia os jogadores de futebol Jordan e Garrincha foram comer esfiha e fizeram uma aposta: se o Botafogo ganhasse o campeonato carioca de 1962, a padaria teria que pintar tudo de preto e branco, as cores do time. A equipe venceu a partida contra o Flamengo por 3 a 0 e a Bassil tem até hoje essa paleta em sua homenagem. As paredes são revestidas por azulejos brancos e pretos, como um tabuleiro de xadrez.[33] "Não vai mudar nunca", Iran me diz. "E não digo isso só porque sou Botafogo."

Longe de mim vir aqui desmistificar restaurantes. Mas este é o ensejo para dizer que outro clássico árabe carioca — a "Esfiha do Largo do Machado" — foi comprado há décadas por um português. Não digo isso, vale insistir, para desqualificá-lo. É apenas mais uma evidência da incorporação dos sabores árabes ao tecido social brasileiro.

"Esfiha do Largo do Machado" não é o nome oficial do lugar. É como os cariocas se referem ao restaurante, que na verdade se chama Rotisseria Sírio Libaneza. A grafia é essa mesma, com Z no nome, algo que acaba contribuindo para o ar de antiguidade e autenticidade. A rotisseria fica dentro da Galeria Condor, no largo do Machado, daí o apelido. A galeria foi inaugurada em 1966 e o restaurante abriu na mesma época. Seu registro junto às autoridades municipais data de 1968. O dono era um senhor sírio de cujo nome parece que ninguém se lembra mais. Ficou amigo de um português chamado João Rocha Pereira, dono de um galeto dentro da mesma galeria. João tinha chegado ao Brasil em 1951 e trabalhado por um tempo na célebre Confeitaria Colombo. Segundo a família, o senhor sírio sempre dizia que, se um dia voltasse para o país natal, venderia o negócio para João. Acabou fazendo isso mesmo alguns anos depois. O negócio, portanto, estava desde seus primeiros passos em mãos portuguesas, nas quais segue até hoje.

O local é bastante informal. O logo tem uma simplicidade geométrica que hipnotiza: é uma espécie de triângulo com três estrelas estampadas, tudo em azul e branco. Nas mesas, o jogo americano de papel faz as vezes de cardápio. Mas o típico mesmo é ficar de pé. Encosta-se a barriga no balcão e se espera os garçons servirem, com pressa, coisas como esfiha, quibe e kafta.

Para beber, algo bem carioca: um copo de mate gelado.

Além dos restaurantes, existe ao menos um caso emblemático de doces árabes fabricados por um não árabe — neste caso, um brasileiro de origem grega que produz halawi. Mas o enredo é um pouco complicado. Para entendê-lo, precisamos retomar a história do Império Otomano. Mania de historiador de querer voltar no tempo.

Theodoros Panayotis Daris nasceu em 1921 em Istambul, já depois de o império ser derrotado na Primeira Guerra e ter seu fim decretado pelos aliados. Era parte de uma pujante comunidade grega que integrava aquele emaranhado de etnias e religiões. O novo sistema internacional, que pressupõe a existência de Estados-nação, fez com que aquela mistura deixasse de fazer sentido. Assim, assinou-se em 1923 um tratado que estipulava que a Turquia enviaria sua população grega para a Grécia e vice-versa. Cerca de 1,6 milhão de pessoas foram transformadas em refugiados e forçadas a cruzar as fronteiras nacionais.

Foi o caso de Theodoros, cuja família foi parar na Romênia. Começaram a trabalhar com comida, vendendo doces como tahine (pasta de gergelim), halawi (doce de gergelim) e rahat (goma árabe). Eram coisas que, apesar de hoje associadas ao mundo de cultura árabe, faziam parte de um sistema otomano mais amplo que englobava também a Grécia e os Bálcãs.

Os avanços do comunismo após a Segunda Guerra fizeram com que a família tivesse de fugir mais uma vez. Tentaram se firmar na Grécia, sem sucesso. Apesar de serem de origem grega, eram vistos como turcos pela população local. Então rumaram para o Brasil, afastando-se daquele conflituoso mosaico de etnias de repente incompatíveis. Escolheram a região porque um irmão de Theodoros, chamado Nicolas, tinha imigrado para a Venezuela.

Theodoros foi morar em São Paulo, no bairro da Penha, e começou a fabricar aqueles doces. Entendeu que existia, no centro da cidade, uma comunidade árabe que tinha os mesmos costumes. Começou a frequentar a região da 25 de Março e fez amizade com os brimos. Travou uma aliança, em especial, com Abdo Salam Kahil, dono da então famosa Confeitaria Pagé.

Abdo falava turco, como Theodoros, e o ajudou. Emprestava dinheiro para que preparasse os doces e os vendia na confeitaria. Mais tarde, o Empório Syrio passou a comprar também. Batizou sua marca de Istambul em homenagem à cidade em que tinha nascido. Mais tarde, adquiriu outras fábricas menores, como a Nasser, e se consolidou no mercado. É hoje a referência no mercado de tahine e halawi, com as famosas latas de metal decoradas de verde e amarelo. Theodoros trabalhou até a morte, em 2011, às vésperas de fazer noventa anos. "Ele não largava", diz seu filho Panait Theodoro Daris, com quem conversei. Estavam presentes sua irmã Caterina e sua sobrinha Stephanie, que também atuam na empresa familiar.

A história de Theodoros e de seus doces se entrelaça de maneira inevitável à do gergelim, matéria-prima básica da sua produção — a indústria processa quarenta toneladas da semente por mês. Panait e Caterina contam que, quando seu pai começou com os doces no Brasil, era dificílimo encontrá-lo.

A família tinha que importar a planta de lugares como México, China e Índia, e a estocava por meses, para se prevenir de escassez e flutuações de preço. Em seguida, passaram a incentivar pequenos produtores em Minas Gerais, Goiânia e Mato Grosso, com o que conseguiram criar um mercado no país. Viraram, de certa maneira, especialistas nas vicissitudes do gergelim, que Caterina descreve como seu oxigênio. Caterina, diga-se de passagem, era na época da nossa entrevista em 2025 uma das líderes da coletividade helênica de São Paulo.

Escutando a história, penso nas *Mil e uma noites*. Um dos episódios mais conhecidos desse clássico da literatura árabe é o de Ali Babá. No texto do tradutor francês Antoine Galland, é com a frase "abre-te, sésamo" que o personagem adentra a caverna onde os ladrões esconderam seu tesouro. Sésamo é outro nome para gergelim. Fico tentado a imaginar uma versão em que, com as mesmas palavras, o grego Theodoros encontrou riquezas no Brasil.

Talvez alguém pudesse escrever um livro parecido com o meu na Síria ou no Líbano. Seria um estudo sobre como os hábitos alimentares do Brasil influenciaram os do Levante, criando costumes híbridos por lá.

O que imagino para a capa desse volume imaginário é a fotografia de um homem sentado debaixo de uma oliveira, um cenário típico da região, segurando uma cuia de chimarrão e levando a bomba à boca enquanto se deleita com o amargor da bebida. Isso porque, como resultado do contato entre árabes e sul-americanos, o mate está hoje bastante arraigado no Levante.

Ainda me lembro da surpresa que tive, em 2014, enquanto cobria a guerra civil síria. Fui até o campo de refugiados de Yarmuk, em Damasco. Não era fácil entrar, naqueles dias. O regime de Bashar al-Assad cercava o campo. Grupos armados se digladiavam em becos estreitos, disparando por trás das cortinas, fazendo qualquer deslocamento ser um risco. Enquanto esperava, ansioso, no portão, puxei um dedo de prosa com um soldado. Notei primeiro a bandeirinha da Síria pendurada no cano do seu fuzil. Depois, a cuia de mate nas mãos, sorvida com prazer. Consegui passar pelo controle militar e entrevistar, mais tarde, um dos porta-vozes do comando central da Frente Popular para a Libertação da Palestina. Mas a cena do mate ficou na minha cabeça.

Só muito tempo depois fui saber que a Síria e o Líbano eram os maiores importadores da erva-mate no mundo.[34] Imigrantes adquiriram o costume no começo do século 20, enquanto viviam na América do Sul, e o levaram consigo quando voltaram para as suas terras.

O mate — a planta *Ilex paraguariensis* — é uma pequena árvore que nasce nas matas úmidas do Cone Sul. Já era bebido pelas populações indígenas antes da chegada dos conquistadores europeus. Os espanhóis adquiriram o gosto no século 16 e tentaram introduzi-lo na Europa. A bebida, porém, não conseguiu competir com o café e com o chá, que tinham uma função parecida como estimulante.[35] Foi só nas últimas décadas que a erva começou a se espalhar nos mercados europeu e estadunidense.

Já com os árabes a recepção do mate foi diferente. Ainda no começo do século 20, quando chegaram à América do Sul, eles tomaram gosto pela bebida e adotaram os costumes atrelados a ela. Tanto gostavam do mate que, conforme foram voltando à terra natal, para visitar ou se restabelecer, levaram cuia, bomba e planta consigo. Em 1935, quando a Argentina criou uma comissão para regular a produção de mate, os primeiros levantamentos mostraram que a Síria era seu segundo maior importador. Foram 39 639 quilos em 1936. O primeiro lugar, naquele ano, foi a Bolívia, que comprou só um pouco mais da erva: 39 918 quilos.[36] O termo "Síria", na época, englobava também o Líbano, que ainda não era independente.

A prática de tomar mate é associada, no Brasil, à cultura gaúcha no Rio Grande do Sul. É um marcador cultural. O mesmo acontece na Síria e no Líbano, onde é mais predominante entre os drusos, uma minoria étnico-religiosa.[37] É curioso que tanto gaúchos quanto drusos tenham como veste tradicional uma calça larga e tomem o mate. Coisas da história.

No contexto levantino, o costume — ritualizado — de tomar a bebida da erva-mate indica também a classe e o prestígio social de alguém. É um sinal, de certa maneira, de que a população drusa teve condições financeiras de imigrar e retornar à terra natal. Uma prova de seu cosmopolitismo. O contraste, nesse caso, é com as populações xiitas, um ramo minoritário do Islã tido como mais pobre, menos móvel e, portanto, menos cosmopolita.[38]

Assim como os brasileiros adaptaram e transformaram alguns dos hábitos que adquiriram dos árabes, os sírios e libaneses incorporaram o mate em seus países. Aprenderam a chamar o canudinho perfurado de metal de *bombilla*, usando a palavra em espanhol, mas a cuia eles chamam por um termo árabe: *qara*, que denota esse tipo de recipiente na sua língua.[39]

Falamos pouco no Brasil sobre os imigrantes árabes e os seus descendentes que decidiram voltar para a terra natal. Quem lê os estudos desse campo fica com a impressão de que os sírios, libaneses e palestinos chegaram no Brasil e fincaram raízes aqui para sempre, como árvores frondosas. Alguns o fizeram, sem dúvida. Outros tantos inverteram o sentido da imigração e retornaram.

A história chama isso de "imigração de retorno". Aconteceu com todos os grupos migratórios, aliás, ainda que em diferentes medidas. Estima-se, por exemplo, que entre um quarto e um terço dos europeus que imigraram para os Estados Unidos entre 1880 e 1930 acabaram voltando para os seus países.[40] Um terço dos adultos indianos que foram para o Caribe francês nos anos 1870 em contratos de servidão também retornaram.[41] Tem também quem voltou para lugares onde nunca tinham estado. É o caso dos descendentes de pessoas escravizadas que foram do Caribe para a África Ocidental depois da abolição.[42]

Não sabemos ao certo quantos árabes deixaram o Brasil. As autoridades nacionais não controlavam muito bem as saídas nos portos. Essa taxa, porém, deve ter sido semelhante àquela registrada entre os libaneses que retornaram dos Estados Unidos entre 1870 e 1914: cerca de um quarto.[43]

O pesquisador Roberto Khatlab chegou a cunhar um termo para se referir a essas pessoas: "brasilibaneses". Ele próprio é um deles. Nasceu em Maringá em uma família que tinha imigrado de Beirute. Em 1983, mudou-se para o Líbano e formou sua família ali, onde segue até hoje.[44] O Itamaraty estima que há 21 mil brasileiros no país, muitos deles com a dupla cidadania. É a maior comunidade brasileira no Oriente Médio.

Sawsan Saleh é brasilibanesa. Nasceu no Brasil de pai e mãe libaneses. Aos vinte anos, viajou com a mãe para o Líbano para visitar a terra dos antepassados. Era para ser uma viagem curta. Conheceu, no entanto, o homem com quem mais tarde se casou — e foi ficando. Isso já faz 25 anos.

Foi viver no Beqaa, uma das regiões que têm as maiores concentrações de brasileiros no Oriente Médio. É um vale entre o Líbano e a Síria, de grande valor estratégico. O vilarejo em que Sawsan se instalou se chama Sultan Yacub e tem tantos outros brasilibaneses que se fala uma mistura de português e árabe nas ruas. Em 2008, ela começou a trabalhar com comida. Juntou-se a outras mulheres na região — hoje são catorze integrantes — e formalizou em 2013 a cooperativa 3 Chef. Vendem salgadinhos brasileiros e libaneses, fornecendo-os para restaurantes, supermercados e eventos.

Sawsan conta que, nos primeiros anos, a coxinha tinha pouca saída. Seus clientes libaneses até experimentavam, mas preferiam comprar salgados mais tradicionais. Foi por isso que ela incluiu quibe no cardápio. Hoje em dia, porém, o quitute de frango já está bem mais popular. É vendido por todo o vale, entre brasileiros, brasilibaneses e libaneses. Sawsan também fornece massa para pastel, outro clássico que trouxe do Brasil para a terra de seus ancestrais.

É fascinante ver como Sawsan passa por alguns dos mesmos desafios pelos quais passaram os primeiros imigrantes árabes que chegaram no Brasil. Ela peleja para encontrar todos os ingredientes de que precisa para fazer comida brasileira no Líbano. Acaba tendo que se adaptar. Tinha pensado, por exemplo, em fazer pão de queijo para vender. Porém, não encontra polvilho azedo para comprar e, quando encontra, é caro demais. Também desistiu de preparar polenta porque a farinha de milho libanesa, diz, é mais amarga. Poderia aproveitar a farinha venezuelana de fazer arepas, mas teria o mesmo problema: encareceria o produto final.

Mas nem toda dificuldade com a comida brasileira vem da falta de ingredientes. Às vezes, a adaptação decorre de outros fatores. Convidei um dia meu amigo Ahmed Naji para jantar em casa, em Washington. Tinha acabado de conhecê-lo pessoalmente, mas já ouvira falar na sua obra algum tempo antes. Naji é um renomado escritor egípcio, autor do importante romance experimental *Istikhdam al-haya* [Usando a vida]. Ficou famoso também porque, devido a esse livro, passou quase um ano na infame prisão de Tora, no sul do Cairo.

O romance saiu em 2014, narrando um futuro pós-apocalíptico na capital egípcia. A linguagem, tida como demasiado vulgar, escandalizou alguns leitores. Um deles entrou com uma ação contra Naji, acusando-o de violar os valores morais do país. No processo, citou a cena de um personagem que lambe o olho de outro. Naquele país autoritário e conservador, foi o suficiente para ser preso.

A história de Naji e de sua vida na detenção é poderosa. Ele fala bastante sobre isso desde sua soltura em 2018, quando se mudou para Washington e, dali, para Las Vegas. Cheguei a contar parte dessa jornada na revista *piauí*.[45] O que nos interessa aqui, porém, é um detalhe: a sua alimentação na prisão de Tora.

Naji conta que tinha de fazer um esforço tremendo para manter a boca fechada de noite e, assim, evitar engasgar com uma barata. Outra coisa que tentava evitar era a carne brasileira. O refeitório da prisão tinha um cronograma de pratos que se repetiam, e o mais detestado era o nosso bife. Naji diz que era tão duro e sem gosto que servia como uma espécie de punição, além de todas as outras.

Uma das razões pelas quais essa história me impactou tanto é que eu tinha vivido até aquele dia pensando que todo mundo concordava que a carne brasileira tinha uma qualidade excepcional. A história de Naji apresentava um cenário diferente. A carne que o governo egípcio importava do Brasil, sugere, tinha qualidade mais baixa e era conservada sem a devida refrigeração. Daí a fama que ganhou na prisão. Naji também me disse que, mesmo fora do cárcere, algumas marcas de frango brasileiro têm a pecha de serem menos saborosas. Em particular porque os bichos chegam congelados, depois de longas jornadas. Não é o mesmo do que sacrificar sua própria galinha, no quintal, e prepará-la na hora.

Digo tudo isso não para vilipendiar a exportação de carne brasileira, que é um dos pilares da nossa economia e um dos principais produtos — sobretudo a de galinha — enviados para o mundo de cultura árabe, mas porque a história de Naji é um bom lembrete de que diversas sociedades e culturas têm as suas próprias percepções do que é melhor ou pior. Uma coisa é uma carne brasileira em uma churrascaria chique em uma capital europeia — outra, bastante diferente, é aquela servida na prisão de Tora.

Outros produtos brasileiros, como açúcar, milho e soja, são devidamente consumidos no Oriente Médio.[46] É, assim, outro caso da inversão do processo de que este livro trata. Eis mais uma circunstância em que somos nós que levamos os nossos produtos e hábitos alimentares para lugares como o Norte da África e o Levante, de onde vieram tantos imigrantes durante o último século. O Brasil conquistou esse mercado, entre outras razões, pela presença de um robusto setor halal no país. O halal é o alimento que segue os preceitos do Islã, pelos quais é chancelado. Essas regras estipulam, por exemplo, que um muçulmano esteja presente na hora do abate do animal, recitando uma prece para abençoá-lo. O judaísmo tem um sistema parecido, conhecido como kosher. Tanto halal quanto kosher significam mais ou menos a mesma coisa, em árabe e em hebraico: "permitido", "apropriado".

Existe uma complexa estrutura voltada ao mercado halal no Brasil, incluindo instituições especializadas no tema. São essas entidades que vistoriam, por exemplo, um criadouro de frango ou um frigorífico para se certificar de que tudo está de acordo com as normas islâmicas, emitindo certificados internacionais que permitem a exportação para países que seguem esses preceitos. É um mercado que envolve uma balança comercial de quase 14 bilhões de dólares por ano, além de empregar cerca de 1,5 milhão de pessoas.[47]

Foram os imigrantes árabes e seus descendentes que montaram esse negócio no país. Entre eles, o libanês Hajj Hussein Mohamed El Zoghbi. Hussein nasceu no povoado de Kamid al-Lawz e se mudou para o Brasil em 1950. Mascateou como tantos outros e foi acumulando capital. Teve um açougue e, depois, abriu uma loja de móveis e um armazém. Em 1979, fundou a Federação das Associações Muçulmanas do Brasil (Fambras), uma espécie de organização guarda-chuva que representa diferentes entidades da comunidade islâmica. Uma das suas principais atividades, ao lado da caridade, é a certificação e treinamento para o mercado halal.

Muito se fala na influência dos árabes na política brasileira — em especial depois da ascensão de nomes como Paulo Maluf, Michel Temer, Fernando Haddad e Simone Tebet, como trabalhei em meu livro anterior. Mas a comida também é política. Isso fica claro quando olhamos para os desdobramentos da ameaça que Jair Bolsonaro fez durante seu mandato de que iria transferir a embaixada brasileira em Israel. Os planos de mudar nosso escritório diplomático de Tel Aviv para Jerusalém causaram bastante incômodo no mundo de fala árabe. Isso porque, do ponto de vista simbólico, significaria que o Brasil reconhece Jerusalém como capital de Israel. Os palestinos, porém, também a consideram como sua capital.

Uma das razões pelas quais o Brasil desistiu dessa mudança desastrosa foi o mercado halal. Membros influentes da comunidade islâmica se reuniram com representantes do governo em Brasília para explicar o impacto que o gesto de Bolsonaro teria na economia brasileira. Os países árabes já estavam ameaçando nos boicotar, em represália. A Fambras estimava que, com isso, o país perderia cerca de 500 mil empregos diretos e indiretos.[48] Bolsonaro nunca cumpriu a ameaça e, quando Lula assumiu o governo, não se falou mais disso.

Naji pode até não gostar da nossa *marvada* carne halal. Mas ela ajudou a evitar o que seria, naquele momento, um desastre diplomático e econômico para o Brasil.

Epílogo

Monsenhor Michel Bitar nasceu em 1948, em Kobayat, um povoado cristão no norte do Líbano. Cresceu em Beirute, onde estudou teologia, e liderou algumas paróquias locais no início de sua carreira. Até que, em 1993, a liderança da Igreja Maronita o incumbiu de uma importante tarefa: mudar-se para o Brasil — onde ele nunca tinha estado — e estabelecer uma igreja dessa vertente oriental na cidade de Belo Horizonte.

A capital mineira recebeu bem o pároco libanês. O arcebispo Serafim Fernandes de Araújo até cedeu a capela ligada ao Colégio Santa Maria para que os maronitas realizassem ali os seus rituais, celebrados em árabe e em português. É onde Michel trabalha desde então. Como a capela só tem um cômodo, improvisou um escritório posicionando uma mesa próxima ao altar, onde me recebe. Sorri de um modo gentil e ininterrupto. Ao nosso redor, imagens de santos maronitas nos observam. Entre eles, Nimatullah Kassab, um antepassado do ex-prefeito de São Paulo Gilberto Kassab que viveu no século 19.[1]

Michel é responsável por toda a comunidade maronita de Minas Gerais. Por conta disso, viaja bastante. Imigrantes árabes e descendentes em lugares como Viçosa, Divinópolis, Visconde do Rio Branco e Itaúna o convidam para celebrar batizados e casamentos. Nesse trabalho, ele vê o quanto da cultura levantina já desapareceu no Brasil, algo que lamenta. A maior parte dos descendentes não fala árabe nem mantém laços estreitos com a terra dos seus ancestrais.

A comida é uma exceção. Michel conta que os descendentes costumam recebê-lo no interior com pratos de homus, tabule e charutinho de uva, entre outros. "São coisas que eles fazem com alegria, com amor, porque essas são as suas raízes", diz. São receitas que eles aprenderam em casa com seus pais e avós e, apesar da distância entre o Brasil e o Levante, ainda transmitem a seus filhos.

Este livro narrou a história de como a comida árabe chegou até o Brasil, acompanhada das memórias de diversas famílias imigrantes. A culinária sobreviveu, se transformou e prosperou nos trópicos. Tornou-se um valioso artefato cultural. Escondem-se entre os grãos-de-bico e as folhas de tomilho os segredos de uma de nossas comunidades imigrantes mais importantes. Seus hábitos alimentares são também as suas maneiras de habitar o mundo, de digeri-lo.

Sem tais hábitos, a imigração seria um fenômeno histórico ainda mais traumatizante. Afinal, ainda que esses viajantes prosperem, deixam sempre algo de si para trás. A comida serviu, nesse contexto, como um remédio contra a *ghurba*. Possibilitava um retorno sensorial aos vilarejos no leste do Mediterrâneo, aos quais a maioria dos imigrantes nunca voltou no plano material.

Foi comendo, em parte, que os árabes delinearam a sua identidade étnica no Brasil. Traçaram fronteiras entre o "nós" e o "eles" usando seus temperos: sumagre, água de rosas, melaço de romã. Abriram empórios e restaurantes e comercializaram as suas diferenças. Muitos desses estabelecimentos ainda existem. São museus de modos de vida. Suas obras de arte: esfihas abertas na mão e cobertas de carne moída.

Dada a importância de sua comida como um marcador cultural, os árabes que aqui aportaram se esforçaram para preservá-la. Queriam imobilizar as lembranças que tinham de sua terra natal. Para isso, escreveram livros de receita e insistiram na ideia de que cozinhavam os pratos mais autênticos e tradicionais. Como se dissessem que, à mesa, o tempo não passa.

Ainda assim, suas práticas culinárias mudaram. Em parte, porque já não encontravam os mesmos ingredientes e apetrechos para reproduzir todos os detalhes de suas memórias. Improvisaram como puderam. Transmutaram a carne de carneiro em carne de vaca e inventaram novas maneiras de vivenciar o quibe. Experimentaram ingredientes locais — sementes de amburana, mandioca, farinha de milho. Ainda eram árabes, é claro. Mas eram brasileiros, também.

Os hábitos que tinham trazido de longe, da Terra Santa, mudaram por sua vez o Brasil. A esfiha fugiu de casa e se esgueirou até as vitrines dos botecos das grandes cidades, espremendo-se entre a coxinha e o pão de queijo, com quem logo se amigou. Brasileiros sem nenhuma conexão com o Levante compraram e abriram restaurantes árabes, alguns dos quais são hoje os símbolos mais evidentes dessa culinária. O dono do Habib's, que é a maior rede árabe do Brasil, nasceu em Portugal. Caminha nas areias do Rio de Janeiro um paulista vestido de sheikh, que grita: "Olha o quibe, olha a esfiha, o verdadeiro salgado á-ra-be!".

Receitas

Apresento aqui dez receitas que colhi em manuais e entrevistas. A ideia não é que este seja um livro de receitas, e sim que registre uma parte do patrimônio imaterial e das maneiras de existir da comunidade árabe-brasileira. Enquanto espreme o trigo de quibe, enrola uma folha de uva e abre a massa de um maamul com o dedo, lembre-se de que está repetindo gestos que vieram em barcos a vapor na virada do século 19. São maneiras de incorporar — no sentido de trazer para o corpo — as experiências de uma população imigrante.

As receitas a seguir exemplificam diversos modos de transmissão de conhecimento. O tabule, por exemplo, vem do livro de Adélia Salem Gabriel, dos anos 1950. A receita de fatouche reflete a vida de Leila Kuczynski, que cresceu no Líbano e abriu em São Paulo, nos anos 1980, o restaurante Arábia. Incluí também os saberes de famílias, como a dos Kalil, que fazem um quibe cru verde-esmeralda. A sadiha é uma invenção dos Gibran de Araraquara, e o taleme, uma especialidade dos sírios de Bariri. Incorporei também o quibe de bandeja do meu pai, uma herança da mistura de espanhóis, italianos e sírios que acontecia todos os dias nas ruelas paulistanas.

São receitas relativamente simples. Boa parte delas pode ser preparada com antecedência. Experimente fazer uma combinação de três ou quatro para uma refeição completa, da salada à sobremesa. Note, porém, que em alguns casos é muito mais fácil cozinhar com outras pessoas, dividindo as tarefas. A comida árabe é uma atividade comunal — um jeito de estar junto.

Fiz pequenas alterações nas receitas para padronizá-las. Mas veja: o intuito não é que você consiga reproduzir os pratos de maneira exata. Há uma série de saberes familiares que o texto escrito não é capaz de reproduzir. O melhor jeito de aprender a fechar uma esfiha é ver alguém na cozinha. Fique à vontade, portanto, para fazer as adaptações que precisar.

Esta tradição é sua também, agora.

TABULE

O tabule é uma das pedras angulares da culinária levantina. Aparece na mesa, em geral, como um acompanhamento. A acidez do limão é um excelente complemento para a gordura de outros pratos. A receita abaixo é uma adaptação da que aparece em *Cozinha árabe*, de Adélia Salem Gabriel. Foi um dos primeiros livros de comida árabe no Brasil, com o qual muitos aprenderam a cozinhar em meados do século 20. Vale a pena procurar o volume em uma loja de livros usados.

Ingredientes
1 xícara (chá) de trigo para quibe
4 tomates
1 pepino
1 cebola
2 cebolinhas

1 maço de salsinha
1 maço de hortelã
Azeite, limão e sal a gosto

Preparo

1. Deixe o trigo de molho por cerca de dez minutos e depois aperte para tirar o excesso de água.
2. Corte o tomate em cubos pequenos.
3. Pique bem fino o pepino, a cebola, a cebolinha, a salsinha e a hortelã.
4. Misture tudo e, antes de servir, tempere com azeite, limão e sal.

FATOUCHE

O fatouche é outra salada clássica da tradição árabe-brasileira. Em vez de trigo, leva pedacinhos torrados de pão — chamados de fatteh, de onde vem o nome. A receita foi compartilhada por Leila Kuczynski, uma das responsáveis por popularizá-lo no seu restaurante, o Arábia. Com o passar das décadas, Leila adaptou o fatouche ao gosto de sua clientela. As sementes de romã são um toque de mágica — preste atenção em como explodem entre os dentes.

Ingredientes

1 pão árabe
4 tomates
2 pepinos japoneses
½ cebola
5 rabanetes
4 folhas de alface-romana ou americana
6 folhas de rúcula

½ xícara de folhas de hortelã

3 colheres (sopa) de salsinha fresca

1 colher (sopa) de sumagre

1 colher (sobremesa) de zátar

2 colheres (sopa) de melaço de romã ou 4 colheres (sopa) de suco de limão

Sal, azeite e sementes de romã a gosto

Preparo

1. Corte o pão árabe em quadrados de dois centímetros e frite até dourar.
2. Corte o tomate, o pepino e a cebola em quadrados de cerca de dois centímetros.
3. Corte os rabanetes em rodelas.
4. Pique a alface e a rúcula grosseiramente.
5. Rasgue a hortelã.
6. Pique a salsinha fresca.
7. Prepare o molho de sumagre, zátar, melaço de romã, sal e azeite.
8. Misture tudo, mas deixe para colocar o pão apenas na hora de servir, para que não amoleça.
9. Finalize com as sementes de romã.

COALHADA SECA

Diversos dos entrevistados deste livro me contaram histórias envolvendo a coalhada seca. O avô de Demetrio Rassi um dia achou uma cobra no tacho. Sabah Saliba, que me deu esta receita, conta que foi criada com o dinheiro que sua mãe ganhava vendendo coalhada no Líbano. Era um prato sagrado em casa. Há margem para pequenos ajustes no tempo do escorrimento e de refrigeração, mudando a consistência e a acidez.

A coalhada mole, obtida no meio do processo, pode ser consumida também. Já o soro que escorre pode ser reaproveitado para fazer ricota.

Ingredientes

2 l de leite

100 ml de iogurte natural de consistência firme

1 colher rasa (sopa) de sal

Preparo

1. Ferva o leite e deixe esfriar até a temperatura de 45°C.
2. Misture o iogurte com um pouco de leite e depois acrescente o restante do leite.
3. Ponha a mistura em uma vasilha de inox, acrílico ou plástico que tenha tampa; é importante não entrar ar.
4. Deixe descansar por oito horas sem mexer, até obter uma coalhada mole.
5. Adicione o sal.
6. Despeje tudo em um pano de escorrer queijo ou um coador de café e deixe na geladeira em um escorredor de macarrão com uma vasilha por baixo para recolher o soro.
7. Espere todo o soro escorrer, o que leva cerca de doze horas.

CHARUTINHO DE UVA

O charutinho é o carro-chefe do restaurante de Samir Cauerk Moysés em São Paulo — daí o nome do estabelecimento: Folha de Uva. É um prato tradicional da culinária otomana que aparece também, com variações, na Turquia, na Grécia e nos Bálcãs. Existe ainda uma versão com folhas de repolho. Samir resgata, em seu restaurante, as receitas que seu avô Elias trouxe para o Rio de Janeiro na virada do século 19. O prato não tem muitos ingredientes, mas não se engane: enrolar as folhas e encaixá-las na panela toma tempo. Há vídeos na internet, se precisar de ajuda.

Ingredientes

500 g de folhas de uva

1 xícara de arroz

500 g de carne bovina moída

Pimenta-síria, alho e sal a gosto

1 limão

1 colher (sopa) de manteiga

Preparo

1. Ferva as folhas de uva por cerca de cinco minutos para amaciarem.
2. Em outro recipiente, misture o arroz, a carne moída, a pimenta-síria, o alho e o sal.
3. Abra cada folha em cima de uma mesa e adicione o recheio.
4. Dobre as pontas para dentro e enrole as folhas.
5. Forre uma panela alta com algumas folhas, de preferência as que estiverem rasgadas.
6. Coloque os charutos um do lado do outro em um formato circular, deixando espaço no centro.
7. Complete a panela com água e cubra os charutinhos com um prato para fazer peso.
8. Cozinhe em fogo médio até que o arroz e a carne estejam prontos (cerca de 45 minutos).
9. Esprema o limão e adicione uma colher de manteiga por cima.

QUIBE CRU

O quibe cru é um dos pratos mais nobres da tradição levantina. Em cidades como São Paulo e Rio de Janeiro, o encontramos em todo lugar, até em restaurantes por quilo. Por isso me surpreendi quando percebi que na Síria, no Líbano e na Palestina é difícil de achá-lo na rua. O quibe cru é um prato de comer em casa, em parte por causa de preocupações sanitárias. Esta receita é da família Kalil, que utiliza tanta salsinha e hortelã que deixa o quibe esverdeado.

Ingredientes

250 g de trigo para quibe

1½ xícara (chá) de água fervida

500 g de carne moída (de preferência patinho com pouca gordura)

½ maço de folhas de salsinha

1 maço de folhas de hortelã

1 cebola

4 dentes de alho

Suco de 1 ou 2 limões

2 colheres (sopa) de pimenta-síria

Sal a gosto

3 cubos de gelo

Azeite a gosto

Azeitonas-pretas a gosto

Preparo

1. Deixe o trigo de molho por cerca de dez minutos e depois aperte para tirar o excesso de água.
2. Solte o trigo com um garfo e misture à carne moída.

3. Em um processador, bata salsinha, hortelã, cebola, dentes de alho, suco de limão, pimenta-síria, sal e cubos de gelo até formar um tempero homogêneo.
4. Adicione o tempero à carne, misturando bem com as mãos.
5. Leve a mistura para um recipiente a fim de servir.
6. Decore com azeite, folhas de hortelã e azeitonas-pretas.

QUIBE DE BANDEJA

Ninguém sabe como a receita de quibe de bandeja veio parar na minha família. A suspeita é que tenha sido dada por Afife Margi, que era amiga de meus avós. É assim o resultado da interação de sírios, italianos e espanhóis em São Paulo. Perdemos contato com os Margi, mas a receita virou, com o tempo, a especialidade de meu pai, servida quando eu e meu irmão o visitamos. Você pode ajustar a proporção de trigo e carne, a depender da textura que prefira. Os temperos são todos a gosto. Teste e improvise, criando o seu próprio segredo de família — e passe adiante.

Ingredientes
250 g de trigo para quibe
500 g de carne moída (de preferência patinho com pouca gordura)
Sal, zátar, pimenta-síria, cebola, hortelã fresca, azeite e limão
a gosto

Preparo
1. Deixe o trigo de molho por cerca de dez minutos e depois aperte para tirar o excesso de água.
2. Tempere a carne com sal, zátar e pimenta-síria e misture ao trigo.
3. Pique a cebola e a hortelã e adicione à mistura.

4. Despeje tudo em uma fôrma e corte em retângulos.
5. Cubra com azeite.
6. Leve ao forno preaquecido a 180°C e deixe assando até dourar (cerca de quarenta minutos).
7. No prato, tempere com limão.

TALEME DE BARIRI

Este é um prato único da cidadezinha de Bariri, no interior paulista. É uma espécie de esfiha feita com fubá, um ingrediente típico da nossa culinária caipira. Consta que foi a família Jacob que popularizou este salgado por ali — hoje, é vendido no mercado. Além do recheio de carne, descrito a seguir, há versões com coalhada e escarola. É possível, também, fazer uma versão doce polvilhando açúcar. Para grelhar, o ideal é usar uma chapa ou frigideira com fundo mais pesado.

Ingredientes
4 xícaras de farinha de trigo
1 xícara de fubá
1 colher rasa (sopa) de sal
1 colher rasa (sopa) de fermento biológico seco
2 xícaras de água morna
1 kg de carne moída
1 cebola
1 tomate
Pimenta-síria a gosto

Preparo
1. Misture farinha, fubá e sal.
2. Dissolva o fermento na água morna.

3. Aos poucos, adicione a água com fermento à mistura dos ingredientes secos até dar o ponto, isto é, até a massa não grudar muito na mão.
4. Faça pequenas bolas com a massa, mais ou menos do tamanho de um ovo.
5. Deixe descansar até dobrarem de tamanho.
6. Enquanto isso, refogue a carne com a cebola, o tomate, a pimenta-síria e o sal.
7. Abra a massa com a mão ou com um rolo, fazendo um círculo bem fino.
8. Adicione o recheio.
9. Feche a massa a partir de três lados, formando triângulos.
10. Unte a massa com óleo em cima e embaixo.
11. Grelhe até dourar.

FATTEH DE BERINJELA

Eis aqui outra maneira de aproveitar restos de pão árabe torrado. Desta vez, misturando-os com berinjela. A receita é da refugiada síria Salsabil Matouk. Ela conta que comia esse prato o tempo todo em Damasco — em especial, para quebrar o jejum do mês sagrado do Ramadã. Na Síria, Salsabil usava miniberinjelas, que são comuns por ali, mas difíceis de encontrar no Brasil. Salsabil avisa que é importante comer o prato assim que ficar pronto. Portanto, deixe tudo preparado, mas misture apenas na hora de montar a mesa. Só assim você pode garantir a crocância.

Ingredientes
2 berinjelas médias
Óleo vegetal o quanto baste
250 g de carne moída

3 dentes de alho

2 tomates

¼ xícara de molho de tomate

2 pães árabes

100 g de iogurte

2 colheres (sopa) de tahine

Sal, castanhas-de-caju (ou amêndoas) e salsinha a gosto

Preparo

1. Descasque as berinjelas, corte-as em cubos e frite no óleo até dourar.
2. Refogue a carne e adicione 1 dente de alho cortado.
3. Bata o tomate, o molho de tomate, 1 dente de alho e o sal no liquidificador.
4. Misture tudo, despeje em uma bandeja e leve ao forno preaquecido a 180°C por quinze a vinte minutos.
5. Enquanto isso, corte o pão árabe em quadrados de dois centímetros e frite até dourar.
6. Amasse o último dente de alho com o iogurte e adicione o tahine.
7. Frite ou asse as castanhas.
8. Na bandeja de servir, monte o prato em camadas: pão, berinjela e, por fim, o iogurte.
9. Decore com castanhas e salsinha.

SADIHA

Este prato foi inventado em Araraquara, no interior de São Paulo, pela imigrante síria Sued. Ela criou uma mistura de trigo, grão-de-bico, frango desfiado e espinafre em homenagem a sua mãe, Sadika, e deu um nome parecido: Sadiha. Quem contou essa história foi Marcia Gibran, filha de Sued e neta de Sadika. Há aí uma bonita linha de transmissão de saberes culinários entre mulheres. O trigo grosso é um tipo com grãos maiores e mais escuros. É vendido em grandes supermercados e empórios especializados.

Ingredientes

2 xícaras (chá) de trigo grosso

2 cebolas

5 dentes de alho

6 tomates

3 colheres (sopa) de manteiga sem sal

¼ xícara de azeite

3 xícaras de grão-de-bico cozido

200 g de frango cozido e desfiado

2 xícaras (chá) de espinafre cozido e picado

1 colher (chá) de sal

Preparo

1. Deixe o trigo de molho por cerca de dez minutos e depois aperte para tirar o excesso de água.

2. Pique as cebolas, o alho e os tomates e refogue-os na manteiga e no azeite.

3. Aos poucos, acrescente o grão-de-bico, o frango e o espinafre.

4. Adicione o sal e deixe o preparo refogar por cinco minutos.

5. Acrescente o trigo por último, misture e cozinhe por mais alguns minutos.

MAAMUL

Tenho inúmeras lembranças afetivas desse doce de semolina, que comi pela primeira vez na casa da minha professora de árabe, Safa Jubran. A receita abaixo é do livro de Nadia Abib Sahão, que um dia me presenteou com uma fornada em Londrina. Você pode substituir as nozes por tâmaras, e a água de flor de laranjeira por água de rosas. O ideal é usar uma fôrma de madeira específica para moldar cada um dos docinhos. Você encontra em lojas especializadas. Uma alternativa é usar um garfo para fazer os sulcos na massa. É nessas reentrâncias que o açúcar entra no fim do processo.

Ingredientes
1 xícara de manteiga derretida
3 xícaras de semolina
1 xícara (chá) de leite
200 g de nozes moídas
1 xícara de açúcar
1 colher (chá) de água de flor de laranjeira

Preparo
1. Faça a massa misturando bem a manteiga, a semolina e o leite e deixe descansar por três horas.
2. Prepare o recheio misturando as nozes, o açúcar e a água de flor de laranjeira.
3. Retire porções do tamanho de uma noz e abra com o dedo em formato de concha.
4. Adicione a medida de uma colher (sobremesa) de recheio e feche a massa em formato de trouxinha.
5. Use a colher de maamul para fazer as reentrâncias ou improvise as marcas com um garfo.
6. Leve ao forno preaquecido a 180°C até dourar (cerca de vinte minutos).
7. Retire do forno e polvilhe o doce com açúcar.

Glossário

Água de flor de laranjeira: Destilado de pétalas de laranjeira. Teve, no passado, uso medicinal e aromático em diversas cozinhas europeias, em especial na espanhola. No Oriente Médio, aparece, por exemplo, no xarope da baclava.

Água de rosas: Destilado de pétalas de rosa. Usado na fabricação de perfumes e para dar sabor a pratos. Um uso comum é misturar a uma limonada. Aparece também em diversos doces da tradição árabe e persa.

Araque: Bebida alcoólica feita a partir da destilação de mosto de uva misturado a sementes de anis, que lhe dão o sabor característico. É um líquido transparente que, quando misturado à água, adquire uma cor leitosa.

Awarma: Carne em conserva típica das montanhas da Síria e do Líbano, parecida com um confit. A carne do carneiro é frita na gordura com sal e depois armazenada em jarras, para ser comida o ano inteiro.

Babaganuche: Aperitivo de berinjela, azeite, tahine e alho. A berinjela é preparada no fogo, deixando um gosto de queimado. A versão apimentada é chamada de mutabbal. É um dos mezze clássicos da cozinha levantina.

Baclava: Sobremesa preparada com diversas camadas de massa filo com recheio de nozes entre elas. Em geral é servida em pequenas porções, regada com xarope de açúcar. Existe em diferentes formatos e com outros recheios.

Basma: Uma variação de baclava. A massa filo é quebrada e transformada em fios (como os que vemos nos ninhos de pistache e de nozes). São duas camadas dessa massa de fios com uma camada de pistache entre elas.

Bulgur (Trigo para quibe, triguilho): Preparado de grãos integrais de trigo que foram fervidos, secos e triturados em pedaços maiores do que os da farinha. É bastante comum no Oriente Médio e serve de base, por exemplo, para o preparo do quibe.

Burma: Uma variação de baclava. A massa filo é quebrada e transformada em fios (como os que vemos nos ninhos de pistache e de nozes), que são enrolados em torno de pedaços de pistache, formando um disco.

Chancliche: Queijo de vaca ou de ovelha, moldado no formato de uma bola. É fermentado, seco, envelhecido e coberto de especiarias. Na hora de comer, é amassado com garfo e regado de azeite, transformando-se em uma pasta aromática.

Charutinho de repolho (Malfuf): Uma mistura de carne moída e arroz envolvida em uma folha de repolho. Tem o formato de um charuto, daí o nome em português. Em árabe, é mais prosaico: a palavra *malfuf* quer dizer algo como "enrolado".

Charutinho de uva: Uma mistura de carne moída e arroz envolvida em uma folha de uva. É um pouco menor do que o charuto de repolho. Há bastante variação nas receitas. Por exemplo, pode ser preparado sem carne e servido quente ou frio.

Coalhada seca (Labne): Uma espécie de coalhada feita a partir da remoção de quase todo o soro, resultando em um produto próximo a um queijo. Tem um forte sabor azedo. É um dos mezze clássicos da cozinha levantina.

Esfiha: Massa coberta com carne moída e levada ao forno. No Brasil, apareceram variações de coberturas, como calabresa, frango e chocolate. A chamada "esfiha fechada" é, para os árabes, um preparo conhecido como fatayer.

Faláfel: Bolinho de grão-de-bico que costuma ser servido, no Oriente Médio, dentro de um pão de tipo sírio. Pode ser verde por dentro, por causa da salsinha. No Egito, é conhecido como taamiya.

Fatayer: É o que os brasileiros chamam de "esfiha fechada". Ao contrário da esfiha, a massa do fatayer é dobrada, formando uma espécie de triângulo. O recheio é variado, podendo conter carne, espinafre ou queijo.

Fatteh: Um tipo de prato feito com lascas de pão tostado. As lascas podem ser acompanhadas por diversos ingredientes. Por exemplo, fatteh de carne e homus ou salada fatouche.

Fatouche: Uma salada feita com lascas de pão tostado. É, nesse sentido, um tipo de fatteh. As lascas crocantes são misturadas a ingredientes como folhas verdes, rabanete, tomates. Resulta em uma rica variedade de texturas.

Ful: Um cozido de fava, servido com azeite e cominho. Bastante comum no Egito, nos preparos de café da manhã, é associado à nutrição das classes trabalhadoras por prover energia.

Halawi: Também conhecido no Brasil como haleu e halva, que quer dizer "algo doce". É uma sobremesa feita de pasta de gergelim e açúcar. Ficou conhecida, no país, pelas latas comercializadas pela marca Istambul.

Homus: Pasta de grão-de-bico que leva tahine, azeite e limão. Seu nome advém da palavra árabe para o ingrediente principal, *homus*. Pode ser comido puro ou como acompanhamento do pão sírio. É um dos mezze clássicos da cozinha levantina.

Kaak: Esse nome se refere a tipos diferentes de pratos. O mais comum é uma rosca, que pode ser coberta por sementes de semolina. É comumente vendida por ambulantes e comida com zátar.

Kafta: Uma espécie de almôndega ou hambúrguer levantino, temperado e preparado em espetos, no formato de um charuto, e grelhado. Há outros tipos, também, espalhados no território do antigo Império Otomano.

Kahk: Biscoito egípcio típico das celebrações de Eid al-Fitr, após o Ramadã. Tem recheios variados, como mel, nozes, pistache e tâmara. É moldado em uma colher de madeira, que estampa seus padrões geométricos.

Khubz: A palavra quer dizer simplesmente "pão", em árabe. É o que, em geral, chamamos de "pão sírio" no Brasil — apesar de ser comum no resto do Levante. Achatado, é preparado com farinha, fermento e azeite.

Kishk: Uma espécie de farinha de rosca azeda feita a partir de bulgur fermentado com leite e coalhada. É preparado com antecedência e armazenado para o inverno, quando há menos provisões disponíveis na região.

Koshary: Um típico prato egípcio que ainda não vingou no Brasil. É uma mistura de alimentos à base de carboidratos, consumida no dia a dia. Os ingredientes: arroz, lentilha, grão-de-bico, aletria, macarrão, molho de tomate e cebola frita.

Labne (*ver* Coalhada seca)

Maamul: Meu doce árabe predileto, feito de semolina e recheado com nozes ou tâmaras. Como o kahk, é moldado em uma colher de madeira, que estampa seus padrões geométricos no doce.

Malfuf (*ver* Charutinho de repolho)

Mástique: Uma resina típica da ilha grega de Chios, secretada no formato de lágrimas pela árvore do lentisco. De sabor amargo, foi usado como medicamento na Antiguidade. É um ingrediente do sorvete turco.

Maqluba: Prato bastante popular na Palestina. É preparado com as sobras da semana, como carne de galinha, arroz, couve-flor e berinjela. Os ingredientes são colocados em uma panela, em camadas. É desenformado de ponta-cabeça.

Mjadra: Também conhecido como mujaddara. É um prato de arroz com lentilha e cebolas caramelizadas. A receita é antiga, atestada em livros medievais. O nome quer dizer "variolado", por sua aparência.

Mezze: Conjunto de aperitivos servidos em lugares como o Levante, a Turquia, os Bálcãs, a Armênia e a Grécia, de influência otomana. A palavra vem do persa *maza*, que significa algo como "provar" ou "deliciar-se".

Msakhan: A base deste preparo é um pão reaproveitado, do dia anterior. Requenta-se para servir, coloca-se uma coxa de frango em cima e tempera-se com azeite e sumagre. Quer dizer "aquecido", em árabe.

Mulukhiyya: Uma espécie de ensopado típico do Egito e do Levante. O ingrediente principal é a folha de malva. Tem uma consistência pegajosa. Há inúmeros modos de preparo, incluindo com alguma proteína, como a de frango.

Mutabbal (*ver* Babaganuche)

Pimenta-síria: Mistura de especiarias. Só tem esse nome no Brasil. Na Síria, é chamada de baharat. Cada família tem a sua receita, mas no geral o combinado inclui ingredientes como pimenta-do-reino, canela, cravo e noz-moscada.

Pita (*ver* Khubz)

Quibe: É toda uma categoria de comida no Levante, em especial no Líbano. A base é a mistura temperada de bulgur com carne moída. Se for servido cru, é um quibe cru. Se for frito, é um quibe frito. E por aí vai.

Rahat: Um doce também conhecido no Brasil como goma árabe, manjar turco ou delícia turca. Na Turquia, é chamado de lokum. É, em suma, uma mistura de amido com açúcar.

Salepo: Bebida feita com o tubérculo de uma orquídea. O pó da orquídea é dissolvido em leite e servido quente no inverno. Tem consistência pastosa, como um mingau. Antigamente, dizia-se que era afrodisíaco.

Saj: Um pão preparado em uma chapa quente convexa que também se chama saj. Não costuma levar fermento, o que faz com que não cresça muito. É diferente do pão sírio ou pita por ser bem mais fino.

Taamiya (*ver* Faláfel)

Tabule: Salada preparada com bulgur, tomate, cebola, salsinha, hortelã e limão. É bastante ácida e refrescante. Lembra, nisso, o nosso molho de tipo vinagrete. É um dos mezze clássicos da cozinha levantina.

Tahine: Pasta feita de sementes de gergelim. Está na base de muitas receitas clássicas árabes, como o homus e o babaganuche. Também serve de tempero em pratos como o faláfel. Pode, ainda, ser comido doce.

Tanur: Um forno típico do Levante e de outras culturas, como a indiana. Costuma ser um cilindro de barro com uma abertura em cima. É utilizado para preparar alguns tipos de pão.

Tum: Pasta de alho típica do Levante. É uma mistura de alho, limão, óleo e sal, bastante parecida com maionese ou aioli. Acompanha qualquer tipo de prato, inclusive batata frita. Tem um sabor forte.

Trigo para quibe (*ver* Bulgur)

Triguilho (*ver* Bulgur)

Zátar: Uma mistura de temperos típica do Levante. A base desta especiaria é o *Origanum syriacum*, variedade selvagem e médio-oriental do tomilho. Entram também sementes de gergelim tostadas, sumagre e sal.

Agradecimentos

Devo cada linha deste livro a alguém.

À minha editora Rita Mattar, que acompanhou este livro desde o primeiro instante em que verbalizei a ideia como quem não quer nada. À minha agente Marianna Teixeira, que me apoiou.

À professora Yvonne Haddad, que me convenceu de que eu era um pesquisador. Ao meu orientador Osama Abi-Mershed, que me guiou. Aos colegas pesquisadores Graham Pitts Jr., Tony Tahhan e Frank Faverzani, que me apresentaram ao campo da história da comida.

À minha mãe Sônia, que me transmitiu o prazer pela leitura e pela escrita. Ao meu pai Renato, que faz o melhor quibe de bandeja. Ao meu marido David, que elogia meus experimentos culinários, inclusive os fracassados. À nossa gata Golda — eu trabalho, afinal, para pagar a comida dela.

À amiga Heloísa Abreu Dib Julien, que me inspira com sua luta contra o mundo para preservar a história dos árabes no Brasil.

A tantos outros: André Mattana, Carol Mattana, Gabriella de Lucca, Aliki Ribas, Guilherme Magalhães, Miguel Martinez, Samar Saeed, Alex Murray, Idun Hauge, João Sodré, Talita Fernandes.

Relação de entrevistados

Adriana Soubhia, Ahmed Naji, Amir Calil Dib, Ammar Morsi, Ana Lia Alasmar, André Douek, Antônio Alberto Saraiva, Bruno Najjar, Carlos Cury, Caterina Daris, Demetrio Rassi, Dolly Khouri, Douglas Coury, Elias Gibran, Flávio Yazbek, Gaby Madi, Hafez Mograbi, Hagop Onnig Tamdjian, Hélène Ayoub, Heloísa Abreu Dib Julien, Hind Khouri, Iran José Bezerra Sebastião, Jamil Kronfly, Jô Hallack, José Melhem, Juliana Kalil Gragnani, Leila Kuczynski, Márcia Abumansur, Marcia Gibran, Marco Antonio Alasmar, Marco Antônio Maciel, Maria Luiza Farina Mograbi, Maria Rosa Sucar Dib, Marie Attia, Mario Roberto Rizkallah, Marion Alasmar, Mauro Jacob, Michel Bitar, Miriam Stevanato Jacob, Nadia Abib Sahão, Nereu Gargalo, Norma Abumansur, Norma Curi, Odette Tamer Abutara, Panait Theodoro Daris, Paulo Abbud, Ricardo Cury, Ricardo Sahão, Rodrigo Yazbek, Sabah Saliba, Salsabil Matouk, Samir Cauerk Moysés, Samy Sultan, Sawsan Saleh, Sonia Marrach, Talal Altinawi, Tarek Sabry, Telma Bauab, Telma Hussni.

Arquivos consultados

Arquivo Histórico Municipal de São Paulo
Arquivo Público do Estado de São Paulo
Biblioteca Nacional
Biblioteca Mário de Andrade
Museu do Café
Museu Paulista

Notas

INTRODUÇÃO [PP. 11-9]

1. Diogo Bercito, *Brimos: imigração sírio-libanesa no Brasil e seu caminho até a política*. São Paulo: Fósforo, 2021.

2. Antonio Candido, *Os parceiros do Rio Bonito: estudo sobre o caipira paulista e a transformação dos seus meios de vida*. São Paulo: Todavia, 2023, pp. 327-8.

3. Michel de Certeau, *The Practice of Everyday Life*. Berkeley: University of California Press, 1984, p. XI.

4. Annie Gaul, *Kitchen Histories in Modern North Africa*. Washington: Universidade Georgetown, 2019. 326 pp. Tese (Doutorado em Estudos Árabes e Islâmicos).

5. "A comunidade árabe no Brasil", HR Pesquisas & Ibope Inteligência, ago. 2020, p. 15.

6. Ricardo Maranhão, *Árabes no Brasil: história e sabor*. São Paulo: Gaia, 2009, p. 4.

7. Clark S. Knowlton, *Sírios e libaneses*. São Paulo: Anhambi, 1960.

8. Oswaldo Mário Serra Truzzi, *Patrícios: sírios e libaneses em São Paulo*. São Paulo: Hucitec, 1997.

9. Ricardo Abdalla e Sênia Regina Bastos, "Alimentação e memória árabe na área central da cidade de São Paulo". *Contextos da Alimentação,* v. 3, n. 2, pp. 27-36, 2015.

10. Rodrigo Ayupe Cruz, "A importância da comida na construção da etnicidade árabe em Juiz de Fora". *Antropolítica – Revista Contemporânea de Antropologia,* v. 1, n. 40, pp. 230-51, 2016.

11. Maria Luiza Silva Santos, *O quibe no tabuleiro da baiana: uma reflexão sobre a imigração síria e libanesa e o turismo cultural em Ilhéus*. Ilhéus: Editora da UESC, 2006.

12. Anny Gaul, Graham Auman Pitts e Vicki Valosik (Orgs.), *Making Levantine Cuisine: Modern Foodways of the Eastern Mediterranean*. Austin: University of Texas Press, 2021, p. 8.

13. Luís da Câmara Cascudo, *História da alimentação no Brasil*, v. 1. São Paulo: Companhia Editora Nacional, 1967, p. 5.

14. Claudia Roden, *The New Book of Middle Eastern Food*. Nova York: Alfred A. Knopf, 2005, pp. 310-1.

15. Ibid., p. 17.

16. Ibid., p. 19.

17. Ibid., p. 20.

18. Ibid., p. 21.

19. Ibid., p. 22.

20. Ibid., p. 26.

21. Ibid., p. 28.

22. Ibid.

23. Ibid., p. 42.

24. Reem Kassis, "Do You Have Nafas, the Elusive Gift That Makes Food Taste Better?". *The New York Times*, 1º abr. 2021.

UM TEMPERO CHAMADO SAUDADE [PP. 20-45]

1. Betty Loeb Greiber, Lina Saigh Maluf e Vera Cattini Mattar, *Memórias da imigração: libaneses e sírios em São Paulo*. São Paulo: Discurso, 1998, p. 29.

2. Alan Davidson, *The Oxford Companion to Food*. 3. ed. Oxford: Oxford University Press, 2014, p. 378.

3. Betty Loeb Greiber, Lina Saigh Maluf e Vera Cattini Mattar, op. cit., p. 27.

4. Stacy D. Fahrenthold, *Between the Ottomans and the Entente*. Nova York: Oxford University Press, 2019, p. 6.

5. John Tofik Karam, *Another Arabesque: Syrian-Lebanese Ethnicity in Neoliberal Brazil*. Filadélfia: Temple University Press, 2007, p. 10.

6. Taufik Kurban, *Os syrios e libanezes no Brasil*. São Paulo: Sociedade Impressora Paulista, 1933, pp. 20-1.

7. Akram F. Khater, *Inventing Home: Emigration, Gender, and the Middle Class in Lebanon, 1870-1920*. Berkeley: University of California Press, 2001, p. 49.

8. Ibid., p. 8.

9. George N. Atiyeh, "Shukri al-Khuri, The Story of Finyanus". In: *Al-Kuttab al-Arab fi Amirka: Maqalat Naqdiyya wa-Bibliyughrafiya Wasafiyya*. Cambridge: Dar Mahjar li-l-Nashar wa-l-Tawzia, 1981, p. 1.

10. Ibid., p. 4.

11. Ibid., p. 21.

12. Leila Tarazi Fawaz, *A Land of Aching Hearts*. Cambridge: Harvard University Press, 2014, p. 98.

13. Wadih Safady, *Cenas e cenários dos caminhos de minha vida*. Belo Horizonte: Santa Maria, 1966, p. 73.

14. Wilma Ary (Org.), *O diário de Míriam Bo Sauder*. São Paulo: Sol, 2018, p. 45.

15. Ibid., p. 47.

16. Ibid., p. 48.

17. Ibid.

18. Diogo Bercito, "Passing a Camel Through Ellis Island: Arab-American Press and the Immigration Act of 1924". *Khayrallah Center for Lebanese Diaspora Studies*, 28 ago. 2019.

19. Betty Loeb Greiber, Lina Saigh Maluf e Vera Cattini Mattar, op. cit., p. 555.

20. Alixa Naff, *Becoming American: The Early Arab Immigrant Experience*. Carbondale: Southern Illinois University Press, 1985, p. 209.

21. Nicolau Sevcenko, *Orfeu extático na metrópole: São Paulo, sociedade e cultura nos frementes anos 20*. São Paulo: Companhia das Letras, 1992, p. 31.

22. Ibid., p. 31.

23. Wadih Safady, op. cit., p. 134.

24. Ibid., p. 229.

25. Assis Féres, *O mascate*. São Paulo: Revista Laiazul, 1970, p. 30.

26. Jorge Safady, *O Líbano no Brasil*. São Paulo: Comercial Safady, 1956, p. 55.

27. Jurj Saydah, *Adabuna wa-Udaba'una fi al-Mahajir al-Amirkiyya*. 3. ed. Beirute: Dar al-'Ilm li-l-Malayyin, 1964, p. 553.

28. Carol Bardenstein, "Transmissions Interrupted: Reconfiguring Food, Memory, and Gender in Cookbook-Memoirs of Middle Eastern Exiles". *Signs*, v. 28, n. 1, p. 366, 2002.

29. Diana Mata-Codesal, "Rice & Coriander Sensorial Re-Creations of Home Through Food: Ecuadorians in a Northern Spanish City". Estudo apresentado no Sussex Centre for Migration Research, p. 12, 2008.

30. Ghassan Hage, "Multiculturalism, 'Ethnic Food' and Migrant Home-Building". Versão editada de um artigo publicado em Helen Grace et al. (Orgs.), *Home/World: Space, Community and Marginality in Sydney's West*. Sydney: Pluto Press, 1997, p. 1.

31. Ibid., p. 8.

32. Ghassan Hage, *The Diasporic Condition: Ethnographic Explorations of the Lebanese in the World*. Chicago: University of Chicago Press, 2021, p. 86.

33. Marcel Proust, *A prisioneira*. Trad. de Manuel Bandeira e Lourdes Sousa de Alencar. São Paulo: Globo, 2011, p. 328. (Em busca do tempo perdido, v. 5.)

34. Uma versão dessa história apareceu pela primeira vez na newsletter Caixa de Fósforo. Diogo Bercito, "A voz de tia Nazira", Fósforo, 13 mar. 2024. Disponível em: <www.caixade.fosforoeditora.com.br/2024/03/13/a-voz-da-tia-nazira/>. Acesso em: 13 fev. 2025.

35. Maria Cristina Rodrigues Fernandes, *As aventuras do gosto: o restaurante Al Manzul de Cuiabá como expressão culinária árabe (1991-2008)*. Curitiba: Universidade Federal do Paraná, 2010. 110 pp. Dissertação (Mestrado em História).

36. Ibid., p. 32.

37. Ibid., p. 35.

38. Ibid., p. 46.

39. Ibid., p. 48.

40. Ibid., p. 49.

41. Ibid., p. 50.

42. Ibid., pp. 59-60.

43. Ibid., p. 60.

44. Ibid., p. 67.

45. Ibid., pp. 67-8.

46. Ibid., p. 68.

47. Ibid., p. 78.

48. Ibid., p. 83.

49. Ibid., p. 85.

MINHA PÁTRIA É O QUIBE [PP. 46-96]

1. Audálio Dantas, "Um pequeno mundo de negócios se agita nos becos pitorescos da Rua 25 de Março". *Folha da Manhã*, 21 fev. 1957, pp. 2-3.

2. Ernest W. Burgees, *The Urban Community*. Chicago: University of Chicago Press, 1926, pp. 3-30.

3. Clark S. Knowlton, op. cit., pp. 108-9.

4. Ibid., p. 117.

5. Ibid., p. 120.

6. Juliana Mouawad Khouri, *Pelos caminhos de São Paulo: a trajetória dos sírios e libaneses na cidade*. São Paulo: FFLCH-USP, 2013, p. 131. 281 pp. Dissertação (Mestrado em Estudos Judaicos e Árabes).

7. Ibid., p. 125.

8. Ibid., p. 127.

9. Nelva Vieira da Cunha e Pedro Paulo Thiago de Mello, "Rio de Janeiro's Global Bazaar: Syrian, Lebanese, and Chinese Merchants in the Saara". In: Paul Amar (Org.), *The Middle East and Brazil: Perspective on the New Global South*. Trad. de Silvia C. Ferreira. Bloomington: Indiana University Press, 2014, p. 229.

10. Paulo Gabriel Hilu da Rocha Pinto, *Árabes no Rio de Janeiro: uma identidade plural*. Rio de Janeiro: Cidade Viva, 2010, p. 73.

11. Nelva Vieira da Cunha e Pedro Paulo Thiago de Mello, op. cit., p. 233.

12. Bruno Anástacio Leandro Virgino, "Os imigrantes e a rua dos Caetés: possíveis permanências do processo imigratório dos povos árabes para Belo Horizonte". *Revista do Instituto de Ciências Humanas*, v. 14, n. 20, p. 47, 2018.

13. Carlos José Ferreira dos Santos, *Nem tudo era italiano: São Paulo e pobreza (1890-1915)*. São Paulo: Annablume, 1998, p. 56.

14. José Tavares Correia de Lira, "O urbanismo e o seu outro: raça, cultura e cidade no Brasil (1920-1945)". *Revista Brasileira de Estudos Urbanos e Regionais*, v. 1, n. 1, p. 66, 1999.

15. Oscar Egídio de Araújo, "Enquistamentos étnicos". *Revista do Arquivo Municipal*, v. 65, p. 227, 1940.

16. Audálio Dantas, op. cit.

17. Oscar Egídio de Araújo, op. cit., p. 232.

18. Ibid., p. 231.

19. Ernani Silva Bruno, *História e tradições da cidade de São Paulo. Metrópole do Café (1872-1918)*, v. 3. Rio de Janeiro: José Olympio, 1954, p. 1355, 3 v.

20. Boris Fausto, "Imigração: cortes e continuidades". In: Fernando A. Novais e Lilia Moritz Schwarcz (Orgs.), *História da vida privada no Brasil: contrastes da intimidade contemporânea*, v. 4. São Paulo: Companhia das Letras, 1998, p. 31.

21. Juliana Mouawad Khouri, op. cit., p. 41.

22. Paulo Gabriel Hilu da Rocha Pinto, op. cit., p. 66.

23. Adélia Salem Gabriel, *Cozinha árabe*. 2. ed. São Paulo: Tipografia Editora Árabe, 1959, p. 95.

24. Arquivo Histórico Municipal de São Paulo. Prefeitura Municipal de São Paulo, Diretoria da Receita, Lançamentos de Indústrias e Profissões, ano 1917, distrito 2, p. 8.

25. Boris Fausto, op. cit., p. 57.

26. Jamil Safady, *Antologia árabe do Brasil*. São Paulo: Comercial Safady, 1981, p. 33.

27. Id., *Panorama da imigração árabe*. São Paulo: Comercial Safady, 1977, pp. 17-8.

28. Claude F. Hajjar, *Imigração árabe: 100 anos de reflexão*. São Paulo: Cone, 1985, p. 72.

29. *Revista Oriente*, fev. 1933, p. 53.

30. Claude F. Hajjar, op. cit., p. 72.

31. Arquivo Público do Estado de São Paulo. Fundo DEOPS. Prontuário 66.748 (Guarabet Amiralian).

32. Stéfanie Rigamonti, "Disputa entre Saj e Almanara por concorrência desleal no pão sírio irá à 2ª instância". *Folha de S.Paulo*, 10 jun. 2023.

33. Nagib T. Abdou, *Dr. Abdou's Travels in America and Commercial Directory of the Arabic Speaking People of the World*. Nova York: Edição do autor, 1907, p. 6. Disponível em: <www.digitalcollections.nypl.org/items/90966cco-38f3-0135-daa7-458e7a52452a>. Acesso em: 1º abr. 2025.

34. Ibid., p. 357.

35. Ibid., p. 362.

36. Ibid., p. 360.

37. Ibid., p. 362.

38. Ibid., p. 361.

39. *Al-Ittihad al-arabi*, 16 fev. 1924, p. 6.

40. *Al-Burkan*, fev. 1955, p. 27.

41. Alexander Nützenadel e Frank Trentmann (Orgs.), *Food and Globalization: Consumption Markets and Politics in the Modern World*. Oxford: Bloomsbury, 2017, pp. 37-56.

42. Stephanie Pain, "Eaten to Extinction". *New Scientist*, Londres, v. 234, n. 3124, pp. 32-4, 2007.

43. *Al-Burkan*, fev. 1955, p. 32.

44. *Al-Burkan*, fev. 1955, p. 1.

45. *Al-Burkan*, mar. 1955, p. 33.

46. *Al-Ittihad al-arabi,* 16 fev. 1924, p. 5.

47. Betty Loeb Greiber, Lina Saigh Maluf e Vera Cattini Mattar, op. cit., p. 535.

48. Ibid., p. 533.

49. Ibid.

50. Ibid., p. 537.

51. Ibid., p. 534.

52. Ibid., p. 539.

53. Ibid., p. 536.

54. Ibid., p. 379.

55. Adélia Salem Gabriel, op. cit., pp. 15-6.

56. Claudia Roden, op. cit., p. 268.

57. Ibid., p. 268.

58. Fernando Fortarel, "Depois de uma geração o árabe já é tão brasileiro como os de quatrocentos anos". *Folha da Noite*, 15 jun. 1949, pp. 12-3.

59. Edward W. Said, *Orientalismo: o Oriente como invenção do Ocidente*. São Paulo: Companhia das Letras, 2007.

60. Paulo Azevedo Chaves, *Trinta poemas e dez desenhos de amor viril*. Recife: Pool Editorial, 1984.

61. Pierre Bourdieu, *Distinction: A Social Critique of the Judgement of Taste*. Trad. de Richard Nice. Cambridge: Harvard University Press, 1984, pp. 171-2.

62. Ibid., p. 1.

63. Ibid., p. 6.

64. Fredrik Barth (Org.), *Ethnic Groups and Boundaries: The Social Organization of Culture Difference*. Boston: Little, Brown and Company, 1969, pp. 9-10.

65. Ibid., pp. 15, 38.

66. John T. Karam, op. cit., 2007.

67. Gustavo Ioschpe, "Aos vencedores, as batatas". *Folha de S.Paulo*, 11 jan. 1999.

68. José Simão, "Ueba! Melô a CPI e fiquemo sem Grana Garib". *Folha de S.Paulo*, 11 jun. 1999.

69. Id., "Grana Garib! Turcocircuito em Sampa". *Folha de S.Paulo*, 1º jul. 1999.

70. Arnaldo Jabor, "Temos de beber desta lama luminosa e vital". *Folha de S.Paulo*, 4 abr. 2000.

71. "Brasil esfiha relações com Iraque: vai faltar quibe". *Almanaque Casseta Popular*, 1990.

72. Tão Gomes Pinto, *Ele: Maluf, trajetória da audácia*. Rio de Janeiro: Ediouro, 2008, p. 48.

73. "Maluf reúne artistas que apoiam sua candidatura". *Correio de Notícias*, 6 nov. 1984, p. 5.

74. "Deputado Salim Curiati leva quibes para Maluf na prisão". *Folha de S.Paulo*, 10 set. 2005.

75. Oswaldo Mário Serra Truzzi, op. cit., p. 167.

76. Murilo Meihy, *Os libaneses*. São Paulo: Contexto, 2016, p. 177.

77. *Sexo em Casa*, s. d.

78. "Crônica semanal de Maria Clara". *Folha da Noite*, 1º out. 1942, p. 5.

79. Ibid.

80. Matthew Jaber Stiffler, "Consuming Orientalism: Public Foodways of Arab American Christians". *Mashriq & Mahjar*, v. 2, n. 2, p. 112, 2014.

81. Ibid., p. 119.

82. Betty Loeb Greiber, Lina Saigh Maluf e Vera Cattini Mattar, op. cit., p. 375.

83. 'Abd Allah Yurki Hallaq, *Al-Halabiyyuna fi al-mahjar*. Alepo: Manshurat Majallat al-Dad, 1994, p. 196.

O MUSEU DA COALHADA SECA [PP. 105-53]

1. Cléo Vilson Altenhofen, *Hunsrückisch in Rio Grande do Sul: Ein Beitrag zur Beschreibung einer deutschbrasilianischen Dialektvarietät im Kontakt mit dem Portugiesischen*. Stuttgart: Steiner, 1996.

2. Nicholas Bascuñan-Wiley, "Migration and the Senses". *Sociology Compass*, v. 15, n. 3, p. 9, 2021.

3. Oswaldo Mário Serra Truzzi, "Religiosidade cristã entre árabes em São Paulo: desafios no passado e no presente". *Religião & Sociedade*, v. 36, n. 2, p. 271, 2016.

4. Miguel Brandão Martinez, *Trajetórias e dinâmicas de mobilidade migrante no Oeste Paulista: sírios e libaneses em Bariri – décadas de 1900 a 1950*. São Carlos: Universidade Federal de São Carlos, 2024, p. 104. Dissertação (Mestrado em Sociologia).

5. Laura Mozardo Castiglio, *Preservação de identidade histórica: Igreja Ortodoxa Antioquina São Jorge de Bariri – SP*. Bauru: Unisagrado, 2022, p. 73. Trabalho de Conclusão de Curso (Graduação em Arquitetura e Urbanismo).

6. Claudia Roden, op. cit., p. 59.

7. Nicholas Bascuñan-Wiley, "Sumud and Food: Remembering Palestine Through Cuisine in Chile". *Mashriq & Mahjar*, v. 6, n. 2, pp. 2-3, 2019.

8. Caio Fábio Sampaio Porto, *As mediações da comida árabe na vida cotidiana de membros de origem palestina do grupo Juventude Sanaúd*. Brasília: Universidade de Brasília, 2021, p. 144. Dissertação (Mestrado em Sociologia).

9. Ibid., p. 173.

10. Ibid., p. 159.

11. Anne Meneley, "The Companion to Every Bite: Palestinian Olive Oil in the Levant". In: Anny Gaul, Graham Auman Pitts e Vicki Valosik (Orgs.), op. cit., p. 118.

12. Ibid., p. 119.

13. Nicholas Bascuñan-Wiley, "Migration and the Senses", op. cit., p. 10.

14. Harry Kashdan, "Jerusalem in London: Yotam Ottolenghi and Sami Tamimi's Diasporic World". *Mashriq & Mahjar*, v. 6, n. 2, p. 29, 2019.

15. Habeeb Salloum, *Arabian Nights Cookbook: From Lamb Kebabs to Baba Ghanouj, Delicious Homestyle Arabian Cooking*. Clarendon: Turtle Publishing, 2010, p. 34.

16. Beverly LeBlanc e Gregory McNamee, "Baba Ghanoush". In: *Encyclopedia Britannica*. Disponível em: <www.britannica.com/topic/baba-ghanoush>. Acesso em: 17 fev. 2025.

17. Graham Auman Pitts e Michel Kabalan, "When Did Kibbe Become Lebanese? The Social Origins of National Food Culture". In: Anny Gaul, Graham Auman Pitts e Vicki Valosik (Orgs.), op. cit., p. 25.

18. Ibid., p. 31.

19. Benedict Anderson, *Imagined Communities: Reflections on the Origin and Spread of Nationalism*. Londres: Verso, 1983.

20. Carlos Alberto Dória e Marcelo Corrêa Bastos, *A culinária caipira da Paulistânia: a história e as receitas de um modo antigo de comer*. São Paulo: Fósforo, 2021, p. 38.

21. Ibid., p. 40.

22. Graham Auman Pitts e Michel Kabalan, op. cit., p. 37.

23. Nadia Abib Sahão, *Receitas da cozinha libanesa*. Londrina: Midiograf, 2017.

24. Fabiana de Castro Oliveira, Mônica Maria Farid Rahme e Andréa de Matos

Magalhães (Orgs.), *Maria & Farid: libaneses de origem, brasileiros de coração*. Belo Horizonte: Gomes, 2013, p. 79.

25. Adélia Salem Gabriel, op. cit.

26. Camila Pastor, *The Mexican Mahjar: Transnational Maronites, Jews, and Arabs under the French Mandate*. Austin: University of Texas Press, 2017, p. 194.

27. Ibid., p. 196.

28. Peter Heine, "The Revival of Traditional Cooking in Modern Arab Cookbooks". In: Sami Zubaida e Richard Tapper (Orgs.), *Culinary Cultures of the Middle East*. Londres: I.B. Tauris, 1994, p. 151.

29. Adélia Salem Gabriel, op. cit., p. 13.

30. José Khoury, *Arte culinária sírio-libanesa*. São Paulo: Comercial Safady, 1976, p. VII.

31. Carol Bardenstein, op. cit, p. 355.

32. Ibid., p. 358.

33. Marlene Epp, "Eating Across Borders: Eating Immigrant Cookbooks". *Histoire Sociale/ Social History*, v. 48, n. 96, p. 51, 2015.

34. Nair Saud, *Culinária árabe*. Rio de Janeiro: Edibrás, 1981.

35. Malvina Hauch, *Delícias da cozinha árabe*. Rio de Janeiro: Cátedra, 1984.

36. José Khoury, op. cit., p. VII.

37. Ibid.

38. Barbara Wheaton, "Finding Real Life in Cookbooks: The Adventures of a Culinary Historian". In: Leslie Howsam (Org.), *Working Papers in the Humanities*, v. 7. Windsor: University of Windsor, 1998, p. 2.

39. Nadia Jones-Gailani, "Qahwa and Kleiche: Drinking Coffee in Oral History Interviews with Iraqi Women in Diaspora". *Global Food History*, v. 3, n. 1, p. 1, 2017.

40. Ralph S. Hattox, *Coffee and Coffeehouses: The Origins of a Social Beverage in the Medieval Near East*. Seattle: University of Washington Press, 1985, p. 11.

41. Ibid., p. 14.

42. Ibid., p. 3.

43. Ibid., p. 4.

44. Ibid., p. 7.

45. Ibid., p. 18.

46. Ibid., p. 19.

47. Henry Marcelo Martins da Silva, "Por um lugar na galeria das raças: o imigrante árabe em São José do Rio Preto (SP) no início do século XX". *História e Perspectivas*, Uberlândia, v. 58, p. 166, 2018.

48. *Al-Raid*, jan. 1924, pp. 106-7.

49. Museu do Café. Fundo Sindicato dos Corretores de Café de Santos. Presidência. Caixa 7. Fichas de cadastro de corretores.

50. Ghillie Başan, *The Middle Eastern Kitchen*. Nova York: Hippocrene Books, 2006, p. 118.

51. Gênesis 25,29-34.

52. Dafna Hirsch, "Urban Food Venues as Contact Zones between Arabs and Jews during the British Mandate Period". In: Anny Gaul, Graham Auman Pitts e Vicki Valosik (Orgs.), op. cit., p. 105.

53. Claudia Roden, op. cit., p. 61.

54. "Ramadan Recipes: Falafel". *Arab News*, 13 abr. 2022.

55. Noam Sienna, "Shakshuka for All Seasons: Tunisian Jewish Foodways at the Turn of the Twentieth Century". In: Anny Gaul, Graham Auman Pitts e Vicki Valosik (Orgs.), op. cit., p. 177.

56. Ibid., p. 178.

57. Antonio Tahhan, "Pistachios and Pomegranates: Vignettes from Aleppo". In: Anny Gaul, Graham Auman Pitts e Vicki Valosik (Orgs.), op. cit., p. 87.

58. *Muqattifat al-Nujum*. São Paulo: Dar al-Marahil, 1970, p. 5.

A TRANSMUTAÇÃO DO CARNEIRO [PP. 154-96]

1. Nome fictício. Preservo sua identidade por questões de segurança e privacidade.

2. José Khoury, op. cit., p. IX.

3. Renata Geraissati C. de Almeida, *Um artífice na urbanização paulistana: Rizkallah Jorge Tahhan (1895-1949)*. São Paulo: Annablume, 2018.

4. Maria Luiza Silva Santos, op. cit., p. 87.

5. Clenise Maria Reis Capellani dos Santos, *A alimentação como processo de integração da comunidade árabe em Foz do Iguaçu*. Foz do Iguaçu: Universidade Oeste do Paraná, 2013, p. 112. Dissertação (Mestrado em Sociedade, Cultura e Fronteiras).

6. Maxime Rodinson, A. J. Arberry e Charles Perry, *Medieval Arab Cookery*. Londres: Prospect Books, 2001, pp. 29-30.

7. Murilo Meihy, op. cit., p. 167.

8. Rodrigo Ayupe Cruz, op. cit., p. 245.

9. Museu Paulista. Jafet 23. Cardápio de jantar oferecido por Eduardo Jafet e Ângela Jafet a Charles Habib Malik. 5 ago. 1946.

10. Boris Fausto, op. cit., p. 43.

11. Museu Paulista. Jafet 23. Menu do casamento de Eduardo Jafet e Ângela Jafet. 11 ago. 1934.

12. Museu Paulista. Jafet 2. Caderno de receitas, s. d.

13. Museu Paulista. Jafet 5. Caderno de receitas, s. d.

14. Museu Paulista. Jafet 7. Caderno de receitas, 1943.

15. Museu Paulista. Jafet 48. Inventário da adega de Eduardo Jafet.

16. Museu Paulista. Jafet 48. Inventário da adega de Eduardo Jafet.

17. Museu Paulista. Jafet 53. Álbum de família 2.

18. Adélia Salem Gabriel, op. cit., p. 157.

19. Jeffrey Lesser, *Immigration, Ethnicity, and National Identity in Brazil: 1808 to the Present*. Cambridge: Cambridge University Press, 2013, p. 150.

20. Id., *Negotiating National Identity: Immigrants, Minorities, and the Struggle for Ethnicity in Brazil*. Durham/ Londres: Duke University Press, 1999, p. 38.

21. Id., *Immigration, Ethnicity, and National Identity in Brazil*, op. cit., p. 150.

22. Tony Tahhan, "Tabletop Debates: Reflections on Molokhia, Identity, and Forks *vs* Spoons". *CCAS Newsmagazine*, 30 ago. 2022.

23. Habeeb Salloum, Leila Salloum Elias e Muna Salloum, *Scheherazade's Feasts: Foods of the Medieval Arab World*. Filadélfia: University of Pennsylvania Press, 2013, p. 127.

24. Amy F. Robertson, "Egypt's Beloved Koshary Is a Modern Mystery in an Ancient Cuisine". *NPR*, 22 fev. 2017.

25. Guilherme de Almeida, "O ghetto". *O Estado de S. Paulo*, 31 mar. 1929, p. 4.

26. Karen Barkey, *Empire of Difference: The Ottomans in Comparative Perspective*. Cambridge: Cambridge University Press, 2008, pp. 294-5.

27. André Gattaz, *Do Líbano ao Brasil: história oral de imigrantes*. Salvador: Pontocom, 2012, p. 51.

28. André Ricardo Domingues, *Gastronomia árabe: patrimônio cultural de Foz do Iguaçu*. Ponta Grossa: Universidade Estadual de Ponta Grossa, 2015, p. 81. Dissertação (Mestrado em Gestão do Território).

29. Ibid., p. 83.

30. Ibid., p. 115.

31. Ibid., p. 91.

32. Ibid., p. 109.

33. Ibid., p. 83.

34. Priscilla Mary Işin, *Bountiful Empire: A History of Ottoman Cuisine*. Londres: Reaktion Books, 2018, pp. 125-6.

35. Marcos Nogueira, "Churrasco grego, por que São Paulo te odeia?". *Folha de S.Paulo*, 23 jan. 2023.

36. Alan Davidson, op. cit., p. 259.

37. Suraia Abud Coaik, *Mezze errante: 36 recetas de cocina criollo-libanesa*. Montevidéu: Casa Mario, 2022.

38. Claudia Roden, op. cit., p. 53.

39. Suzanne Zeidy, "Fine Dining to Street Food: Egypt's Restaurant Culture in Transition". In: Anny Gaul, Graham Auman Pitts e Vicki Valosik (Orgs.), op. cit., p. 203.

40. Claudia Roden, op. cit., p. 54.

41. Suraia Abud Coaik, op. cit., p. 223.

42. Sam Dagher, *Assad or We Burn The Country: How One Family's Lust For Power Destroyed Syria*. Nova York: Little, Brown and Company, 2019.

43. Natasha Hall, "Palestinian Refugees and the Siege of Yarmouk". Carnegie Endowment for International Peace, 13 mar. 2014. Disponível em: <www.carnegieendowment.org/sada/2014/03/palestinian-refugees-and-the-siege-of-yarmouk?lang=en>. Acesso em: 13 fev. 2025.

44. Bruno Najjar, *Dos balcões do Saara às barracas de salgado: paisagens culinárias árabes nas ruas do Rio de Janeiro*. Niterói: Universidade Federal Fluminense, 2024, p. 105. Dissertação (Mestrado em Cultura e Territorialidades).

A PIOR PADARIA QUE PODERIA EXISTIR [PP. 197-228]

1. Machado de Assis, *Gazeta de Notícias*, Rio de Janeiro, 20 jan. 1887, p. 2.

2. Charles Perry, "Couscous and Its Cousins". In: Harlan Walker (Org.), *Oxford Symposium on Food & Cookery 1989: Staple Foods. Proceedings*. Londres: Prospect Books, 1990, p. 177.

3. Ibid., p. 177.

4. Luís da Câmara Cascudo, op. cit., p. 205.

5. Ibid., p. 206.

6. Ibid., p. 203.

7. Gabriel Vaquer, "Cuscuz paulista é eleito a pior comida do Brasil por guia europeu". *Folha de S.Paulo*, 29 nov. 2023.

8. Matheus Ferreira, "Cuscuz paulista: a história de como o prato chegou às mesas de São Paulo". *Folha de S.Paulo*, 6 jan. 2024.

9. Jorge Amado, *Tocaia grande: a face obscura*. 8. ed. Rio de Janeiro: Record, 1986, p. 34.

10. Suellen Thomaz de Aquino Martins Santana, "Culinária sul-baiana: mulher e diversidade cultural". *Revista Urutágua*, Maringá, n. 13, p. 7, 2007.

11. Jorge Amado, *Gabriela, cravo e canela*. 51. ed. Rio de Janeiro: Record, 1975, p. 154.

12. Ibid., p. 32.

13. Maria Luiza Silva Santos, op. cit., p. 112.

14. Ibid., p. 115.

15. Ghassan Hage, "Multiculturalism, 'Ethnic Food' and Migrant Home-Building". Versão editada de um artigo publicado em Helen Grace et al. (Orgs.), op. cit., p. 14.

16. Ibid., p. 14.

17. bell hooks, *Black Looks: Race and Representation*. Boston: South End Press, 1992, p. 21.

18. Ibid., p. 39.

19. Ricardo Maranhão, op. cit., p. 31.

20. Rodrigo Ayupe Cruz, op. cit.

21. Ibid., p. 236.

22. Ibid., p. 241.

23. Ibid., p. 244.

24. Ibid., p. 246.

25. Ibid., p. 245.

26. Bruno Najjar, *Dos balcões do Saara às barracas de salgado*, op. cit.

27. Id., *Entre primos e simpatizantes: a paisagem culinária árabe-brasileira em um grupo de Facebook*. Niterói: Universidade Federal Fluminense, 2021. Trabalho de Conclusão de Curso (Graduação em Estudos de Mídia).

28. Ibid., p. 2.

29. Ibid., p. 28.

30. Ibid., p. 11.

31. Ibid., p. 28.

32. Ibid., p. 34.

33. Ibid., p. 35.

34. Christine Folch, "Stimulating Consumption: Yerba Mate Myths, Markets, and Meanings from Conquest to Present". *Comparative Studies in Society and History*, v. 52, n. 1, p. 6, 2010.

35. Ibid., p. 7.

36. Ibid., p. 26.

37. Ibid., p. 29.

38. Ibid.

39. Ibid., p. 7.

40. Mark Wyman, *Round-Trip America: The Immigrants Return to Europe, 1880-1930*. Ithaca: Cornell University Press, 1993, p. 5.

41. David Northrup, "Freedom and Indentured Labor in the French Caribbean, 1848-1900". In: David Eltis (Org.), *Coerced and Free Migration: Global Perspectives*. Stanford: Stanford University Press, 2002, p. 228.

42. Nemata Amelia Blyden, *West Indians in West Africa, 1808-1880: The African Diaspora in Reverse*. Rochester: University of Rochester Press, 2000, p. 3.

43. Akram F. Khater, op. cit., p. 112.

44. Diogo Bercito, *Brimos*, op. cit., p. 17.

45. Id., "O cofrinho de Tora: histórias de uma prisão no Cairo". *piauí*, nov. 2019.

46. Marcos Carrieri, "Superávit do Brasil com países árabes é recorde em 2023". *Agência de Notícias Brasil-Árabe*, 24 jan. 2024.

47. Diogo Bercito, *Brimos*, op. cit., pp. 210-1.

48. Ibid.

EPÍLOGO [PP. 229-31]

1. Diogo Bercito, "Santo do grão-de-bico". In: Ibid., pp. 174-83.

Referências bibliográficas

ABDALLA, Ricardo; BASTOS, Sênia Regina. "Alimentação e memória árabe na área central da cidade de São Paulo". *Contextos da Alimentação*, v. 3, n. 2, pp. 27-36, 2015.

ABDOU, Nagib T. *Dr. Abdou's Travels in America and Commercial Directory of the Arabic Speaking People of the World*. Nova York: Edição do autor, 1907. Disponível em: <www.digitalcollections.nypl.org/items/90966cco-38f3-0135-daa7-458e7a52452a>. Acesso em: 1º abr. 2025.

ALMEIDA, Renata Geraissati C. de. *Um artífice na urbanização paulistana: Rizkallah Jorge Tahhan (1895-1949)*. São Paulo: Annablume, 2018.

ALTENHOFEN, Cléo Vilson. *Hunsrückisch in Rio Grande do Sul: Ein Beitrag zur Beschreibung einer deutschbrasilianischen Dialektvarietät im Kontakt mit dem Portugiesischen*. Stuttgart: Steiner, 1996.

AMADO, Jorge. *Gabriela, cravo e canela*. 51. ed. Rio de Janeiro: Record, 1975.

_____. *Tocaia grande: a face obscura*. 8. ed. Rio de Janeiro: Record, 1986.

ANDERSON, Benedict. *Imagined Communities: Reflections on the Origin and Spread of Nationalism*. Londres: Verso, 1983.

ARAÚJO, Oscar Egídio de. "Enquistamentos étnicos". *Revista do Arquivo Municipal*, v. 65, pp. 227-46, 1940.

ARY, Wilma (Org.). *O diário de Míriam Bo Sauder*. São Paulo: Sol, 2018.

ATIYEH, George N. "Shukri al-Khuri, The Story of Finyanus". In: *Al-Kuttab al-Arab fi Amirka: Maqalat Naqdiyya wa-Bibliyughrafiya Wasafiyya*. Cambridge: Dar Mahjar li-l-Nashar wa-l-Tawzia, 1981, pp. 1-35.

BARDENSTEIN, Carol. "Transmissions Interrupted: Reconfiguring Food, Memory, and Gender in Cookbook-Memoirs of Middle Eastern Exiles". *Signs*, v. 28, n. 1, pp. 353-87, 2002.

BARKEY, Karen. *Empire of Difference: The Ottomans in Comparative Perspective.* Cambridge: Cambridge University Press, 2008.

BARTH, Fredrik (Org.). *Ethnic Groups and Boundaries: The Social Organization of Culture Difference.* Boston: Little, Brown and Company, 1969.

BAŞAN, Ghillie. *The Middle Eastern Kitchen.* Nova York: Hippocrene Books, 2006.

BASCUÑAN-WILEY, Nicholas. "Migration and the Senses". *Sociology Compass*, v. 15, n. 3, pp. 1-16, 2021.

_____. "Sumud and Food: Remembering Palestine Through Cuisine in Chile". *Mashriq & Mahjar*, v. 6, n. 2, pp. 1-31, 2019.

BERCITO, Diogo. *Brimos: imigração sírio-libanesa no Brasil e seu caminho até a política.* São Paulo: Fósforo, 2021.

BLYDEN, Nemata Amelia. *West Indians in West Africa, 1808-1880: The African Diaspora in Reverse.* Rochester: University of Rochester Press, 2000.

BOURDIEU, Pierre. *Distinction: A Social Critique of the Judgement of Taste.* Trad. de Richard Nice. Cambridge: Harvard University Press, 1984.

BRUNO, Ernani Silva. *História e tradições da cidade de São Paulo. Metrópole do café (1872-1918).* Rio de Janeiro: José Olympio, 1954. 3 v.

BURGEES, Ernest W. *The Urban Community.* Chicago: University of Chicago Press, 1926.

CANDIDO, Antonio. *Os parceiros do Rio Bonito: estudo sobre o caipira paulista e a transformação dos seus meios de vida.* São Paulo: Todavia, 2023.

CASCUDO, Luís da Câmara. *História da alimentação no Brasil, v. 1.* São Paulo: Companhia Editora Nacional, 1967.

CASTIGLIO, Laura Mozardo. *Preservação de identidade histórica: Igreja Ortodoxa Antioquina São Jorge de Bariri – SP.* Bauru: Unisagrado, 2022. Trabalho de Conclusão de Curso (Graduação em Arquitetura e Urbanismo).

CERTEAU, Michel de. *The Practice of Everyday Life.* Berkeley: University of California Press, 1984.

CHAVES, Paulo Azevedo. *Trinta poemas e dez desenhos de amor viril.* Recife: Pool Editorial, 1984.

COAIK, Suraia Abud. *Mezze errante: 36 recetas de cocina criollo-libanesa.* Montevidéu: Casa Mario, 2022.

CRUZ, Rodrigo Ayupe. "A importância da comida na construção da etnicidade Árabe em Juiz de Fora". *Antropolítica – Revista Contemporânea de Antropologia*, Niterói, v. 1, n. 40, pp. 230-51, 2016.

DA CUNHA, Nelva Vieira; MELLO, Pedro Paulo Thiago de. "Rio de Janeiro's Global Bazaar: Syrian, Lebanese, and Chinese Merchants in the Saara". In: AMAR, Paul (Org.). *The Middle East and Brazil: Perspective on the New Global South*. Trad. de Silvia C. Ferreira. Bloomington: Indiana University Press, 2014, pp. 228-40.

DAGHER, Sam. *Assad or We Burn the Country: How One Family's Lust for Power Destroyed Syria*. Nova York: Little, Brown and Company, 2019.

DAVIDSON, Alan. *The Oxford Companion to Food*. 3. ed. Oxford: Oxford University Press, 2014.

DOMINGUES, André Ricardo. *Gastronomia árabe: patrimônio cultural de Foz do Iguaçu*. Ponta Grossa: Universidade Estadual de Ponta Grossa, 2015. 134 pp. Dissertação (Mestrado em Gestão do Território).

DÓRIA, Carlos Alberto; BASTOS, Marcelo Corrêa. *A culinária caipira da Paulistânia: a história e as receitas de um modo antigo de comer*. São Paulo: Fósforo, 2021.

EPP, Marlene. "Eating Across Borders: Eating Immigrant Cookbooks". *Histoire Sociale/ Social History*, v. 48, n. 96, pp. 45-65, 2015.

FAHRENTHOLD, Stacy D. *Between the Ottomans and the Entente*. Nova York: Oxford University Press, 2019.

FAUSTO, Boris. "Imigração: cortes e continuidades". In: NOVAIS, Fernando A.; SCHWARCZ, Lilia Moritz (Orgs.). *História da vida privada no Brasil: contrastes da intimidade contemporânea*, v. 4. São Paulo: Companhia das Letras, 1998, pp. 13-73.

FAWAZ, Leila Tarazi. *A Land of Aching Hearts: The Middle East in the Great War*. Cambridge: Harvard University Press, 2014.

FÉRES, Assis. *O mascate*. São Paulo: Revista Laiazul, 1970.

FERNANDES, Maria Cristina Rodrigues. *As aventuras do gosto: o restaurante Al Manzul de Cuiabá como expressão culinária árabe (1991-2008)*. Curitiba: Universidade Federal do Paraná, 2010. 110 pp. Dissertação (Mestrado em História).

FOLCH, Christine. "Stimulating Consumption: Yerba Mate Myths, Markets, and Meanings from Conquest to Present". *Comparative Studies in Society and History*, v. 52, n. 1, pp. 6-36, 2010.

GABRIEL, Adélia Salem. *Cozinha árabe*. 2. ed. São Paulo: Tipografia Editora Árabe, 1959.

GATTAZ, André. *Do Líbano ao Brasil: história oral de imigrantes*. Salvador: Pontocom, 2012.

GAUL, Anny. *Kitchen Histories in Modern North Africa*. Washington: Universidade Georgetown, 2019. 326 pp. Tese (Doutorado em Estudos Árabes e Islâmicos).

_____; PITTS, Graham Auman; VALOSIK, Vicki (Orgs.). *Making Levantine Cuisine: Modern Foodways of the Eastern Mediterranean*. Austin: University of Texas Press, 2021.

GREIBER, Betty Loeb; MALUF, Lina Saigh; MATTAR, Vera Cattini. *Memórias da imigração: libaneses e sírios em São Paulo*. São Paulo: Discurso, 1998.

HAGE, Ghassan. "Multiculturalism, 'Ethnic Food' and Migrant Home-Building". Versão editada de um artigo publicado em: GRACE, Helen et al. (Orgs.). *Home/World: Space, Community and Marginality in Sydney's West*. Sydney: Pluto Press, 1997.

_____. *The Diasporic Condition: Ethnographic Explorations of the Lebanese in the World*. Chicago: University of Chicago Press, 2021.

HAJJAR, Claude F. *Imigração árabe: 100 anos de reflexão*. São Paulo: Cone, 1985.

HALLAQ, 'Abd Allah Yurki. *Al-Halabiyyuna fi al-mahjar*. Alepo: Manshurat Majallat al-Dad, 1994.

HATTOX, Ralph S. *Coffee and Coffeehouses: The Origins of a Social Beverage in the Medieval Near East*. Seattle: University of Washington Press, 1985.

HAUCH, Malvina. *Delícias da cozinha árabe*. Rio de Janeiro: Cátedra, 1984.

HEINE, Peter. "The Revival of Traditional Cooking in Modern Arab Cookbooks". In: ZUBAIDA, Sami; TAPPER, Richard (Orgs.). *Culinary Cultures of the Middle East*. Londres: I.B. Tauris, 1994, pp. 143-52.

HOOKS, bell. *Black Looks: Race and Representation*. Boston: South End Press, 1992.

IŞIN, Priscilla Mary. *Bountiful Empire: A History of Ottoman Cuisine*. Londres: Reaktion Books, 2018.

JONES-GAILANI, Nadia. "Qahwa and Kleiche: Drinking Coffee in Oral History Interviews with Iraqi Women in Diaspora". *Global Food History*, Nova York, v. 3, n. 1 pp. 1-21, 2017.

KARAM, John Tofik. *Another Arabesque: Syrian-Lebanese Ethnicity in Neoliberal Brazil*. Filadélfia: Temple University Press, 2007.

KASHDAN, Harry. "Jerusalem in London: Yotam Ottolenghi and Sami Tamimi's Diasporic World". *Mashriq & Mahjar*, v. 6, n. 2, pp. 1-35, 2019.

KHATER, Akram F. *Inventing Home: Emigration, Gender, and the Middle Class in Lebanon, 1870-1920*. Berkeley: University of California Press, 2001.

KHOURI, Juliana Mouawad. *Pelos caminhos de São Paulo: a trajetória dos sírios e libaneses na cidade.* São Paulo: Universidade de São Paulo, 2013. 281 pp. Dissertação (Mestrado em Estudos Judaicos e Árabes).

KHOURY, José. *Arte culinária sírio-libanesa.* São Paulo: Comercial Safady, 1976.

KNOWLTON, Clark S. *Sírios e libaneses.* São Paulo: Anhambi, 1960.

KURBAN, Taufik. *Os syrios e libanezes no Brasil.* São Paulo: Sociedade Impressora Paulista, 1933.

LESSER, Jeffrey. *Immigration, Ethnicity, and National Identity in Brazil: 1808 to the Present.* Cambridge: Cambridge University Press, 2013.

_____. *Negotiating National Identity: Immigrants, Minorities, and the Struggle for Ethnicity in Brazil.* Durham/ Londres: Duke University Press, 1999.

LIRA, José Tavares Correia de. "O urbanismo e o seu outro: raça, cultura e cidade no Brasil (1920-1945)". *Revista Brasileira de Estudos Urbanos e Regionais*, v. 1, n. 1, pp. 47-78, 1999.

MARANHÃO, Ricardo. *Árabes no Brasil: história e sabor.* São Paulo: Gaia, 2009.

MARTINEZ, Miguel Brandão. *Trajetórias e dinâmicas de mobilidade migrante no Oeste Paulista: sírios e libaneses em Bariri – décadas de 1900 a 1950.* São Carlos: Universidade Federal de São Carlos, 2024. 147 pp. Dissertação (Mestrado em Sociologia).

MATA-CODESAL, Diana. "Rice & Coriander Sensorial Re-Creations of Home Through Food: Ecuadorians in a Northern Spanish City". Estudo apresentado no Sussex Centre for Migration Research, 2008.

MEIHY, Murilo. *Os libaneses.* São Paulo: Contexto, 2016.

NAFF, Alixa. *Becoming American: The Early Arab Immigrant Experience.* Carbondale: South Illinois University Press, 1985.

NAJJAR, Bruno. *Dos balcões do Saara às barracas de salgado: paisagens culinárias árabes nas ruas do Rio de Janeiro.* Niterói: Universidade Federal Fluminense, 2024. 121 pp. Dissertação (Mestrado em Cultura e Territorialidades).

_____. *Entre primos e simpatizantes: a paisagem culinária árabe-brasileira em um grupo de Facebook.* Niterói: Universidade Federal Fluminense, 2021. Trabalho de Conclusão de Curso (Graduação em Estudos de Mídia).

NORTHRUP, David. "Freedom and Indentured Labor in the French Caribbean, 1848-1900". In: ELTIS, David (Org.). *Coerced and Free Migration: Global Perspectives.* Stanford: Stanford University Press, 2002, pp. 204-28.

NÜTZENADEL, Alexander; TRENTMANN, Frank (Orgs.). *Food and Globalization: Consumption Markets and Politics in the Modern World.* Oxford: Bloomsbury, 2017.

OLIVEIRA, Fabiana de Castro. *Maria & Farid: libaneses de origem, brasileiros de coração*. Belo Horizonte: Gomes, 2013.

PAIN, Stephanie. "Eaten to Extinction". *New Scientist*, Londres, v. 234, n. 3124, pp. 32-4, 2007.

PASTOR, Camila. *The Mexican Mahjar: Transnational Maronites, Jews, and Arabs under the French Mandate*. Austin: University of Texas Press, 2017.

PERRY, Charles. "Couscous and Its Cousins". In: WALKER, Harlan (Org.). *Oxford Symposium on Food & Cookery 1989: Staple Foods. Proceedings*. Londres: Prospect Books, 1990, pp. 176-8.

PINTO, Paulo Gabriel Hilu da Rocha. *Árabes no Rio de Janeiro: uma identidade plural*. Rio de Janeiro: Cidade Viva, 2010.

PINTO, Tão Gomes. *Ele: Maluf, trajetória da audácia*. Rio de Janeiro: Ediouro, 2008.

PORTO, Caio Fábio Sampaio. *As mediações da comida árabe na vida cotidiana de membros de origem palestina do grupo Juventude Sanaúd*. Brasília: Universidade de Brasília, 2021. 207 pp. Dissertação (Mestrado em Sociologia).

PROUST, Marcel. *A prisioneira*. Trad. de Manuel Bandeira e Lourdes Sousa de Alencar. São Paulo: Globo, 2011. (*Em busca do tempo perdido*, v. 5.)

RODEN, Claudia. *The New Book of Middle Eastern Food*. Nova York: Alfred A. Knopf, 2005.

RODINSON, Maxime; ARBERRY, A.J.; PERRY, Charles. *Medieval Arab Cookery*. Londres: Prospect Books, 2001.

SAFADY, Jamil. *Antologia árabe do Brasil*. São Paulo: Comercial Safady, 1981.

_____. *Panorama da imigração árabe*. São Paulo: Comercial Safady, 1977.

SAFADY, Jorge. *O Líbano no Brasil*. São Paulo: Comercial Safady, 1956.

SAFADY, Wadih. *Cenas e cenários dos caminhos de minha vida*. Belo Horizonte: Santa Maria, 1966.

SAHÃO, Nadia Abib. *Receitas da cozinha libanesa*. Londrina: Midiograf, 2017.

SAID, Edward W. *Orientalismo: o Oriente como invenção do Ocidente*. Trad. de Rosaura Eichenberg. São Paulo: Companhia das Letras, 2007.

SALLOUM, Habeeb. *Arabian Nights Cookbook: From Lamb Kebabs to Baba Ghanouj, Delicious Homestyle Arabian Cooking*. Clarendon: Turtle Publishing, 2010.

SALLOUM, Habeeb; ELIAS, Leila Salloum; SALLOUM, Muna. *Scheherazade's Feasts: Foods of the Medieval Arab World*. Filadélfia: University of Pennsylvania Press, 2013.

SANTANA, Suellen Thomaz de Aquino Martins. "Culinária sul-baiana: mulher e diversidade cultural". *Revista Urutágua*, Maringá, n. 13, pp. 1-9, 2007.

SANTOS, Carlos José Ferreira dos. *Nem tudo era italiano: São Paulo e pobreza (1890-1915)*. São Paulo: Annablume, 1998.

SANTOS, Clenise Maria Reis Capellani dos. *A alimentação como processo de integração da comunidade árabe em Foz do Iguaçu*. Foz do Iguaçu: Universidade Oeste do Paraná, 2013. 125 pp. Dissertação (Mestrado em Sociedade, Cultura e Fronteiras).

SANTOS, Maria Luiza Silva. *O quibe no tabuleiro da baiana: uma reflexão sobre a imigração síria e libanesa e o turismo cultural em Ilhéus*. Ilhéus: Editora da UESC, 2006.

SAUD, Nair. *Culinária árabe*. Rio de Janeiro: Edibrás, 1981.

SAYDAH, Jurj. *Adabuna wa-Udaba'una fi al-Mahajir al-Amirkiyya*. 3. ed. Beirute: Dar al-'Ilm li-l-Malayyin, 1964.

SEVCENKO, Nicolau. *Orfeu extático na metrópole: São Paulo, sociedade e cultura nos frementes anos 20*. São Paulo: Companhia das Letras, 1992.

SILVA, Henry Marcelo Martins da. "Por um lugar na galeria das raças: o imigrante árabe em São José do Rio Preto (SP) no início do século XX". *História & Perspectivas*, Uberlândia, v. 58, pp. 155-73, 2018.

STIFFLER, Matthew Jaber. "Consuming Orientalism: Public Foodways of Arab American Christians". *Mashriq & Mahjar*, v. 2, n. 2, pp. 111-38, 2014.

TRUZZI, Oswaldo Mário Serra. *Patrícios: sírios e libaneses em São Paulo*. São Paulo: Hucitec, 1997.

_____. "Religiosidade cristã entre árabes em São Paulo: desafios no passado e no presente". *Religião e Sociedade*, v. 36, n. 2, pp. 266-91, 2016.

VÁRIOS AUTORES. *Muqattifat al-Nujum*. São Paulo: Dar al-Marahil, 1970.

VIRGINO, Bruno Anastácio Leandro. "Os imigrantes e a rua dos Caetés: possíveis permanências do processo imigratório dos povos árabes para Belo Horizonte". *Revista do Instituto de Ciências Humanas*, v. 14, n. 20, pp. 37-49, 2018.

WHEATON, Barbara. "Finding Real Life in Cookbooks: The Adventures of a Culinary Historian". In: HOWSAM, Leslie (Org.). *Working Papers in the Humanities*, v. 7. Windsor: University of Windsor, 1998, pp. 1-11.

WYMAN, Mark. *Round-Trip America: The Immigrants Return to Europe, 1880-1930*. Ithaca: Cornell University Press, 1993.

Índice remissivo

As páginas indicadas em itálico referem-se às fotos e ilustrações

25 de Março (rua de São Paulo), 46-8, 52, 56-8, 61, 65, 70, 77-8, 112, 138, 182, 188, 193, 195, 219; quebra-quebras na, 68

"Aatini al-Nay" [Me dê a flauta] (Gibran), 34
Abbud, Alice, 157
Abbud, Emílio, 201-2
Abbud, família, 203
Abbud, Paulo, 201
Abdou, Nagib T., 69-70
abobrinha recheada, 196
Abou Tarek (restaurante no Cairo), 176
Abud, Carla, 203
Abud, Patrícia, 203
Abud, Paulinho, 203
Abud, Paulo, 202-3, 209
Abud, Renata, 203
Abutara, Odette Tamer, 138
Acam, Hage, 78
Adham, Ibrahim Ibn, 191
África, 53, 84, 139, 159, 175, 197-9, 223, 227
afrodisíaco, 73, 248
água: de flor de laranjeira, 19, 144, 244-5
água de rosas, 19, 73, 230, 244-5, 247; limonada com, 194
Alagoas, 46
al-Ajran, Abu, 25
Alasmar, Ana Lia, 54-5
Alasmar, Carlos, 55

Alasmar, família, 54-5
Alasmar, Marco Antonio, 54
Alasmar, Marion, 54
Alasmar, Salim, 54-5
al-Assad, Bashar, 189-90, 221
al-Baghdadi, Muhammad bin Hassan, 120
Albânia, 115
Al-Burkan (revista), 74-5, 103
al-Dalatti, Mustafa, 76
Alemanha, 18, 155, 190
Alepo (Síria), 53, 70-1, 146
Alexandria (Egito), 148, 177-8, 180
Alfândega (rua do Rio de Janeiro), 28, 52-3, 56, 59, 70, 72; "pequena Turquia" carioca, 215
Al-Fanus (revista), 102
alho, pasta de, 151, 162; tum, 248
Ali Babá (personagem), 220
Al-ittihad al-arabi (jornal), 72, 76
al-Jaziri, Abd al-Qadir, 139-40
al-Khoury, Fares, 116
Alladin (restaurante em Foz do Iguaçu, PR), 184
Almanaque Casseta Popular (revista), 90
Almanara (rede de restaurantes), 97, 116-8, 172, 196; rixa entre Saj e, 69
Al Manzul (restaurante em Cuiabá, MT), 42, 44-5, 55
Al-Mataam al-Arabi (restaurante no Rio de Janeiro), 76
al-Mawsili, Ishaq, 159-60
Almeida, Guilherme de, 180

274

Almeida, Napoleão Mendes de, 81-2
Al-Minya (Egito), 181
al-Najjar, Nassim Georges, 215
Al-Raid (periódico), 141
al-Rashid, Harun, califa, 160
al-Shair al-Karaui, "o poeta rural", 64
al-Shair al-Madani, "o poeta urbano", 64
al-Sisi, Abdel Fattah , 176
Altinawi, Talal, 195-6
Alves, Octávio Luz Rodrigues (Taíco), chef, 132
Amado, Jorge, 203-5
Amatti, Eliza, 116, 118
América (restaurante em São Paulo), 201
Amiralian, Guarabet, 68
Amizade (bar em São Paulo), 46
amnésia social, 53
Anderson, Benedict, 130
André (corretor de negócios), 208, 210
Antarctica (cervejaria), 38, 112
Antonius (padre ortodoxo), 125
Apucarana (PR), 142
Arabesco (restaurante em São Paulo), 95
Arábia (restaurante em São Paulo), 14, 18, 33, 36, 96, 99, 124-5, 146-7, 150, 156, 232, 234
Arábia Saudita, 192-4
Arapongas (PR), 143
araque, 84-6, 151-2, 245
Araraquara (SP), 41, 91, 116, 232, 242
Araújo, Oscar Egídio de, 56-8
Araújo, Serafim Fernandes de, 229
Argélia, 198
Argentina, 50, 65, 67, 184, 188-9, 222
Arjis (Líbano), 77, 131
Armênia/armênios, 68, 157, 187; genocídio, 181-2
Arquidiocese Ortodoxa Antioquina de São Paulo, 111
Arquivo Histórico Municipal de São Paulo, 61
Arte culinária sírio-libanesa (Khoury), 135-6
Artur Esfihas (restaurante no Clube Armênio), 182
Ary, Wilma, 26
Askarian, Dikrom, 57
assírios, 181
Associação Beneficente Sírio-Libanesa, 106
Associação do Sanatório Sírio, 138
Assurnasirpal II, quibe na corte de, 83
Astor (padaria em São Paulo), 68-9
Attia, Marie, 178-80, 182
Attia, Rosa, 178-9
Attie, Abrão, 75

awarma, 150, 245
Ayoub (loja), 43-4
Ayoub, Elias, 43, 142
Ayoub, família, 42
Ayoub, Hanna, 142
Ayoub, Hélène, 14, 142
Ayoub, Jamil, 45
Ayoub, Michel, 42
Ayoub, Salah, 42-5
azeitona, 18, 67, 122

Baalbek (Líbano), 82
Baalbek (restaurante no Rio de Janeiro), 214
babaganuche, 65, 90, 128-9, 131-2, 167, 187, 194, 245, 247-8
baclava, 245-6
Bagdá (Iraque), 17, 87, 159
baharat (pimenta-síria), 114, 173, 195, 240, 247-8
Bahia, 131, 158
Baino (Líbano), 145
Baiúca (restaurante em Bariri, SP), 165
baklava frangieh, 146
Bálcãs, 187, 219, 236
Balkh (Afeganistão), 191
Balômia (tia de Jamil Kronfly), 66
Balta, Paul, 148
Bambi (restaurante em São Paulo), 201-2
Bar Vesúvio (Ilhéus, BA), 204-5
Barão de Duprat (rua de São Paulo), 48, 67
Barbosa, Abelardo (Chacrinha), 90
Bardenstein, Carol, 32, 135-6
Bariri (SP), 54, 110-2, 163-6, 232, 240
Barra Bonita (SP), 54
Barra da Tijuca (bairro do Rio de Janeiro), 214
Barretos (SP), 33-4, 124, 145
Barth, Fredrik, 88
Bascuñan-Wiley, Nicholas, 119; etnografia sensorial, 109-10
Basílio da Gama (rua de São Paulo), 117
basma, 82, 245
Bassil (padaria no Rio de Janeiro), 216
Bassil, Jorge, 217
Bassil, José, 217
Bassil, Maurício, 217
Bassil, Tufi, 216-7
Bastos, Marcelo Corrêa, 130
Batrun (Líbano), 216
Battuta, Ibn, 160
Bauab, Telma, 63, 91
Bauab, Waldemar, 91

bauru (sanduíche), 202
Bauru (SP), 108, 164
Baz, Salim, 70
Bazar Paulista (Rio Claro, SP), 113
Bechilli, Bechara, 70
Beduínos (restaurante em Foz do Iguaçu, PR), 184
Beirute (Líbano), 25, 28-9, 42, 50, 69, 73, 77, 131, 154, 161, 171, 183, 224, 229
Beirute (restaurante em Londrina, PR), 144
beirute (sanduíche), 200, 202-3
Bekaa (restaurante em São Paulo), 203
Beldades e vinho (Maluf), 152
Belo Horizonte, 125-6, 129, 160-2, 190, 229; "rua dos turcos", 53
Ben, Jorge, 93
Bengala Amarela, A (revista), 103
Beqaa (Líbano), 30, 33, 36-7, 42, 171, 224
berinjela recheada, 108, 151, 192
Bernardino de Campos (SP), 141
Bikfaiya (Líbano), 25
Bitar, Michel, monsenhor, 229-30
Bo Sauder, Míriam, 26
Bocuse, Paul (chef francês), 172
Bolsonaro, Jair Messias, 228
Bom Retiro (bairro de São Paulo), 51
Bonduki, Emílio, 79-80, 95
Book of Middle Eastern Food [Um livro de comida médio-oriental] (Roden), 16
Borge, María Manzur de, 133
Bósnia, 115
Bourdieu, Pierre, 87
Brás (bairro de São Paulo), 50, 52
Brasília, 90, 228
Brasil-Líbano (jornal árabe), 79
Brasserie Victória (restaurante em São Paulo), 76, 78, 131
Brimos: imigração sírio-libanesa no Brasil e seu caminho até a política (Bercito), 11
Btaaboura (Líbano), 150-1
Bteghrine (Líbano), 125-6, 129
Buaheb, Abrahão, 61
Buenos Aires (rua do Rio de Janeiro), 76
bulgur, 66-8, 82, 106, 150, 157, 173, 245, 247-8
Bunduki, Adélia, 65-6
Bunduki, Balômia, 66
burma, 246

Ca'd'Oro (restaurante em São Paulo), 117
café, *passim*; árabe, 144; consumo do, 139; economia do, 26, 40; história no Oriente Médio, 140; "turco", 141, 145

Cafeeira Soubhia (Catanduva, SP), 141
Cairo (Egito), 175, 177, 180-2, 225; golpe de Estado, 176
califado: Abássida, 17, 159, 204; alcunha da administração do governador Paulo Maluf, 91; Omíada, 175
Câmara Cascudo, Luís da, 15, 199
Câmara de Comércio Árabe-Brasileira, 22; censo da comunidade, 12
Cambuci (RJ), 142
Caminha, Pero Vaz de, 31
Campinas (SP), 118
Candido, Antonio, 11
Capitão Matarazzo (rua de São Paulo), 180
Capivari (SP), 142
Caracas (Venezuela), 69
Carmo, Maria de Lourdes do, 204-5
Casa Cabana (loja de chapéus em Belo Horizonte), 53
Casa da Boia (loja de metais em São Paulo), 157
Casa das Novidades (São Paulo), 113
Casa Garabed (restaurante armênio em São Paulo), 182
Castelo Libanês (restaurante em Foz do Iguaçu, PR), 184
Catanduva (SP), 41, 141
Catedral Nossa Senhora do Líbano (São Paulo), 160
Cauerk, Elias (Hallabi), 70-2, 100, 102, 107, 109-10, 155, 237
Cavalheiro Basílio Jafet (rua de São Paulo), 48
Cavalheiro Nami Jafet (rua do Guarujá, SP), 166
Cedro do Líbano (restaurante no Rio de Janeiro), 216
Cenas e cenários dos caminhos de minha vida (Safady), 26
Cerro Corá (rua de São Paulo), 209
Certeau, Michel de, 11
Chacur, Mussa, 39; imigração para o Brasil, 20-2
Chaddad, João, 141
Chafiq, César, 64
chancliche, 21, 39, 144, 246
Chapéus Cury, 43
charutinho: de repolho, 35, 42, 94, 114, 192, 246-7; de uva, 15, 63, 108, 114-6, 166-7, 169, 192, 230, 246; receita, 236
Chatilla, Nasser, 79, 83

Chez Victor (restaurante em Lima, Peru), 169

Child, Julia, 17

Chile, 109-10; comunidade palestina no, 119

China, 18, 53, 173, 220

Churrascaria Bambu (Barra Bonita, SP), 54

churrasquinho grego, 185-6

Cidade do México, 186

Cisjordânia, 120, 149

clone, O (novela), 84, 149, 212

Club Homs (SP), 58-9, 138

Clube Alepo, 59

Clube Armênio, 182

Clube Hebraica, 52

Clube Libanês de Belo Horizonte, 162

Clube Monte Líbano (Bauru, SP), 108

Clube Monte Líbano (Cuiabá), 43

Clube Sírio-Libanês (Ribeirão Preto, SP), 125

Coaik, Suraia Abud, 187-8

coalhada, 58, 63, 83, 108-9, 124-8, 150, 173, 196, 206; mole, 235-6; receitas, 245-6; seca, 12, 37, 73, 88, 105, 125-8, 146, 165, 167, 187, 235, 246-7

Colômbia, 65, 69; negócios árabes na, 69

Comendador Abdo Schahin (rua de São Paulo), 117

Comercial Safady (editora), 75

Compadre Washington, 92

Confeitaria Colombo (Rio de Janeiro), 218

Confeitaria Omar, propaganda poética da, 75-6

Confeitaria Oriental, 103

Confeitaria Pagé, 74, 219; anúncio na revista Al-Burkan, 74

Copacabana (bairro do Rio de Janeiro), 213-4

cordeiro, 192; pernil de, 161; sopa de, 196

Correio de Notícias (jornal), 90

Cosroes II, xá, 17, 115

Costa, Túlio, 117

Coury, Athiê Jorge, 103, 142

Coury, Carolina, 118

Coury, David, 116

Coury, Douglas, 115-8

Coury, Zuhair, 116-7

covid-19, pandemia de, 178, 216

Cozinha árabe (Gabriel), 19, 67, 81, 133-6, 138, 233

Cozinha árabe: 30 receitas de sedução (Sharif), 96

Cremona, Guillaume, 170

Crepúsculo Romântico (barco), 55

Cruz, Rodrigo Ayupe, 212-3

Cruzeiro (revista), 169

Cubatão (rua de São Paulo), 202

Cuiabá, 30, 42-5; comunidade árabe de, 45

Culinária árabe (Saud), 136

culinária caipira da Paulistânia, A (Dória e Bastos), 130

curdos, 16, 20, 181

Curi, Chucri, imigração para o Brasil, 24-5

Curi, Ema, 63, 91

Curi, Hafiz, 110, 112

Curi, José, 110

Curi, Norma, 100, 110-3, 134

Curi, Rachid Salim, 64; "Grão de Trigo", 63-4

Curiati, Antônio Salim, 90

Curitiba, 50, 98

Cury, família, 67

Cury, Ricardo, 61-2, 123

Cury, Rosalie, 123-4, 180

Cury, Wadih, 61-2, 123

cuscuz, 178, 198-200

Dagher, Sam, 190

Damanhur (Egito), 177

Damasco (Síria), 24, 42, 53, 73, 137, 154, 171, 175, 190, 193, 195, 221, 241

Dantas, Audálio, 46-7, 57

Darchmezzine (Líbano), 215

Daris, Caterina, 220

Daris, Katerina, 99

Daris, Nicolas, 219

Daris, Panait Theodoro, 220

Daris, Panayotis, 99

Daris, Theodoros Panayotis, 99, 219-20

David, Elizabeth, 17, 116

Declaração Universal dos Direitos Humanos, 167

delícia turca ver rahat

Delícias da cozinha árabe (Hauch), 136

diáspora(s), 26, 31, 50, 64, 95-6, 107, 119, 121-2, 130, 133, 135-6, 139, 153, 156

Dib, Akef Kalil El, 38; chancliche, 39

Dib, Amir Calil, 38-9

Dib, Balomia, 188-9

Dib, Kalil, 38

Dib, Luís, 188

Dib, Mafalda El, 39

Dib, Maria Rosa Sucar, 188

Dib, Salvador, 188-9

Dicionário Houaiss da Língua Portuguesa, 81

Dinheiro na estrada (Farhat), 40

distinção: crítica social do julgamento, A
(Bourdieu), 87
Divinópolis (SP), 229
Doceria Libanesa (São José do Rio Preto,
SP), 50
Doces Istambul, 99, 220, 246
Dois Córregos (SP), 141
Dois irmãos (Hatoum), 41
Domingues, André Ricardo, 184-5
Dominguez, Lícia, 216
Dória, Carlos Alberto, 130
Douek, André, 180, 182
Dr. Abdou's Travels in America (Abdou), 69
drusos, 222
Duma (Síria), 193
Dunga (restaurante em São Paulo), 202
Duoun, Taufik, 26

É o Tchan (banda), 96; "Ralando o Tchan", 92
Édde, Émile, presidente libanês, 102
Effendi (esfiharia em São Paulo), 182
Egípcio Restaurante, O (São Bernardo do
Campo, SP), 177-8
Egito/egípcios, 11, 16-7, 72, 95, 135-6, 148, 163,
170, 174-82, 246-7; Revoltas do Pão, 64
Eid al-Fitr, celebrações de, 178, 247
Elias, Alberto, 142
El-Musri, Fares Warden Rahid; Restaurante
do Centro, 73
Em busca do tempo perdido (Proust), 39
*emigração sírio-libanesa às terras de
promissão, A* (Duon), 26
Empório Syrio (São Paulo), 61-3, 67, 101, 103,
112, 180, 220
Enquistamentos étnicos (Araújo), 56
Epp, Marlene, 136
erva-mate, 221-3
Escovão, Fritz, 92
esfiha, *passim*; aberta, 209; briga linguística,
80-2; de banana com cobertura de
chocolate, 213; de frango, 163; de
verdura, 123; *fatayer*, 82; folhada, 217;
lahme bi-ajin, 82; manqushe, 82; taleme
de Bariri, *104;* típica, 82
"Esfiha do Largo do Machado" *ver* Rotisseria
Sirio Libaneza
Espanha/espanhóis, 17, 37, 187, 222, 232, 239
Esperidião, Miguel, 68
Esporte Clube Sírio, 138
Estado de S. Paulo, O, 90, 180
Estados Unidos, 13, 16, 23-4, 27, 34, 49, 69, 77,
95, 131, 153, 177, 182, 193, 223

Etapas (revista), *103,* 152
Etiópia, 139
Europa, 16, 139-40, 154, 157, 222

faláfel, 146-7, 150, 178-9, 188, 190-1, 246, 248;
origem do, 148
Falchi, chocolate, 62
Farabbud (restaurante em São Paulo), 202
Farah, Jorge, 201-2
Farhat, Elias, 40
Farid, Salwa, 133
Farina, Maria Luiza, 105
fatayer, 82, 217, 246
Fátima (refugiada síria), 154-5
fatouche, 149-50, 232, 246; receita, 234
fatteh, 241, 246
Fausto, Boris, 58
Fauzi (tio de Paulo Abud), 202
Fawaz, Leila Tarazi, 25
Fayruz (cantora libanesa), 34
Federação Árabe Palestina do Brasil (Fepal),
121
Federação das Associações Muçulmanas do
Brasil (Fambras): e o mercado halal, 227
Féres, Assis, 29
Féres, Brasilina, 78
Féres, Dunga, 78
Feres, Victória, 77-9, 83, 131
Fernandes, Maria Cristina Rodrigues, 42, 44
Festa do Peão, 145
Figueiredo, João, 51
Flamingo (restaurante em São Paulo), 201
Flor da Síria (padaria em São Paulo), 46
Folha da Manhã, 46, 57
Folha da Noite, 83-4, 93
Folha de S.Paulo, 69, 84, 89, 186
Folha de Uva (restaurante em São Paulo),
100, 107, 109, 123, 155, 236
fome, xingamentos relacionados à, 24-5
Fortarel, Fernando, 83-5, 88
Foz do Iguaçu (PR), 158, 184-5
França, 18, 24, 135, 176, 190
Freguesia do Ó (bairro de São Paulo), 206
Frente Popular para a Libertação da
Palestina, 221
ful, 179, 246
Fundação Libanesa de Minas Gerais, 162

Gabriel, Adélia Salem, 60, 81-3, 133-5, 171;
Cozinha árabe, 136, 138, 171, 232; tabule,
232-3
Gabriela, cravo e canela (Amado), 204-5

Galeria Menescal (Rio de Janeiro), 214
Galland, Antoine, 220
Gargalo, Nereu, 92-3
Garib, Hanna, 89
Garrincha [Manoel Francisco dos Santos], 217
General Carneiro (rua de São Paulo), 48
genocídio armênio, 181
Gênova, 21
Georges, Elias, 40, 43
Georges, Jabbour Farah, 40-1
Georges, Jamile, 40-2
Georges, Nazira, 40-2, 44
Georges, Sued, 40
ghurba, 29-30, 41, 72, 230
Gianino (restaurante em Milão), 169
Gibran, Elias, 40-1, 43, 91
Gibran, família, 40, 91; sadiha, 232, 242
Gibran, Kalil, 34
Gibran, Marcia, 41, 242
Gibran, Sued, 242
glossário, 245-8
Gobbis, Vittorio, 117
Goiânia, 220
Goiás, 30, 130
goma árabe *ver* rahat
Grã-Bretanha, 74
Gragnani, Juliana Kalil, 156-7
Graziel (mãe de Leila Kuczynski), 33, 35
Grécia, 170, 182, 185-7, 219, 236
Guararapes (SP), 108
Guarnições de Mesa Santa Rosa, 189
guerra civil: libanesa, 121, 183; síria, 86, 154, 186, 189, 193, 221
Guerra do Golfo, 90
Guia Quatro Rodas, 44
gulache húngaro, 169

Habib's (rede de fast food), 163, 205, 209-12, 231; "prêmio", 89
Haddad, Fernando, 88, 228
Haddad, Jamil Almansur, 153
Haddad, Nagib Salim, 142
Hage, Ghassan, 37-8, 211
Hajjar, Claude Fahd, 67-8
Hakim, califa fatímida, 175
"Hakini Al Telephone" (Hankach), 30
Halabi, Abdala, 30
halal, mercado, 227-8
halawi, 21-2, 103, 218-20
Halim (restaurante em São Paulo), 49, 51-2

Hallabi (restaurante no Rio de Janeiro), 70-2
Hallack, Jô, 159
Hallaq, 'Abd Allah Yurki, 96
Hankach, Nagib, 30-1, 34
harissa, 159, 203
Hasbaya (Líbano), 54, 142
Hattox, Ralph S., 140
Hauch, Malvina, 136
Hawash, 40-1
Hawash (Síria), 40
hays, 17
Helmeister, Nilo Faria, 68
Helu, Wadih, 89
Herculano, Alexandre, 105, 107
Herzl, Theodor, 119
História e tradições da cidade de São Paulo (Silva Bruno), 58
Homs (Síria), 24, 32, 40, 66, 70, 79, 105-6, 113, 131, 154, 157, 159, 172, 188, 203
homus, 49, 63, 65, 88, 108, 127-8, 146, 151, 167, 187, 230, 246, 248
hooks, bell, 211
Hospital do Coração (Hcor), 138
Hospital Sírio-Libanês, 137
Hussni, família, 114
Hussni, Hermínia, 113
Hussni, Telma, 113-4, 131
Hussni, Yone, 114, 131
Hussni, Zaqui, 113

Ibirapuera (avenida de São Paulo), 95
Ibitinga (SP), 132
Ibli al-Saq (Líbano), 110, 164
identidade: árabe, 12, 23, 54-5, 59-60, 68; brasileira, 174; comida como eixo de construção da, 35, 61, 130, 158-9, 212; egípcia, 124, 136, 230; étnica, 87, 124, 230; formação da, 11-2; nacional libanesa, 129-30; palestina, 119-21; transformada em bem comercializável, 95
Idi, Jorge, 77
Iêmen, 139-40
Ilhéus (BA), 204-5
imam bayıldı (iguaria turca), 17
Império Bizantino, 17
Império Otomano/otomanos, 18, 20, 23-5, 59, 73-4, 105, 115-6, 140, 167, 181-2, 185, 187, 219, 247
Império Persa, 17
Índia, 17-8, 148, 220
Ioschpe, Gustavo, 89

Ipiranga (bairro de São Paulo), 48, 168
Irã, 74, 159
Iraque, 18, 83, 86, 90
Islã, 17, 21, 86, 94, 140, 184, 192, 223, 227
Isper, Barbara, 49
Isper, Olinda, 49
Isper, Xmune, 49
Israel, 18, 120, 148, 183, 228; criação do
    Estado, 119
Istambul, 23, 73, 185, 219
Istikhdam al-haya [Usando a vida] (Naji), 225
Itabuna (BA), 205
italianos, 47, 62-3, 116, 145, 162, 168, 180, 204,
    208, 232, 239
Itapecerica da Serra (SP), 65
Itapuí (SP), 54
Itu (SP), 142

Jaber (restaurante em São Paulo), 48
Jaber, Jamil, 48
Jable (Síria), 191, 194
Jabor, Arnaldo, 90
Jabour, Habib, 61
Jabuti, prêmio, 40
Jacob, Abraão [Ibrahim Ayash], 164
Jacob, família: receita de taleme, 240
Jacob, Ibraim, 165
Jacob, Judith, 104, 164-6
Jacob, Mauro, 165
Jacob, Miriam Stevanato, 163, 165-6
Jafet, Adma, 137
Jafet, Ângela, 167-71
Jafet, Benjamin, 27
Jafet, Edith, 169, 171
Jafet, Edméa, 169
Jafet, Eduardo, 27, 167-8, 171; inventário da
    adega de, 170
Jafet, Elisabeth, 169
Jafet, família, 48, 166; Palacete dos Cedros,
    98, 167, 171
Jamaica, Beto, 92
Jamaica, negócios árabes na, 69
japoneses, 47, 57, 174; hábitos culinários, 58
Jardim Botânico do Rio de Janeiro, 173
Jaú (SP), 54, 63, 91, 164
Jerusalém (Israel), 147, 149, 187, 228
Jibrael (Líbano), 124
João III, rei, 199
João Pessoa, 181
João VI, rei, 173
Jones-Gailani, Nadia, 139
Jordan (jogador de futebol), 217

Jordânia, 129, 192-4
Jorge, Salomão, 153
José Bonifácio (rua de São Paulo), 61, 79
Joukhadar, Elias Ishac, 53
Jubran, Safa, 244
judeus, 18, 29, 119, 147-8, 174, 178-9, 181
Juiz da beira (Vicente), 199
Juiz de Fora (MG), 163, 212
Júlia (avó de Paulo Abud), 203
Julien, Heloísa Abreu Dib: Afifi (avó), 63, 159-
    60; projeto de recuperação da história
    dos árabes no Brasil, 159
Juscelino Kubitschek (avenida de Foz do
    Iguaçu, PR), 184
Juventude Sanaúd (movimento militante),
    121

kaak, 29, 46, 247
kaak bi-sumsum, 29
Kabalan, Michel, 129
kabsa (prato saudita), 194
Kaffa (Iêmen), 140
kafta, 109, 146, 167, 218, 247
Kahil, Abdo Salam, 64, 219-20
kahk, 178-9, 247
Kalil, Anna Lydia, 157
Kalil, família, 232, 238
Karahbache (Líbano), 53
Kassab, Gilberto, 229
Kassab, Nimatullah, 229
kebab de fígado, 169
Kfar Mishki (Líbano), 108
Kfeir (Líbano), 116
khamriyyat (gênero literário), 87
Khater, Akram Fouad, 23-4
Khatlab, Roberto, 224
Khouri, Dolly, 145
Khouri, Hind, 145-6
Khouri, Juliana Mouawad, 52
Khouri, Rateb, 145
Khoury, José, 135-7
khubz, 65, 247-8
Kibe Loco (site humorístico), 92
Kibe Mauad (restaurante em Juiz de Fora,
    MG), 213
Kibelândia (restaurante em Bauru, SP),
    108-9
Kiberama (restaurante em Foz do Iguaçu,
    PR), 108, 184
kishk, 150, 247
Kitab al-tabikh (Baghdadi), 120

Kitab al-tabikh [Livro da cozinha] (Warraq), 134

Knowlton, Clark S., 13

Köprülü, Mehmet (grão-vizir), 18

koshary, 174, 176-7, 181, 247

Kronfly, Adélia, 66

Kronfly, Jamil, 65-6

Kronfly, Kablan Nawfal, 65

Ksara (Líbano), 171

Kuczynski, Leila, 14, 33-8, 96, 99, 124, 146-7, 149-50, 156, 234; fatouche, 232

Kuczynski, Sérgio, 35-6

Kuraiem, Musa, 202

Kurban, Taufik, 22

labne, 12, 124-5, 127, 246-7

Ladeira Porto Geral (rua de São Paulo), 48; Confeitaria Omar, 75

Lambari (MG), 162

Lanche Cidade (boteco em Belo Horizonte), 161

Lavoura arcaica (Nassar), 41

Lee, Rita, 93

Leonor (avó de Jô Hallack), 159

Lesser, Jeffrey, 173-4

Levante (Mediterrâneo), 16, 24, 27-8, 32, 43, 46, 55, 65, 75, 83, 94, 114, 147, 151, 157, 163, 169, 171, 185, 187, 212, 221, 227, 230-1, 247-8

Líbano/libaneses, 11, 13, 16, 20, 24, 26, 28-9, 33-4, 37, 43, 48, 52-4, 57, 63, 72, 82-3, 89-93, 108, 116, 122, 129, 131-3, 135-6, 149, 152, 161-4, 170, 172, 174-5, 177, 180, 182, 184, 186-7, 203, 209, 211-2, 223-5; Pacto Nacional, 183

Líbano no Brasil, O (Safady), 30

Libbos, Nelson, 209

Liberdade (bairro de São Paulo), 160

Liceu de Artes e Ofícios, 168

Lima, Clariman de, 44-5

Lins de Vasconcelos (rua de São Paulo), 209

Lions Clube, 95, 114

Liverpool (Inglaterra), 21

Livraria Francesa, 117

locro, 189

lokum (goma árabe), 170, 248

Londrina (PR), 14, 132, 143-4, 190, 244

Lorde Lanche (boteco em Belo Horizonte), 161

Lotaif, José, 70

maamul, 14, 76, 144, 179, 232, 247; receita, 243

Mabruk (restaurante em Juiz de Fora, MG), 213

Machado de Assis, 197

Maciel, Marco Antônio, 213; "o árabe do Pepê", 214

Madi, Edgard, bispo dos maronitas no Brasil, 160

Madi, Gaby, 160-2

Mafalda (navio), 164

Making Levantine Cuisine [Preparando comida levantina] (Pitts e Kabalan), 129

Maksoud Plaza (hotel), 51

Maksoud, Henry, 51

malfuf, 35, 246-7

Malik, Charles Habib, 167

Maluf, Chafic, 151-2

Maluf, família, 152

Maluf, Iskandar, 129

Maluf, Nicolas, 151-2

Maluf, Paulo, 81, 88-90, 228; califado, 91

Maluf, Rose, 152-3

Maluly, Paulo, 201

manjar turco *ver* rahat

manqushe, 216-7

Mansur (jovem cozinheiro libanês), 77

Mansur, Narciso, 216

Manual práctico de cocina libanesa (Borge), 133

Manuel, rei, 31

Maomé, profeta, 17, 94

maqluba, 120-1, 188, 247

Maqrizi (historiador egípcio), 175

Marcia Gibran (restaurante em Araraquara, SP), 41

Mardam-Bey, Farouk, 148

Margi, Afife, 239

Maringá (PR), 224

Marjayoun (Líbano), 24, 164

Maron, 142, 204

Maron Neto, Jacob, 142

Maron, Emilio, 204

Marrach, Sonia, 32-3

Marrocos, 198

Marselha (França), 21

mascate, O (Féres), 29

Masudi (polímata iraquiano), 17

Mata-Codesal, Diana, 37

Mato Grosso, 43-4, 130, 220

Mato Grosso do Sul, 130

Matouk, Salsabil, 191-6; receita de fatteh de berinjela, 241

Mattar, Hélio, 201

Mdoukha (Líbano), 33-4, 156

Meca (Arábia Saudita), 192

Meihy, Murilo, 162-3

melaço de romã, 19, 56, 150, 230, 235

Melhem, José, 108-9

Melhem, Youssef, 108

Memórias da imigração (Greiber, Maluf e Mattar), 79

México, 27, 133-4, 186, 220

mezze, 187, 247

Mezze errante (Coaik), 187

Michaelis (dicionário), 81

Mil e uma noites, 95-6, 160, 220

Milão (Itália), 169

Miller (rua de São Paulo), 50

Mir'at al-gharb (jornal), 27

miscigenação, 204

Mister Shawarma (restaurante), 185

Mister Sheik (restaurante), 94, 212

mjadra, 142-3, 154, 194, 247; na briga entre Esaú e Jacó, 143

Mograbi, Hafez, 105-6

Mograbi, Michel, 105

Morsi, Ammar, 181

Moshiko (restaurante em Jerusalém), 147

Moysés, Samir Cauerk, 71, 100, 107-9, 155-6, 236

Mrs. Paul (restaurante em Nova York), 169

msakhan, 119-21, 247

Muawiya, califa, 175

muçulmanos, 23, 29, 79, 86, 94, 174, 181, 183-4

mujaddara, 247

Mukdesi, João, 70

mulukhiyya, 174-8, 180-1, 247-8

"Muqattifat al-nujum" [Colhedora de estrelas] (Maluf), 152

Muqattifat al-nujum (vários autores), 153

Mursi, Mohammed, 176

Musallam (parente de Jamil Kronfly), 65

Museu da Imigração, 194

Museu Paulista, 166, 170

Mussa, Antônio, 20-1, 24, 39, 68

Mustapha, Ali, 214

mutabbal, 128, 194, 245, 247

"My Father and the Fig Tree" [Meu pai e a figueira] (Nye), 32

Nadima (avó de Paulo Abud), 203

nafas, 19, 71, 172, 210

Naff, Alixa, 23-4

Najar, Calil, 61

Naji, Ahmed (jornalista egípcio), 176; na prisão de Tora, 225-6

Najjar, Bruno, 191, 215-6

narguilé, 62, 72, 100

Nasser, Gamal Abdel, 136, 174, 182

Nassif, Jorge, 70

Neusa (fábrica de doces), 206

New York Times, The (jornal), 149

Niazi (restaurante em Rio Claro, SP), 114, 131

Nidal (jornalista palestina), 149

Niemeyer, Oscar, 162

Niha (vilarejo entre Beirute e Damasco), 42, 44

Nogueira, Marcos, 186

"Nour el ein" (música libanesa), 149

Nova Horizonte (SP), 40

Nova York, 27, 32, 169

Nuwas, Abu (poeta conhecido por versos etílicos), 87

Nye, Naomi Shihab, 32

Omar Ibn al-Khatab (mesquita em Foz do Iguaçu, PR), 184

Organização para a Libertação da Palestina (OLP), 121

Organizações Monte Líbano (restaurante em Belo Horizonte), 126

Orientalismo (Said), 84

Oriente (revista), 202

Oriente & Ocidente (restaurante no Rio de Janeiro), 70-2, 107, 155

Oriente House (restaurante em São Paulo), 50-1

Oriente Médio, 16, 19, 22, 24, 29, 53, 66-7, 74, 82, 84, 86, 96, 107, 120, 129-30, 134, 139-40, 146-7, 155, 158, 175, 185, 192, 197, 212, 224, 226, 245-6

Orlando (EUA), 49

orquídea: farinha de, 73-4; pó da, 74, 248

Oscar Freire (rua de São Paulo), 116

ouzi, 194

Palestina/palestinos, 11, 16, 18, 20, 32, 60, 84, 109-10, 119-22, 148, 163, 183, 223, 228, 238, 247; refugiados, 183

Palmira (Síria), 86

pandemia, 178, 216

Panificadora Visconde (São Paulo), 207-8

pão/pães, *passim*; força simbólica do, 65; fornos coletivos, 65; no mercado clandestino, 68; pascoal, 112; pita, 89; qurban, 111; sírio (khubz), 56, 65, 89, 128, 150-1, 202, 216, 246-8

Papai Halim (restaurante em São Paulo), 51

Paraguai, 184

Paraíso (bairro de São Paulo), 48, 51-2

Paraná, 47, 61, 130, 142, 206

Paranacity (PR), 142

Paranaguá (PR), 142

pároco da aldeia, O (Herculano), 105

Partido Progressista Brasileiro (PPB), 89

pastel de choclo, 189

Pastifício Paulistano (São Paulo), 116

Patrícios (Truzzi), 13

Paula Souza (rua de São Paulo), 48

Paulista (avenida de São Paulo), 173, 188, 201

Pedro, Jorge, 61

Penha (bairro do Rio de Janeiro), 213

Penha (bairro de São Paulo), 219

Pensão do Salim (Barra Bonita, SP), 54

Pereira, João Rocha, 218

persas, 16-7

Phenicia, fazenda, 141

piauí (revista), 225

pimenta-síria *ver* baharat

Pita, Celso, 89

Pitts, Graham, 129

Pittsburgh (EUA), 77

Porta dos Fundos (programa humorístico), 92

Porto, Caio, 121-2

Portugal, 206, 231

Praia do Pepê (RJ), 214

Primeira Guerra Mundial, 18, 20, 24-5, 67, 138, 181, 219

Proust, Marcel, 39

Puebla (México), 186

Qasma, Tawfic, 70

qatai'f (doce), 204

Qisat Finianos [A história de Finianos] (Curi), 25

quibe, *passim*; assado (de bandeja), 161, 232, 239-40, 249; cru, 14, 58, 63, 83, 89, 91-3, 96, 106, 117-8, 127, 147, 158, 167, 192, 232, 248; de peixe, 83, 173; frito, 108, 133, 154, 167, 205, 248; nacionalização do, 131; quaresmal, 83; verde, 157, 232, 246; receitas, 238-40

"Quibe Cru" (Trio Mocotó), 92

quibe no tabuleiro da baiana, O (Santos), 205

Quintino Bocaiuva (rua de São Paulo), 79-80

Rachaya (Líbano), 24

rahat, 76, 170, 219, 248; delícia turca, 248; manjar turco, 248; goma árabe, 33, 68, 76, 170, 219, 248

Rahme, Maria Farid, 133

Ramadã, 178, 241, 247

Randa (restaurante em São Paulo), 203

Rassi, Demetrio, 124-5, 235

Rassi, Mitri, 124

Raw, família, 36

Receitas da cozinha libanesa, 132

"Receitas de Comida Árabe" (grupo de Facebook), 215

Receitas que emocionam (Yazbek), 138, 172

receitas, 133, 146, 215; caderno de, 169; charutinho de uva, 236-7; coalhada seca, 235-6; fatouche, 234-5; fatteh de berinjela, 241; livros de, 82, 96, 133, 135-8, 175, 231; livros ligados à história da beneficência árabe no Brasil, 137; maamul, 243-4; mezze, 247; quibe cru, 238-9; quibe de bandeja, 239-40; sadiha, 242-3; tabule, 233-4; taleme de Bariri, 240

Recife, 181

refeições, rituais em torno das, 44, 55, 142, 151, 187

Rei do Quibe (lanchonete no Rio de Janeiro), 216

Reino Unido, 16, 74, 135

Reis, Aarão, 53

Renato (avô do autor), 62

Renato (pai do autor), 249

Restaurante Cairo (São Paulo), 103

Restaurante do Centro (São Paulo), 73

Revani (poeta turco), 18

Revoltas do Pão de 1977, 64

Revolução Constitucionalista de 1932, 142

Ribeirão Preto (SP), 38, 95, 124-5, 145

Ricardo Jafet (avenida de São Paulo), 166

Rio Claro (SP), 33, 113-4, 131

Rio de Janeiro, 13, 28-9, 52, 70-1, 76, 107, 118, 130, 164, 173, 184-5, 190-1, 197, 212-6, 231, 237-8; *ver também* restaurantes específicos

"riograndenser hunsrückisch", 106

riz bi-halib (arroz com leite), 73

Rizkallah, Jorge, 157-8

Rizkallah, Mario Roberto, 157
Rocha Pinto, Paulo Gabriel Hilu da, 59
Roden, Claudia, 16-7, 135-6, 176
Rosima (restaurante em São Paulo), 123, 180
Rotary Club, 95, 114
Rotisseria Sírio Libaneza (restaurante no Rio de Janeiro), 217-8
Rússia, 18

Saab, Jeanette Georges, 108
Saara *ver* Sociedade de Amigos das Adjacências da Rua da Alfândega
Sabbag, Miriam, 112
Sabra e Chatila, campos de refugiados de, 183
Sabry, Tarek, 177
Sader, Fares, 201
Sader, Louis, 201
sadiha, receita, 242
Safady, família, 67
Safady, Jorge, 30
Safady, Wadih, 26, 28-9
Safra, Joseph, 52
Saghbine (Líbano), 108
Sahão, Assad, 132
Sahão, Nadia Abib, 14, 131-3, 144, 155-6; receita de maamul, 243
Sahão, Ricardo, 132-3, 144
Said, Edward, 84
saj, 65, 248
Saj (restaurante em São Paulo), 203; rixa entre Almanara e, 69
Saleh, Sawsan: cooperativa 3 Chef, 224-5
salepo, 248
Saliba, Antoinette, 125-7
Saliba, Nadim, 126
Saliba, Sabah, 125-8; coalhada seca, 235
Saliba, Samir, 125-6
saloop, 74
Salume, Daid Hage, 158
Samba rock (Trio Mocotó), 92-3
sambusek, 159-60
Sanatório Sírio de Campos do Jordão, 138
Santa Catarina, 130
Santa Rita do Passa Quatro (SP), 116
Santo Antônio da Platina (PR), 206
Santos (alameda de São Paulo), 201
Santos (SP), 27, 141
Santos Futebol Clube, *103*, 142, 205
Santos, Clenise Maria Reis Capellani dos, 158
Santos, Maria Luiza Silva, 205

São Bernardo do Campo (SP), 177
São Carlos (SP), 116
São João (avenida de São Paulo), 117
São José do Rio Preto (SP), 50, 141
São Paulo, *passim*; Arquivo Histórico Municipal de, 61; fachada do restaurante Almanara (1950), *97*; *ver também* restaurantes específicos
São Pedro (SP), 110
Saoud, Sadika, 40-1, *91*
Saraiva, Antônio, 206-7
Saraiva, Antônio Alberto, 205-9
satyrion (drinque afrodisíaco), 73
Saud, Nair, 136
sayadiyya, 194
Saydah, Jurj, 31
Sebastião, Iran José Bezerra, 216-7
Segunda Guerra Mundial, 42
Serra da Estrela (Portugal), 206
Sevcenko, Nicolau, 28
Sexo em Casa (revista), 92
shakriya, 196
shakshuka, 149
Sharif, Amirah, 96
Sharm el-Sheikh (cidade-resort no Mar Vermelho), 177
shawarma, 185, 190-1; taco al pastor, 186
Shawarma do Salim (restaurante em Foz do Iguaçu, PR), 185
Sheik Bar (restaurantes em Ilhéus e Itabuna, BA), 205
Shihab, Aziz, 32
Silva Bruno, Ernani, 58
Silva, Henry Marcelo Martins da, 141
Simão, José, 89
Simon (comuna em Beirute), 154
Siqueira Bueno (rua de São Paulo), 207
Síria/sírios, *passim*; guerra civil de 2011, 86; sírio-libaneses, 115; refugiados, 147
Sírios e libaneses (Knowlton), 13
smit halib, 145
Sociedade de Amigos das Adjacências da Rua da Alfândega (Saara), 52-3, 84, 217
Sociedade Refúgio dos Órfãos, 138
sorvete turco, 247
Soubhia, José Taufik, 141-2
sufismo, 140
Sultan Yacub (Beqaa), 224
Sultan, Abdul Halim Hussein, 49
Sultan, Halim, 50-2, *98*
Sultan, Issam (Samy), 50-2
Sultan, Najat, 49-50, 52

Sultan, Yasmin, 52
sumagre, 60, 62, 120, 150, 195, 230, 247-8
SuOrg (imigrante síria); receita de sadiha,
242
Sursock, família, 77
Sydney (Austrália), 211
syrios e libaneses no Brasil, Os (Kurban), 23

taamiya, 148, 246, 248
Tabach, Elias, 61
Tabet, Antônio, 92
tabule, 30, 67, 88-9, 150-1, 167, 230, 232, 248;
receita, 233
Tahhan, Tony, 175
tahine, 56, 62, *101*, *103*, 128, 132, 219-20,
245-6, 248; *ver também* Doces Istambul
Taiwan, 53
Tal da Esfiha, A (restaurante em Juiz de Fora,
MG), 163
taleme, *104*, *163*, 165-6, 232; de Bariri,
receita, 240-1
tamarindo, 19
Tambaú (SP), 38
Tamdjian, Hagop Onnig, 181-2
Tamer, Eduardo, 138
tanur (forno), 66, 248
TasteAtlas (guia on-line), 200
Taufic e Fuad (tios de Jamil Kronfly), 65
Tebecherani, Munir, 142
Tebet, Simone, 228
Tel Aviv (Israel), 148, 228
Temer, família, 150
Temer, Michel, 88, 151, 228
Temer, Nizar, 151
Tenda do Nilo (restaurante em São Paulo), 49
Tenda do Sheik (restaurante em Belo
Horizonte), 161
tharid, 17
Tocaia grande (Amado), 204
Tour d'Argent (restaurante em Paris), 169
Triângulo Mineiro, 34
Trio Mocotó, 92; "Quibe Cru", 93
Trípoli (Líbia), 53

Truzzi, Oswaldo Mário Serra, 13
Tuffy (avô de Sonia Marrach), 32-3, 125
tum (pasta de alho), 151, 162, 248
Tunísia, 149, 198
Turquia/turcos, 16, 18, 23, 53, 74, 115, 181-2,
185, 187, 190, 215, 219, 236, 248

Universidade Central Europeia, 139
Universidade Georgetown, 13, 109
uzi, 51

Vargas, Getúlio, 22; campanhas de
nacionalização, 54; proibição de
publicações em língua estrangeira, 75
Veja (revista), 44
versos rimados, *103*
Vicente, Gil, 199, 206
Viçosa (MG), 229
Vieira, Leda da Rocha, 215
Vila Árabe (rede de restaurantes), 161-2
Vila das Rosas (restaurante em São Paulo),
178-9
Vila Mariana (bairro de São Paulo), 141, 193
Virgino, Bruno Anastácio Leandro, 54
Visconde de Parnaíba (rua de São Paulo), 207

Washington (EUA), 167, 225
Wheaton, Barbara, 137

Yarmuk, campo de refugiados de, 190, 221
Yas (restaurante em Alphaville, São Paulo),
52
Yazbek, Flávio, 172-3
Yazbek, Violeta Haddad, 138, 172
Younes Ali (restaurante em Jerusalém), 187
Youssef, Atta, 33

Z Deli (delicatéssen em São Paulo), 36
zátar, 60, 62, 65, 82, 144, 150, 195, 202, 216,
247-8
Zahle (Líbano), 24, 26, 28, 30-1, 49-51, 61, 152
Zahle Clube (São Paulo), 59
Zarzur, João, 61
Zoghbi, Hajj Hussein Mohamed El, 227

Créditos do caderno de imagens

p. 97 [1] Acervo pessoal Douglas Cury.

p. 98 [2] Álbum de família n. 2. Chá das cinco, palacete dos cedros. Coleção Família Jafet. Acervo do Museu Paulista da USP; [3] Acervo pessoal Samy Sultan.

p. 99 [4] Acervo pessoal Stephanie Yazbek; [5] Acervo pessoal Leila Kuczynski.

p. 100 [6] Acervo pessoal Norma Curi; [7] Acervo pessoal Samir Cauerk Moysés.

p. 101 [8] Acervo pessoal Ricardo Cury.

p. 102 [9] Acervo pessoal Samir Cauerk Moysés; [10] *Al-Fanus*, janeiro de 1937. Acervo Biblioteca Nacional.

p. 103 [11] *Esphinge*, 18 de julho de 1933. Acervo pessoal Ricardo Cury; [12] *Etapas*, outubro de 1955. Library of Congress; [13] *Al-Burkan*, out./nov. 1956. Acervo Club Homs; [14] *A Bengala Amarela*, 31 jan. 1920. Acervo Biblioteca Nacional.

p. 104 [15, 16, 17] Acervo pessoal Ibraim Jacob.

Copyright © 2025 Diogo Bercito

Todos os direitos reservados. Nenhuma parte desta obra pode ser reproduzida, arquivada ou transmitida de nenhuma forma ou por nenhum meio sem a permissão expressa e por escrito da Editora Fósforo.

DIRETORAS EDITORIAIS Fernanda Diamant e Rita Mattar
EDITORA Eloah Pina
ASSISTENTE EDITORIAL Rodrigo Sampaio
PREPARAÇÃO Isadora Prospero
REVISÃO Pedro Siqueira e Allanis Carolina Ferreira
ÍNDICE REMISSIVO Maria Claudia Carvalho Mattos
DIRETORA DE ARTE Julia Monteiro
CAPA Alles Blau
IMAGEM DE CAPA Álvaro de Lara
DIGITALIZAÇÃO DE IMAGENS Julia Thompson
TRATAMENTO DE IMAGENS Adiel Nunes Ferreira
PROJETO GRÁFICO Alles Blau
EDITORAÇÃO ELETRÔNICA Página Viva

CIP-BRASIL. CATALOGAÇÃO NA PUBLICAÇÃO
SINDICATO NACIONAL DOS EDITORES DE LIVROS, RJ

B428b

Bercito, Diogo
   Brimos à mesa : histórias da culinária árabe no Brasil / Diogo Bercito. — 1. ed. — São Paulo : Fósforo, 2025.

   ISBN: 978-65-6000-102-2

   1. Culinária árabe — Aspectos sociais. 2. Árabes — Brasil — História. 3. Imigrantes — Brasil — História. 4. Brasil — Civilização — Influências árabes. I. Título.

25-96979.0
                                              CDD: 641.592927
                                              CDU: 641.5(536.2)

Meri Gleice Rodrigues de Souza — Bibliotecária — CRB-7/6439

Editora Fósforo
Rua 24 de Maio, 270/276
10º andar, salas 1 e 2 — República
01041-001 — São Paulo, SP, Brasil
Tel: (11) 3224.2055
contato@fosforoeditora.com.br
www.fosforoeditora.com.br

Este livro foi composto em GT Alpina e
GT Flexa e impresso pela Ipsis em papel
Golden Paper 80 g/m² para a Editora
Fósforo em maio de 2025.

A marca FSC® é a garantia de que
a madeira utilizada na fabricação
do papel deste livro provém de
florestas gerenciadas de maneira
ambientalmente correta, socialmente
justa e economicamente viável e de
outras fontes de origem controlada.